Die unwirksame eingetragene Lebenspartnerschaft

# Europäische Hochschulschriften

Publications Universitaires Européennes
European University Studies

**Reihe II**
**Rechtswissenschaft**

Série II Series II
Droit
Law

**Bd./Vol. 4557**

PETER LANG
Frankfurt am Main · Berlin · Bern · Bruxelles · New York · Oxford · Wien

Karsten Winckler

# Die unwirksame eingetragene Lebenspartnerschaft

PETER LANG
Internationaler Verlag der Wissenschaften

**Bibliografische Information der Deutschen Nationalbibliothek**
Die Deutsche Nationalbibliothek verzeichnet diese Publikation in der Deutschen Nationalbibliografie; detaillierte bibliografische Daten sind im Internet über <http://www.d-nb.de> abrufbar.

Zugl.: Frankfurt (Main), Univ., Diss., 2006

D 30
ISSN 0531-7312
ISBN 978-3-631-56401-1



www.peterlang.de

Meinen Eltern

# Vorwort

Die vorliegende Arbeit befasst sich mit dem familienrechtlichen Institut der eingetragenen Lebenspartnerschaft, welches durch das im August 2001 in Kraft getretene und zum Januar 2005 überarbeitete LPartG eine gesetzliche Grundlage erhalten hat. Der Gesetzgeber traf im LPartG jedoch keine Regelung für den Fall, dass die Lebenspartnerschaft an einem Begründungsmangel leidet und dennoch von den Beteiligten gelebt und damit vollzogen wurde. Während im Eherecht Regelungen für die Behandlung einer mangelbehafteten Ehe existieren, fehlen derartige Normen im LPartG. Zwar wünscht der Gesetzgeber bei einem Verstoß gegen die Begründungsvorschriften des LPartG eine Abwicklung nach den „allgemeinen Regeln", indes wird dieser Verweis nicht weiter konkretisiert. Die Untersuchung geht deshalb der Frage nach, wie eine Lebenspartnerschaft, die an einem solchen Begründungsmangel leidet, zu behandeln ist.

Der Fachbereich Rechtswissenschaft der Johann Wolfgang Goethe-Universität zu Frankfurt am Main nahm die vorliegende Arbeit im Wintersemester 2006/2007 als Dissertation an. Das Manuskript wurde im Januar 2007 abgeschlossen, Rechtsprechung und Literatur sind bis dahin berücksichtigt.

Ich danke Frau Prof. Dr. Marina Wellenhofer-Klein, die nicht nur das interessante und aktuelle Thema dieser Arbeit anregte, sondern auch während des gesamten Promotionsverfahrens jederzeit für Anfragen und Diskussionen zur Verfügung stand.

Ferner danke ich Herrn Prof. Dr. Ludwig Salgo für die zügige Erstellung des Zweitgutachtens.

Dank gilt außerdem meinen Großeltern mütterlicherseits, die mich über die Jahre hinweg stets finanziell unterstützt und deshalb besonderen Anteil an diesem Buch haben.

Abschließend danke ich besonders meinen Eltern, die mich immer und in vielfältiger Weise unterstützt haben. Ohne sie wäre diese Arbeit niemals entstanden, daher ist sie ihnen gewidmet.

Hamburg, im Januar 2007
Karsten Winckler

# Inhaltsverzeichnis

# 1. Kapitel: Einführung

## I. Gesetzgeberische Entwicklung bis zum LPartG

Rund 10 % der Bevölkerung sind homosexuell. Das behaupten jedenfalls homosexuelle Interessenverbände und auch eine „Große Anfrage“ der Fraktion Bündnis 90 / Die Grünen im Landtag von Rheinland-Pfalz vom 1.12.1998 ging von einer so hohen Prozentzahl aus[1]. Realistischer scheint die Schätzung, dass sich rund 4 % der männlichen und 1-3 % der weiblichen Bevölkerung Deutschlands gleichgeschlechtlich orientieren[2]. Dies bedeutet, dass in Deutschland etwa 2,5 – 3,5 Millionen Menschen homosexuell sind[3]. Weitere 10-15 % der Bevölkerung sind bisexuell veranlagt und fühlen sich zu beiden Geschlechtern hingezogen.

Gleichgeschlechtliche Partnerschaften galten in der Gesellschaft aus verschiedenen Gründen lange Zeit als rechtlich nicht schützenswert[4]. Gleichwohl führten die Betroffenen Beziehungen, die ein ähnliches Gepräge aufwiesen wie heterosexuelle Partnerschaften[5]. Die rechtliche Anerkennung gleichgeschlechtlicher Partnerschaften ließ jedoch lange Zeit auf sich warten[6].

In der jüngeren Vergangenheit gab es in der Bundesrepublik Deutschland Initiativen, das Zusammenleben gleichgeschlechtlicher Partner gesetzlich zu regeln und diesen einen gesicherten Rechtsrahmen für ihre Lebensform zu geben[7]. Nach

---

1 Dannecker, S. 336.

2 Muscheler, Rn. 65; Risse, S. 17.

3 Risse, S. 17.

4 Eine Auflistung zu üblichen Vorurteilen findet sich bei Fthenakis, S. 359. Diese Vorurteile waren in der Gesamtbevölkerung verankert und prägten die politische Diskussion, weshalb eine rechtliche Aufwertung dieser Form des Zusammenlebens nicht durchsetzbar erschien.

5 Ausführlich hierzu: Wellenhofer-Klein, Rn. 1.

6 An dieser Stelle sei darauf hingewiesen, dass „Unzucht“ unter Männern bis zum Jahre 1969 unter Strafe stand, vgl. § 175 StGB a.F.

7 Im Bundestag wurden Entwürfe eingebracht, die teils eine spezielle Regelung gleichgeschlechtlicher Partnerschaften, teils jedoch auch nichtehelicher Gemeinschaften zum Gegenstand hatten, vgl. z.B. Abgeordneter Volker Beck u.a. und Fraktion BÜNDNIS90/DIE GRÜNEN, Entwurf eines Gesetzes zur Einführung des Rechts auf Eheschließung für Personen gleichen Geschlechts, v. 25.10.1995 (BT-Drucks. 13/2728); Abgeordneter Volker Beck u.a. und Fraktion BÜNDNIS90/DIE GRÜNEN, Entwurf eines Gesetzes zur Regelung der Rechtsverhältnisse nichtehelicher Lebensgemeinschaften, v. 13.03.1997 (BT-Drucks. 13/7228); Abgeordnete Margot

der Bundestagswahl 1998 wurde zwischen den Koalitionsparteien SPD und BÜNDNIS90/DIE GRÜNEN die Einführung des Rechtsinstituts der eingetragenen Lebenspartnerschaft vereinbart[8]. Auf dieser Grundlage wurde am 04.07.2000 der Entwurf eines „Gesetzes zur Beendigung der Diskriminierung gleichgeschlechtlicher Gemeinschaften: Lebenspartnerschaften (Lebenspartnerschaftsgesetz- LPartG)" in den Bundestag eingebracht[9]. Nachdem der Entwurf dem Rechtsausschuss des Bundestages überwiesen worden war, erfolgte am 19.09.2000 eine Öffentliche Anhörung, zu der der Rechtsausschuss zahlreiche Sachverständige eingeladen hatte[10]. Der Entwurf der Koalitionsfraktionen enthielt dabei neben dem Lebenspartnerschaftsgesetz selbst auch Änderungen unter anderem des Bürgerlichen Gesetzbuchs, des Personenstands-, Beamten-, und Steuerrechts. Aufgrund der Mehrheit der CDU/CSU und FDP im Bundesrat und der ablehnenden Haltung dieser Parteien gegenüber dem Entwurf der Koalitionsfraktionen war nicht mit einer Zustimmung des Bundesrates zu dem Entwurf zu rechnen. Daher beschloss der Rechtsausschuss, das Gesetz in einen zustimmungsfreien[11] und einen zustimmungsbedürftigen[12] Teil aufzuspalten.

Am 10.11.2000 stimmte der Bundestag mit der Mehrheit der Koalitionsfraktionen nach zweiter und dritter Lesung den beiden Entwürfen zu[13]. Das LPartG wurde am 16.02.2001 ausgefertigt und verkündet[14]. Es trat in Kraft am 01.08.2001 und enthielt eine Reihe von Regelungen, die die Rechtsstellung von

---

von Renesse u.a. und Fraktion der SPD, Entwurf eines Gesetzes zur Durchsetzung des Gleichbehandlungsgebotes des Artikels 3 Grundgesetz (Gleichbehandlungsgesetz), v. 09.03.1998 (BT-Drucks. 13/10081).

8 Siehe ausführlich zum Gesetzgebungsverfahren und den vormaligen Bemühungen zur Schaffung einer rechtlichen Besserstellung von gleichgeschlechtlichen Partnern, auch unter Beachtung der Rechtsprechung und der europäischen Entwicklung: Wellenhofer-Klein, Rn. 3 ff.

9 Daneben gab es auch noch einen Entwurf der FDP Fraktion „Entwurf eines Gesetzes zur Regelung der Rechtsverhältnisse eingetragener Lebenspartnerschaften (Eingetragene-Lebenspartnerschaften-Gesetz – ELPSchG)" v. 23.06.1999 (BT-Drucks. 14/1259).

10 Zu diesen gehörten von Seiten der Rechtswissenschaft u.a. Prof. Dr. Dagmar Coester-Waltjen, Prof. Dr. Uwe Diederichsen, Prof. Dr. Dr. h.c. mult. Hein Kötz, Prof. Dr. Gerhard Robbers, Prof. Dr. Michael Sachs, Prof. Dr. Dieter Schwab, Prof. Dr. Bea Verschraegen.

11 Entwurf eines Gesetzes zur Beendigung der Diskriminierung gleichgeschlechtlicher Gemeinschaften: Lebenspartnerschaften., BT-Drucks. 14/4545, Anlage 1, S. 4 ff.

12 Entwurf eines Gesetzes zur Ergänzung des Lebenspartnerschaftsgesetzes und anderer Gesetze: Lebenspartnerschaftsergänzungsgesetz – LPartGErgG, BT-Drucks. 14/4545, Anlage 2, S. 69 ff.

13 Die beiden Entwürfe sind der zustimmungsfreie und der zustimmungsbedürftige Teil des LPartG.

14 BGBl 2001 I, 266 ff.

Lebenspartnern zwar verbesserte, jedoch deutlich hinter dem Regelungsumfang der Ehe zurückblieb. Als Begründung hierfür diente das Abstandsgebot, welches aus Art. 6 GG hergeleitet wurde und besagte, dass andere Rechtsgemeinschaften einen Regelungsabstand zur Ehe einhalten müssten[15].

Mit Urteil vom 17.07.2002[16] hat das Bundesverfassungsgericht jedoch sowohl einen Verstoß des LPartG gegen Art. 6 GG als auch einen solchen gegen Art 3 GG verneint. Das Abstandsgebot sei durch das LPartG nicht verletzt, denn der Ehe werde nichts dadurch genommen, dass es andere Lebensgemeinschaften gebe, die vergleichbare Vorteile erhielten. Die Ehe und die Lebenspartnerschaft stünden nicht in Konkurrenz zueinander, so dass keine Schlechterstellung der Ehe zu befürchten sei[17]. Diese Entscheidung machte den Weg frei für eine Überarbeitung des LPartG und führte zu einer weitgehenden Annäherung an das Eherecht[18]. Diese erfolgte durch die Novelle zum Lebenspartnerschaftsrecht, die am 01.01.2005 in Kraft trat[19].

In dem ersten Jahr nach In-Kraft-Treten des LPartG am 01.08.2001 wurde die Zahl der eingetragenen Lebenspartnerschaften auf etwa 4.500 geschätzt[20]. Tatsächlich haben sich in der Zeit von 2001 bis Ende 2004 jedoch erst 5.000 Paare zur Registrierung ihrer Verbindung entschließen können[21].

## II. Versäumnisse des Gesetzgebers

Der Gesetzgeber sah sich aufgrund seiner Vereinbarung im Koalitionsvertrag zur Entwicklung des von ihm angestrebten neuen familienrechtlichen Instituts Lebenspartnerschaft berufen und wollte dessen Verabschiedung zügig voranbringen. Im Zuge der Formulierung des LPartG waren einige Ungereimtheiten und Lücken entstanden[22]. So sind in § 1 Abs. 1 LPartG die Tatbestandsvoraussetzungen für die Eingehung einer Lebenspartnerschaft genannt. In § 1 Abs. 2 LPartG finden sich Ausschlusstatbestände, die der wirksamen Eingehung einer Lebens-

15 BT-Drucks. 15/3445, S. 1.
16 BVerfGE 105, 313, 313.
17 Eine Analyse des Urteils findet sich bei Kemper, FF 2005, 88, 90.
18 BT-Drucks. 15/3445, S. 14.
19 Gesetz zur Überarbeitung des Lebenspartnerschaftsrechts, BGBl. I 2004, 3396.
20 Muscheler, Rn. 73.
21 Finger, FuR 2005, 5, 6 unter Hinweis auf die Erklärung der Bundesjustizministerin, Mitt. Frankf. Rundschau vom 30.10.2004, S. 5.
22 Eine Aufzählung relevanter Probleme im Zusammenhang mit dem LPartG, die auf dessen teils mangelhaften Formulierungen beruhen, findet sich bei Kemper, FF 2001, 156 ff; FPR 2003, 1 ff.

partnerschaft entgegenstehen. Der Gesetzgeber hat jedoch nicht geregelt, welche Folgen ein Verstoß gegen ein solches Lebenspartnerschaftshindernis haben soll.

Im Eherecht führt das Vorliegen eines Eheverbots nur dazu, dass die Ehe aufhebbar ist[23]. Sie ist also zunächst wirksam, kann aber durch ein gerichtliches Aufhebungsverfahren für die Zukunft beseitigt werden. Bei Lebenspartnern wird in der Gesetzesbegründung lediglich darauf hingewiesen, dass bei einer nachträglichen Feststellung des Fehlens einer Voraussetzung des § 1 LPartG die Lebenspartnerschaft nach „allgemeinen Regeln" abgewickelt werden muss[24]. Eine Konkretisierung des Begriffs der „allgemeinen Regeln" findet nicht statt.

Der Gesetzgeber hat es außerdem unterlassen, Heilungstatbestände für den Fall zu schaffen, in denen ursprünglich ein Partnerschaftshindernis bestand, dieses dann aber weggefallen ist. Die genannten Ungereimtheiten hat der Gesetzgeber auch nicht in der neuen Fassung des LPartG, die seit 01.01.2005 gilt, ausgeräumt. Ferner war bis zum 01.01.2005 im LPartG nicht kodifiziert, welche Rechtsfolgen Willensmängel der Beteiligten während des Eingehungsakts haben. Durch das Schweigen des Gesetzgebers konnte der Eindruck entstehen, dass die allgemeinen Vorschriften über Willensmängel Anwendung finden sollten mit der Konsequenz, dass sich sowohl ein Partner als auch ein Dritter jederzeit auf die Unwirksamkeit einer auf die Begründung der Lebenspartnerschaft gerichteten Willenserklärung berufen und die Lebenspartnerschaft sogar anfechten konnte.

### III. Themenbeschreibung

Die Begründung einer eingetragenen Lebenspartnerschaft stellt ein Rechtsgeschäft dar[25]. Ähnlich wie die Ehe[26] kommt eine eingetragene Lebenspartnerschaft durch die gegenseitigen Erklärungen der Beteiligten, eine Partnerschaft auf Lebenszeit führen zu wollen, zustande. Es handelt sich bei der Abgabe dieser gegenseitigen Erklärungen um Willenserklärungen, die auf den Abschluss des Rechtsgeschäfts „Eingetragene Lebenspartnerschaft" gerichtet sind[27].

Ausweislich der oben skizzierten und als Versäumnisse des Gesetzgebers bezeichneten Sachverhalte kann ein Partnerschaftshindernis während des Eingehungsakts der Lebenspartnerschaft vorliegen. Die vorliegende Arbeit untersucht,

---

23 Vgl. § 1314 Abs. 1 BGB.
24 BT-Drucks. 14/3751, S. 36.
25 So ausdrücklich die Gesetzesbegründung, siehe BT-Drucks. 14/3751, S. 36.
26 Die Ehe kommt zustande allein durch Willenserklärungen der Verlobten vor dem Standesbeamten. Dabei handelt es sich um einen zwischen den Verlobten abgeschlossenen Vertrag, vgl. Gernhuber/Coester-Waltjen, § 11, Rn. 45.
27 Meireis, StAZ 2001, 161, 165; Schwab, FamRZ 2001, 385, 387.

welche Folgen ein Verstoß gegen die Begründungsnorm des § 1 LPartG für die vollzogene Lebenspartnerschaft hat. Diese Arbeit geht sodann auch der Frage nach, wie sich die vor dem 01.01.2005 bei Begründung einer Lebenspartnerschaft vorgelegenen Willensmängel auf die Statusbeziehung auswirken[28].

Weiterhin ist zu problematisieren, welche Folgen eine Scheinpartnerschaft hat. Dieser Fall ist auch nach der Novelle zum LPartG nicht kodifiziert. Zwar findet sich in § 15 Abs. 2 Satz 2 LPartG ein Verweis auf § 1314 Abs. 2 Nr. 1-4 BGB für den Fall, dass ein Lebenspartner bei der Begründung einem Willensmangel unterlag[29]. Jedoch ist kein Verweis auf § 1315 Abs. 2 Nr. 5 BGB enthalten, der die Scheinehe aufhebbar macht. In diesem Punkt besteht also weiter Klärungsbedarf über das rechtliche Schicksal einer Lebenspartnerschaft[30].

Rückabwicklungsprobleme aufgrund unwirksamer Lebenspartnerschaft stellen sich freilich nur, wenn eine Partnerschaft unter Verletzung einer Wirksamkeitsvoraussetzung begründet wurde und der Mangel erst später erkannt wird. Schwierigkeiten werden dann auftreten, wenn die Partnerschaft über einen längeren Zeitraum vollzogen wurde. Dann haben die Beteiligten auf den Bestand ihrer Rechtsgemeinschaft vertraut und eine Rückabwicklung der möglicherweise unwirksamen Lebenspartnerschaft wäre mit größeren Eingriffen in die persönlichen und vor allem wirtschaftlichen Verhältnisse verbunden als bei frühzeitiger Kenntnis der Unwirksamkeit. Diese Arbeit geht sodann der Frage nach, welche Probleme sich aus dem Vollzug der vermeintlichen Lebenspartnerschaft ergeben und wie diese aufgelöst werden können.

---

28 Das LPartG enthält keine Überleitungsvorschriften für bis zum 31.12.2004 begründete anfechtbare Lebenspartnerschaften. Es erscheint daher fraglich, ob die Bestätigung des § 1315 Abs. 1 Satz 1 Nr. 3 und 4 BGB, auf die § 15 Abs. 4 Satz 2 LPartG verweist, auch auf solche Tatbestände Anwendung findet, die sich vor dem 01.01.2005 ereignet haben, Grziwotz, DNotZ 2005, 13, 19. Zur Anfechtung der Lebenspartnerschaft vgl. Kapitel 2 VI.

29 Diese Konstellation wird von Finger, MDR 2005, 121, 122, kritisiert, da die Unterschiede zwischen Willensmängeln und schweren Begründungsfehlern einerseits und späterem Zerbrechen einer zunächst ordnungsgemäßen Verbindung andererseits hinsichtlich der Zusammenhänge zwischen Voraussetzungen und Rechtsfolgen verloren gingen.

30 Finger, MDR 2005, 121, 121, der darauf hinweist, dass auch nach neuem Recht eine Aufhebung etwa bei einer Scheinlebenspartnerschaft aus ausländerrechtlichen Gründen weiterhin nicht in Betracht kommt. Er schlägt vielmehr vor, hierfür die §§ 116 ff. BGB anzuwenden.

## IV. Fallbeispiele

Im Folgenden soll anhand einiger Fallbeispiele verdeutlicht werden, zu welchen Situationen die Versäumnisse des Gesetzgebers für die Beteiligten einer eingetragenen Lebenspartnerschaft führen können.

1. Hinnerk und Mark leben seit 1999 zusammen, als sie von der Möglichkeit erfahren, eine eingetragene Lebenspartnerschaft zu begründen. Im September 2001 wollen sie eine solche Partnerschaft in ihrer Heimatstadt München eingehen, allerdings haben sie vorher detaillierte Absprachen getroffen, wer in der Beziehung welche Aufgaben übernehmen soll. Beide sind sich darin einig, dass sie die Partnerschaft unter der Bedingung führen wollen, dass sich beide an die Absprachen halten. Sie vereinbaren sodann einen Termin bei dem Bürgermeister, da sie diesen als zuständige Behörde für die Begründung erachten. Auch der Bürgermeister selber hält sich für zuständig. Der Bürgermeister führt eine derartige Begründung zum ersten Mal durch, so dass er mit den einzelnen Vorschriften des LPartG nicht vertraut ist. Nachdem der Bürgermeister die Erklärungen der Partner aufgenommen hat, wird diesen eine Urkunde ausgehändigt. Im Jahre 2004 wollen sich Hinnerk und Mark trennen und Hinnerk sucht zur Beratung einen Rechtsanwalt auf, dem der gesamte Begründungsakt geschildert wird. Daraufhin hat der Rechtsanwalt erhebliche Bedenken, ob die Lebenspartnerschaft überhaupt wirksam eingegangen wurde. Als Grund für seine Zweifel nennt er die Absprachen der Partner, die eine Bedingung im Sinne des § 1 Abs. 1 Satz 2 LPartG darstellen könnten sowie die Begründung vor dem Bürgermeister, der eventuell keine zuständige Behörde nach § 1 Abs. 1 Satz 3 LPartG ist. Aus diesen Gründen hält der Rechtsanwalt die Lebenspartnerschaft nach dem Wortlaut des § 1 Abs. 1 LPartG für unwirksam, weiß jedoch nicht, ob dies tatsächlich so ist und wie die Partnerschaft gegebenenfalls rückabzuwickeln wäre.

2. Sabine und Tanja, die seit drei Jahren eine gleichgeschlechtliche Partnerschaft führen, begründen im Jahre 2002 eine eingetragene Lebenspartnerschaft. Im Jahre 2004 erfährt Sabine von ihren Eltern, dass diese ihre Pflegeeltern sind und sie von ihren leiblichen Eltern als Kind zur Adoption freigegeben wurde. Nachforschungen ergeben, dass es sich bei Tanja um ihre Schwester handelt, die bei den leiblichen Eltern aufgewachsen ist. Damit liegt ein Fall des § 1 Abs. 2 Nr. 3 LPartG vor, wonach eine Lebenspartnerschaft nicht zwischen vollbürtigen Geschwistern geschlossen werden kann. Sabine und Tanja fragen sich nun, wie ihre bis dahin vollzogene Lebenspartnerschaft zu behandeln ist. Tanja stellt sich insbesondere die Frage, ob sie für sämtliche von Sabine getätigten Einkäufe einzustehen hat. Dieses Problem stellt sich vor dem Hintergrund, dass Sabine bei zahlreichen Versandhäusern und Modeboutiquen eingekauft hat, nunmehr nicht

genug Geld zur Zahlung sämtlicher Rechnungen hat und die Verkäufer sich deshalb an Tanja halten wollen.

3. Der äthiopische Student Haile lernt in Hamburg 2001 während seines Studiums Robert kennen. Haile verfügt nur über eine Aufenthaltsbewilligung nach § 28 AuslG, die auf das Studium zeitlich begrenzt ist. Weder Robert noch Haile ist homosexuell, jedoch hat sich zwischen den beiden eine Freundschaft entwickelt, weshalb Robert und Haile eine Lebenspartnerschaft begründen, um für Haile eine unbefristete Aufenthaltserlaubnis zu erlangen. Beide sind sich darüber einig, dass die Lebenspartnerschaft allein diesem Ziel dient und eine gemeinsame Lebensgestaltung nicht gewollt ist. Im Jahre 2004 lernt Robert Susanne kennen und möchte diese heiraten. Allerdings führt er offiziell noch eine Lebenspartnerschaft mit Haile. Robert kommt der Gedanke, dass es sich bei der Lebenspartnerschaft eigentlich nur um eine Scheinlebenspartnerschaft nach § 1 Abs. 2 Nr. 4 LPartG gehandelt hat und möchte wissen, ob die Beziehung trotzdem wirksam ist und wie sich sonst eine Unwirksamkeit auswirkt.

4. Claudia und Beate begründen im Mai 2003 eine Lebenspartnerschaft. Im November gehen beide zu einer DRK Blutspende. Einige Wochen später erhält Ulrike die Mitteilung, dass ihre Spende nicht verwertet werden konnte. Daraufhin wird durch eine erneute Untersuchung festgestellt, dass Beate HIV positiv ist und dies auch schon vor der Lebenspartnerschaft gewesen sein muss. Claudia hätte die Lebenspartnerschaft nicht begründet, wenn sie von Beates Krankheit gewusst hätte. Beate hatte vor einiger Zeit im Rahmen einer Operation eine Blutkonserve erhalten, die HIV positives Blut enthielt. Dieses wurde nach dem Eingriff festgestellt und der Beate auch mitgeteilt. Gleichwohl hatte sie der Claudia nichts davon berichtet, da sie davon ausging, dass diese sie aufgrund der Erkrankung nicht als Lebenspartnerin akzeptieren würde. Beate wusste auch davon, dass Claudia in Kenntnis der wahren Umstände keinesfalls die Beziehung weitergeführt hätte, denn diese hatte sich unmissverständlich in einem Gespräch über die Erkrankung geäußert. Claudia möchte nunmehr so schnell wie möglich die Partnerschaft auflösen und fragt sich, ob hier eine Anfechtung der Lebenspartnerschaft wegen Irrtums über eine verkehrswesentliche Eigenschaft möglich ist. Ferner möchte sie wissen, ob die gegebenenfalls eintretende Unwirksamkeit Auswirkungen auf den Nachlass hat, den Claudia und Beate aufgrund eines Testaments von Claudias Eltern, die beide aufgrund ihrer Lebenspartnerschaft bedenken wollten, erhalten haben.

5. Der langjährig erwerbslose Peter, der mit dem wohlhabenden Klaus in den Jahren 2001-2004 immer wieder kurzzeitige Affären hatte, möchte seine Vermögenssituation grundlegend verbessern. Er erklärt dem Klaus, der Vorstandsvorsitzender eines in Hamburg ansässigen Rüstungskonzerns ist, dass er dessen Beteiligung an rechtswidrigen Waffenexportgeschäften in die Türkei offen legen wird,

wenn Klaus nicht eine Lebenspartnerschaft mit ihm begründet. Peter strebt durch diese Drohung an, dass er in die vom LPartG normierten Unterhaltszahlungen von Klaus erhält und sich sein Lebensstandard insgesamt deutlich erhöht. Unter dem Druck der drohenden Strafverfolgung willigt Klaus ein und eine Lebenspartnerschaft wird begründet. Im Jahre 2006 möchte Klaus jedoch nicht mehr mit der ständigen Gefahr der Strafverfolgung wegen der Exportgeschäfte leben und erstattet Selbstanzeige. Zudem möchte er die nur wegen der Drohung eingegangene Lebenspartnerschaft anfechten. Er weiß jedoch nicht, welche Auswirkungen dies auf seine Lebenspartnerschaft hätte, insbesondere wie die von Klaus erbrachten Unterhaltszahlungen zu behandeln wären.

# 2. Kapitel: Die Fallgruppen unwirksamer eingetragener Lebenspartnerschaften

## I. Unwirksamkeit der Lebenspartnerschaft

Das Bürgerliche Gesetzbuch unterscheidet zwischen Nichtigkeits- und Anfechtungsgründen, sofern das Wirksamkeitsdefizit eines Rechtsgeschäfts beurteilt werden soll. Der Begriff der Unwirksamkeit wird als Oberbegriff für alle Wirksamkeitsdefizite eines tatbestandlich vollendeten Rechtsgeschäfts verwandt[31] und ist auch auf die Lebenspartnerschaft als Rechtsgeschäft anwendbar. Nichtigkeit bedeutet, dass die bestimmungsgemäßen Rechtsfolgen von vornherein nicht eintreten können, die Nichtigkeit wird daher auch als absolute und endgültige Unwirksamkeit bezeichnet[32]. Die Anfechtung wegen eines Willensmangels räumt dem Anfechtungsberechtigten die Befugnis ein, die Unwirksamkeit nachträglich, aber mit Rückwirkung durch eine Gestaltungserklärung herbeizuführen[33]. Dabei ist zu bedenken, dass Anfechtungs- oder Nichtigkeitsgründe entweder die einzelne Willenserklärung oder das Rechtsgeschäft im Ganzen betreffen können. Allerdings wirkt sich diese Differenzierung auf ein Rechtsgeschäft und damit auch auf die Lebenspartnerschaft nicht aus, da auch die Lebenspartnerschaft aus mehreren Willenserklärungen besteht und dabei jede einzelne Erklärung notwendiges Tatbestandsmerkmal ist. Somit führt die Unwirksamkeit auch nur einer Erklärung dazu, dass das Rechtsgeschäft im Ganzen unwirksam ist[34]. Es muss zunächst untersucht werden, unter welchen Voraussetzungen eine eingetragene Lebenspartnerschaft überhaupt unwirksam begründet oder später unwirksam werden kann.

## II. Verstöße gegen § 1 Abs. 1 LPartG

Die Eingehung einer eingetragenen Lebenspartnerschaft vollzieht sich nach den Vorschriften des § 1 LPartG. Dieser enthält in seinem Abs. 1 formelle Anforde-

---

31 Jauernig, Vor § 104, Rn. 18; Larenz/Wolf, § 44 I.
32 Larenz/Wolf, § 44 II 1; Staudinger/Dilcher, Einl. §§ 104-185, Rn. 67.
33 Vgl. § 142 Abs. 1 BGB.
34 Siehe Schäfer, S. 11.

rungen an den Begründungsakt, während in Abs. 2 materielle Wirksamkeitsvoraussetzungen normiert wurden[35].

### 1. Gebot der Gleichgeschlechtlichkeit

Gemäß § 1 Abs. 2 Satz 1 LPartG ist für die Begründung einer Lebenspartnerschaft erforderlich, dass zwei Personen gleichen Geschlechts sich gegenseitig persönlich und bei gleichzeitiger Anwesenheit erklären, miteinander eine Partnerschaft auf Lebenszeit führen zu wollen.

Zunächst wird vom LPartG die Gleichgeschlechtlichkeit der einzutragenden Partner in den Vordergrund gestellt. Die Begründung einer eingetragenen Lebenspartnerschaft durch verschiedengeschlechtliche Partner ist demzufolge nicht möglich[36]. Die zuständige Behörde hat vor dem Eingehungsakt das Erfordernis der Gleichgeschlechtlichkeit festzustellen. Die Gleichgeschlechtlichkeit ist somit zwingende Voraussetzung gemäß dem LPartG[37]. Sollte es also entgegen des § 1 Abs. 1 Satz 1 LPartG zur Begründung einer eingetragenen Lebenspartnerschaft zwischen Partnern verschiedenen Geschlechts gekommen sein[38], so würde dies dem klaren Wortlaut „gleichen Geschlechts begründen..., wenn", § 1 Abs. 1 Satz 1 LPartG widersprechen, so dass die dennoch eingegangene Lebenspartnerschaft unwirksam wäre.

### 2. Geschlechtsumwandlung

Denkbar ist, dass beide Partner zunächst demselben Geschlecht angehörten und sich nach wirksamer Begründung der Lebenspartnerschaft ein Partner einer Geschlechtsumwandlung unterzieht[39]. Fraglich ist daher, ob und gegebenenfalls wie

35 Siehe dazu die Gesetzesbegründung, die bei der Eingehung einer Lebenspartnerschaft die Einhaltung des § 1 LPartG aufgrund des Charakters dieser Norm als materielle Wirksamkeitsvoraussetzung fordert, BT-Drucks. 14/3751, S. 36.

36 Kemper, FPR 2001, 449, 450; Wacke, in: MünchKommBGB, § 1 LPartG, Rn. 2.

37 Dies erscheint auch sachlich gerechtfertigt, da verschiedengeschlechtlichen Paaren die Möglichkeit der Heirat offen steht. Hierzu Dethloff, NJW 2001, 2598, 2598.

38 Dies dürfte freilich nur bei einem Versehen der für die Eingehung zuständigen Behörde denkbar sein.

39 Hierbei ist nicht die sog. kleine Lösung gemeint, bei der ein Lebenspartner lediglich einen Namen des anderen Geschlechts wählt, denn dieser Vorgang lässt die personenstandsrechtliche Zugehörigkeit unberührt. Vorliegend ist die sog. große Lösung relevant, bei der durch operativen Eingriff tatsächlich eine Geschlechtsumwandlung durchgeführt wird, vgl. Hk-LPartG/Augstein, S. 479.

sich eine später vorgenommene Geschlechtsumwandlung bei einem Partner auf die rechtliche Wirksamkeit der eingetragenen Lebenspartnerschaft auswirkt[40]. Zunächst ist festzuhalten, dass dies rechtlich möglich ist, da eine dem § 8 Abs. 1 Nr. 2 TSG entsprechende Regelung, die eine Geschlechtsumwandlung bei Ehepartnern nur bei vorangehender Ehescheidung zulässt, im Recht der eingetragenen Lebenspartnerschaften fehlt[41]. Lebenspartner können also eine Geschlechtsumwandlung durchführen lassen, ohne zuvor die Lebenspartnerschaft aufheben zu müssen. Somit ist es denkbar, dass entgegen dem Wortlaut des § 1 Abs. 1 Satz 1 LPartG eine Lebenspartnerschaft zwischen Personen verschiedenen Geschlechts nach vollzogener Geschlechtsumwandlung besteht[42]. Sofern sich ein Beteiligter nicht mit der vollzogenen Geschlechtsumwandlung und damit einer Verschiedengeschlechtlichkeit innerhalb der Partnerschaft abfinden möchte, kann die Lebenspartnerschaft in einem solchen Fall durch Aufhebungsurteil nach § 15 LPartG aufgehoben werden oder es könnte jedenfalls bis zum 01.01.2005 die Anfechtung der zur Begründung der Lebenspartnerschaft abgegeben Willenserklärung nach § 119 Abs. 2 BGB erklärt werden[43]. Das Verlangen nach einer Geschlechtsumwandlung könnte dabei als persönliche Veranlagung und damit als Eigenschaft einer Person – i.S.d. § 119 Abs. 2 BGB – des sich umwandelnden Partners bereits im Zeitpunkt der Partnerschaftsbegründung angesehen werden[44]. Im Ergebnis könnte man dann mit einer infolge Anfechtung nichtigen Lebenspartnerschaft konfrontiert sein.

### *3. Höchstpersönlichkeit*

Ferner ist in § 1 Abs. 1 Satz 1 LPartG normiert, dass die zukünftigen Lebenspartner ihre Erklärungen persönlich und bei gleichzeitiger Anwesenheit vor der zuständigen Behörde abzugeben haben. Eine Abgabe dieser Erklärung durch Stellvertreter oder Boten ist demnach unzulässig[45]. Durch das Erfordernis der gleichzeitigen Anwesenheit der zukünftigen Lebenspartner soll verhindert werden, dass

---

40 Lebenspartnerschaft dann zwischen einer Frau-zum-Mann-Transsexuellen und einem Mann bzw. einem Mann-zur-Frau-Transsexuellen und einer Frau.

41 Freilich gilt dies nicht für den chirurgischen Eingriff. Verheiratete Transsexuelle können sich also geschlechtsumwandelnd operieren lassen. Lediglich für die personenstandsrechtliche Zuordnung zum neuen Geschlecht ist eine vorangehende Ehescheidung erforderlich, so jedenfalls Hk-LPartG/Augstein, S. 481.

42 Dabei handelt es sich freilich um eine Gesetzeslücke, die durch mangelnde Anpassung des TSG an das LPartG entstanden ist.

43 Muscheler, Rn. 120.

44 Muscheler, Rn. 120.

45 Schwab, FamRZ 2001, 385, 387.

die Eingehungserklärungen getrennt an verschiedenen Tagen abgegeben werden oder eine Begründung der eingetragenen Lebenspartner über lange räumliche Distanz erfolgt[46]. Ein Verstoß gegen § 1 Abs. 1 Satz 1 LPartG hätte die Unwirksamkeit der Lebenspartnerschaft zur Folge.

### *4. Verbot von Bedingung oder Zeitbestimmung*

#### *a) Allgemeines*

Die Erklärungen der zukünftigen Partner, miteinander eine Partnerschaft auf Lebenszeit führen zu wollen, dürfen keine Bedingungen oder Zeitbestimmungen enthalten, § 1 Abs. 1 Satz 2 LPartG. Dieses Prinzip ist Ausfluss des höchstpersönlichen Charakters der Partnerschaftsbegründung. Die Partner sollen sich ohne Einschränkungen aufeinander einlassen und die durch das LPartG eintretenden Rechtswirkungen nicht durch eigene Erklärungen einschränken können. Unter einer Bedingung ist dabei jede in die Lebenspartnerschaftserklärung aufgenommene Beschränkung des Lebenspartnerschaftswillens, wonach die Bindung an die Erklärung noch im Ungewissen bleibt, zu verstehen[47]. Dies ist der Fall, wenn die Begründung der Lebenspartnerschaft von künftigen ungewissen Ereignissen abhängig gemacht wird, also von Bedingungen i.S.v. § 158 BGB. In Betracht kommen aber auch vergangene oder gegenwärtige, dem Erklärenden jedoch ungewisse Umstände[48]. Denkbar sind hier etwa Veränderungen im wirtschaftlichen oder finanziellen Bereich, sowie die Verhaltenweisen des Partners. Unter einer Zeitbestimmung wird eine Lebenspartnerschaftserklärung etwa dann abgegeben, wenn die Lebenspartnerschaft zu einem bestimmten künftigen Zeitpunkt beginnen oder enden soll[49]. Beispielsweise kann hier die Lebenspartnerschaft für die Dauer der Ausbildung oder einer bestimmten Anzahl von Jahren eingegangen sein. Beides wären Zeitbestimmungen i.S.d. § 1 Abs. 1 Satz 2 LPartG.

Fraglich ist allerdings, ob jedwede Bedingung oder Zeitbestimmung der wirksamen Begründung einer Lebenspartnerschaft entgegensteht oder ob an diese Einschränkungen bei der Lebenspartnerschaftsbegründung besondere Anforderungen zu stellen sind. So gibt es möglicherweise Erklärungen oder Vereinbarungen der Partner untereinander, die noch nicht die Schwelle einer Bedingung oder

46 Wellenhofer-Klein, Rn. 65.

47 So Schwab, FamRZ 1965, 474, 486, zu § 1311 Satz 2 BGB. Dieser hat einen dem § 1 Abs. 1 Satz 2 LPartG identischen Wortlaut, so dass auch von einer inhaltlich identischen Bedeutung ausgegangen werden kann.

48 Schwab, FamRZ 1965, 474, 486.

49 Erman/Roth, § 1311, Rn. 6, zu Bedingungen allgemein.

Zeitbestimmung im Sinne des § 1 Abs. 1 Satz 2 LPartG erreichen. Ein vollständiger Ausschluss privater Absprachen unter den Partnern würde den Beteiligten jegliches Selbstbestimmungsrecht vorenthalten. Eine umfassende Rechtsgemeinschaft wie die eingetragene Lebenspartnerschaft verlangt neben dem Element der gegenseitigen Verantwortung auch ein Element der gegenseitigen Absprache über Beiträge zu der gewählten Lebensform.

*b) Interne Bedingungen*

§ 1 Abs. 1 Satz 2 LPartG gilt ausweislich des Wortlauts für gegenüber der zuständigen Behörde erklärte Bedingungen oder Zeitbestimmungen. Wird eine Einschränkung des Lebenspartnerschaftswillens bei der Lebenspartnerschaftsbegründung – mit oder ohne Kenntnis des anderen Lebenspartners – nur insgeheim vorbehalten, gegenüber der zuständigen Behörde also nicht erklärt, so ist der Vorbehalt unbeachtlich und stellt die Erklärung des Lebenspartners nicht in Frage[50]. Dasselbe gilt für eine bloß unter den zukünftigen Lebenspartnern ausbedungene, aber nicht vor der zuständigen Stelle offenbarte Bedingung oder Zeitbestimmung. Der für die Begründung zuständigen Stelle mangelt es insoweit an der Kenntnis der Einschränkung. Diese internen Vereinbarungen oder Vorbehalte des Lebenspartnerschaftswillens sind unbeachtlich[51]. Mithin unterstehen diese Beschränkungen nicht dem Regelungsbereich des § 1 Abs. 1 Satz 2 LPartG. Geheime Absprachen oder Vorbehalte haben – abgesehen von der Problematik der Scheinpartnerschaft – keinen Einfluss auf die Wirksamkeit einer eingetragenen Lebenspartnerschaft. Also können die Partner zur Regelung ihrer Lebensgemeinschaft Absprachen, die als Bedingungen oder Zeitbestimmungen anzusehen sind, untereinander treffen[52]. Im Fallbeispiel 1. hatte daher die Absprache der Arbeitsteilung innerhalb der Lebenspartnerschaft keinen Einfluss auf deren Wirksamkeit. Die Vereinbarung zwischen den Beteiligten Hinnerk und Mark hinsichtlich der Aufgabenverteilung ist eine zulässige innere Bedingung, die nicht den Willen, eine Lebenspartnerschaft führen zu wollen, grundsätzlich in Frage stellt, sondern

---

50 BayObLG, FamRZ 1982, 605; Palandt/Brudermüller, § 1311, Rn. 4; Erman/Roth, § 1311, Rn. 6. Die genannten Quellen verweisen zwar auf die Eingehung einer Ehe, jedoch sind Wortlaut des § 1 Abs. 1 LPartG und § 1311 BGB identisch, so dass auch von einem identischen Regelungsgehalt beider Normen ausgegangen werden kann.

51 BayObLG FamRZ 1982, 605; Müller-Gindullis, in: MünchKommBGB, § 1311, Rn. 6.

52 Solche flankierenden Absprachen, die beispielsweise den Unterhalt oder nachpartnerschaftlichen Versorgungsausgleich betreffen, sind von den Konsenserklärungen des § 1 Abs. 1 Satz 1 LPartG zu trennen, vgl. Wacke, in: MünchKommBGB, § 1 LPartG, Rn. 1.

sich ausschließlich mit der genauen Ausgestaltung einer solchen Beziehung befasste. Dies ist noch von der Selbstbestimmung der Beteiligten umfasst und führt nicht zur Unwirksamkeit der Beziehung.

### *c) Externe Bedingungen*

Davon zu unterscheiden sind die gegenüber der zuständigen Stelle ausdrücklich erklärten Bedingungen und Zeitbestimmungen. Diese gelangen der für die Registrierung oder Eintragung zuständigen Behörde zur Kenntnis. Damit liegt eine Bekanntgabe dieser Beschränkung vor, die gegen den Wortlaut des § 1 Abs. 1 Satz 2 LPartG verstößt. Es soll durch dieses Begründungsverbot verhindert werden, dass die zuständige Behörde eine Einschränkung des Lebenspartnerschaftswillens bewusst entgegennimmt und somit eine Beschränkung des Lebenspartnerschaftswillens beurkundet. So laufen erklärte Bedingungen und Zeitbestimmungen dem Ziel zuwider, für gleichgeschlechtlich Orientierte einen rechtlichen Rahmen zu schaffen. Der Gesetzgeber wollte Regelungen schaffen, denen sich die zukünftigen Lebenspartner ohne weitere Einschränkungen unterstellen. Die Folge von bekannt gegebenen Bedingungen oder Zeitbestimmungen ist, dass ein Verstoß gegen § 1 Abs. 1 Satz 2 LPartG vorliegt, der die Unwirksamkeit der eingetragenen Lebenspartnerschaft nach sich zieht.

## *5. Zuständigkeit der Behörde*

### *a) Allgemeines*

Als weiteres Wirksamkeitskriterium der Lebenspartnerschaft fordert § 1 Abs. 1 Satz 3 LPartG, dass die Erklärungen, miteinander eine Partnerschaft auf Lebenszeit führen zu wollen, vor der zuständigen Behörde abgegeben werden. Im LPartG ist die Tätigkeit der Behörde bei der Mitwirkung der Begründung der Lebenspartnerschaft auf eine Zeugenschaft angelegt[53]. Bei der Lebenspartnerschaft handelt es sich um eine Statusbeziehung, die der privaten Disposition weitgehend entzogen ist, die Behördenbeteiligung ist also zwingend erforderlich für die Begründung einer Lebenspartnerschaft[54]. Die Eintragung oder Registrierung ist ein hoheitlicher Akt, der ausschließlich von einer Behörde durchgeführt werden kann. Der ursprüngliche Gesetzesentwurf des LPartG wollte als zuständi-

53 Meireis, StAZ 2001, 161, 165.
54 Weinreich, FuR 2001, 481, 481; Schwab FamRZ 2001, 385, 388; Meyer/Mittelstädt, S. 34.

ge Behörde die Standesämter mit dem Begründungsakt betrauen[55]. Allerdings hätte dies aus kompetenzrechtlichen Gründen die Zustimmung des Bundesrates erfordert, denn gemäß Art. 84 Abs. 1 GG ist die Zustimmung des Bundesrates erforderlich, wenn die Länder die Einrichtung der Behörden und das Verwaltungsverfahren nicht eigenmächtig regeln dürfen. Bei der Zuständigkeit der Standesbeamten nach dem PStG wäre das Verwaltungsverfahren aus dem Bundesgesetz PStG zu übernehmen gewesen, was die Kompetenz der Länder betroffen hätte. Um hier die Zustimmungspflicht des Bundesrates zu umgehen, wurde den Ländern die Errichtung des Verwaltungsverfahrens überlassen. Deren überwiegende Zahl hat dennoch den Standesbeamten diese Tätigkeit nicht zuletzt wegen der fachlichen Kompetenz und der Effektivität des Verwaltungshandelns zugewiesen[56].

Dem Landesrecht ist neben der Bestimmung der zuständigen Behörde auch die Festlegung der Vorschriften der Eintragung und Registrierung einschließlich der nötigen Urkunden vorbehalten. Die Frage der wirksamen Begründung einer Lebenspartnerschaft ist also hinsichtlich der Zuständigkeit aufgrund der unterschiedlich ausgeformten Regelungen von Bundesland zu Bundesland unterschiedlich zu beurteilen[57].

### *b) Verstoß gegen Vorschriften über örtliche Zuständigkeit*

Die gewählte Behörde müsste für die Entgegennahme der Partnerschaftserklärungen örtlich zuständig sein. Die örtlichen Zuständigkeitsvorschriften regeln den räumlichen Tätigkeitsbereich einer Behörde und grenzen dadurch die Wirkungsbereiche einzelner Behörden gegeneinander ab[58]. Die Abgrenzung vollzieht sich dabei nach gesetzlich festgelegten Zuständigkeitsbezirken. Die örtliche Zuständigkeit hat in den Ausführungsgesetzen und Verordnungen der Länder zum LPartG eine detaillierte Regelung gefunden. So enthält jedes Landesrecht eine

55 Vgl. § 1 Abs. 2, 3 LPartG, BT-Drucks. 14/3751, S.3

56 So in Bremen, Berlin, Hamburg, Mecklenburg-Vorpommern, Niedersachsen, Nordrhein-Westfalen, Sachsen-Anhalt, Schleswig-Holstein; hingegen wird die Zuständigkeit des Gemeindevorstands begründet in Hessen, der Gemeinden im Saarland und in Baden-Württemberg, der Kreisverwaltungen bzw. Stadtverwaltungen in kreisfreien Städten in Rheinland-Pfalz, für eine Bestimmung der zuständigen Behörden durch Kommunen in Brandenburg, der Notare in Bayern.

57 Ein Überblick über Zuständigkeiten und weitere Regelungen zum Registrierungsverfahren findet sich in: FPR 2001, 469 ff.

58 Peine, Rn. 563.

Bestimmung hinsichtlich des räumlichen Wirkungsbereichs der eintragenden Stelle[59].

Die örtliche Zuständigkeit bestimmt sich gem. § 3 Abs. 1 Nr. 3 VwVfG[60] nach dem gewöhnlichen Aufenthalt einer Person, insbesondere also nach ihrem Wohnsitz[61]. Damit wäre vorliegend der Wohnsitz eines Partners maßgeblich. Haben beide Partner ihren Wohnsitz im Inland, so bestehen auch zwei örtlich zuständige Behörden. Zwischen diesen dürfen die zukünftigen Lebenspartner wählen. Eine Verletzung der landesrechtlichen Vorschriften über die örtliche Zuständigkeit der sachlich zuständigen Behörde berührt die Wirksamkeit der Lebenspartnerschaftsbegründung nicht, selbst wenn den Partnern die Unzuständigkeit bekannt war[62]. Ausreichend ist insoweit, dass die Lebenspartnerschaft vor einer Behörde im Inland begründet wurde, die jedenfalls sachlich zuständig ist.

*c) Verstoß gegen Vorschriften über sachliche Zuständigkeit*

Neben den Vorschriften über die örtliche sind auch die Bestimmungen über die sachliche Zuständigkeit der Behörde zu beachten. Die sachlichen Zuständigkeitsregelungen bestimmen die einer Behörde zur Erledigung zugewiesenen Verwaltungsaufgaben[63]. Sachliche Zuständigkeitsregeln obliegen dem Landesrecht. Vorliegend bedeutet dies, dass die Länder in den Ausführungsgesetzen und Verordnungen zum LPartG die sachliche Zuständigkeit der eintragenden Behörden selbst zu bestimmen haben. Die Zuständigkeitsbegründung durch den Landesgesetzgeber ist Voraussetzung für ein rechtmäßiges Handeln der dann zuständigen Stelle. Im Verwaltungsverfahren sind die sachlichen Zuständigkeiten strikt unter den Behörden aufgeteilt, um so Kompetenzüberschneidungen der Behörden untereinander auszuschließen. Sofern die Lebenspartnerschaft vor einer sachlich unzuständigen Behörde geschlossen wurde, ist diese wegen Formmangels nichtig. Zu beachten ist dabei, dass der sachlich zuständige Beamte für Handlungen außerhalb seines Bezirks nicht etwa nur örtlich unzuständig, sondern überhaupt nicht sachlich zuständig ist. Wird also die Lebenspartnerschaft vor ihm geschlos-

59 In Bayern sind dies alle Notare mit Amtssitz in Bayern, in Hamburg die Standesbeamten, in deren Bezirk eine Person, die eine Lebenspartnerschaft begründen will, ihre Wohnung hat, bei mehreren Wohnungen die Hauptwohnung oder beim Fehlen einer Wohnung ihren gewöhnlichen Aufenthalt. Unter mehreren Standesbeamten haben die Erklärenden die Wahl. Vergleichbare Regelungen finden sich in allen anderen Landesgesetzen zum LPartG.

60 Je nach Landesrecht können sich Abweichungen in den LandesVwVfGen ergeben.

61 Normen mit vergleichbarem Regelungsgehalt finden sich in sämtlichen Landesgesetzen zum LPartG.

62 Muscheler, Rn. 153.

63 Peine, Rn. 566.

sen, ist sie nichtig. Weiterhin ist das Rechtsgeschäft nichtig, wenn es vor einem sachlich nicht zuständigen Beamten oder einem Nichtbeamten geschlossen wurde[64]. Mängel im Bereich der sachlichen Zuständigkeit können nicht geheilt werden. Dies würde vorliegend bedeuten, dass die Begründung vor dem Bürgermeister im Beispielsfall 1. fehlerhaft ist, da in Bayern nicht der Bürgermeister, sondern ausschließlich die Notare mit Amtssitz in Bayern für die Begründung einer Lebenspartnerschaft zuständig sind[65]. Die Lebenspartnerschaft wäre mithin nicht gesetzeskonform begründet worden und somit unwirksam.

### *d) Keine analoge Anwendung des § 1310 Abs. 2 BGB*

Denkbar zur Vermeidung dieser für die Beteiligten harten Folge der Unwirksamkeit wäre eine analoge Anwendung des § 1310 Abs. 2 BGB. Danach wäre die Partnerschaft auch dann wirksam, wenn ein Beamter, der nicht für die Begründung von Lebenspartnerschaften zuständig war, das Amt eines solchen Beamten öffentlich ausgeübt und die Lebenspartnerschaft in das dafür vorgesehene Register eingetragen hat[66].

Gegen diese Analogie spricht jedoch, dass die Regelungen in §§ 3, 4, 10 LPartG denen des Eherechts angenähert sind, beziehungsweise auf Vorschriften des Eherechts verweisen, wie zum Beispiel in §§ 5, 7, 8 Abs. 2, 9 Abs. 1, 12 Satz 2 LPartG. Wenn der Gesetzgeber hier auf eine Verweisung verzichtet hat, dürfte dies bewusst geschehen sein[67]. Insbesondere nachdem die Novelle zum LPartG, in der weitere Angleichungen an das Eherecht vorgenommen wurden, keinen Verweis hierauf enthält, kann davon ausgegangen werden, dass der Gesetzgeber bei der Überarbeitung des LPartG dieses Problem gesehen hat, aber bewusst nicht regeln wollte.

Gegen eine Analogie spricht jedoch vor allem, dass die zuständige Behörde ausschließlich dem Landesrecht zu entnehmen ist. Eine analoge Anwendung von § 1310 Abs. 2 BGB umginge diese Zuständigkeitsverteilung und missachtete die Kompetenzverteilung das GG. So konnte eine bundeseinheitliche Zuständigkeit

---

64 Muscheler, Rn. 153.

65 Vgl. Gesetz zur Ausführung des Lebenspartnerschaftsgesetzes (AGLPartG) vom 26.10.2001, Bayerisches Gesetz- und Verordnungsblatt 2001, S. 677.

66 Hk-LPartG/Kemper, § 1, Rn. 27; Wellenhofer-Klein, Rn. 59, sprechen sich für eine analoge Anwendung des § 1310 II BGB aus, wenn die richtige Behörde, jedoch ein unzuständiger Beamter gehandelt hat.

67 Muscheler, Rn. 153.

des Standesbeamten mangels Zustimmung des Bundesrats gerade nicht begründet werden, weshalb hier auch keine planwidrige Regelungslücke gegeben ist[68].

*e) Zeitpunkt der Begründung*

Ein weiteres Problem liegt darin, dass zum Zeitpunkte des In-Kraft-tretens des LPartG noch nicht alle Länder Ausführungsgesetze oder Durchführungsverordnungen erlassen hatten. So trat in Mecklenburg-Vorpommern das Lebenspartnerschaftsausführungsgesetz (LPartAusfG M-V) erst am 29.09.2001 in Kraft. In Nordrhein-Westfalen entfaltete das Ausführungsgesetz des Landes Nordrhein-Westfalen (LPartG-AG NRW) erst ab dem 01.10.2001 Rechtswirkungen und in Bayern trat das Gesetz zur Ausführung des Lebenspartnerschaftsgesetzes (AGLPartG) erst am 01.11.2001 in Kraft. Daher bestand in diesen Ländern für den Zeitraum zwischen dem In-Kraft-Treten des LPartG am 01.08.2001 und dem In-Kraft-Treten des jeweiligen Ausführungsgesetzes keine landesrechtliche Regelung für die Zuständigkeitsbegründung einer Behörde. Eine zuständige Behörde im Sinne des LPartG war also in der Phase bis zum Wirksamwerden der landesrechtlichen Regelung praktisch nicht vorhanden. Dies führt dazu, dass Lebenspartnerschaften erst dann wirksam geschlossen werden konnten, nachdem die landesspezifischen Regelungen beschlossen und in Kraft getreten waren[69].

Dennoch könnte es Fälle gegeben haben, in denen die zukünftigen Lebenspartner ihre Partnerschaft sogleich nach dem In-Kraft-Treten des LPartG in einem der Länder begründen wollten, die zu dem Zeitpunkt noch kein Ausführungsgesetz hatten. Eventuell könnten sie sich an den Standesbeamten gewandt haben, da dieser grundsätzlich für jede Form der personenstandsrechtlichen Änderung zuständig ist. Vorstellbar ist ebenso, dass sich die zukünftigen Partner an eine andere behördliche Stelle gewandt haben in dem Glauben, diese sei für die Begründung einer Lebenspartnerschaft zuständig. Dieser Standesbeamte oder eine andere Stelle könnte sich nun aus Unwissenheit über eine fehlende landesrechtliche Regelung für zuständig erachtet oder in vorauseilendem Gehorsam gehandelt haben, weil er zwar von einer fehlenden Länderregelung Kenntnis hatte, jedoch davon ausging, durch ein solches Gesetz später ohnehin für zuständig erklärt zu werden.

In beiden Fällen hätte jedoch eine Rechtsgrundlage für ein Handeln der Behörde gefehlt. Die Beteiligten hätten also eine vermeintliche Lebenspartnerschaft

---

68 Zwar ist in dem Lebenspartnerschaftsergänzungsgesetz, LPartGErgG, erneut die Zuständigkeit der Standesbeamten normiert, diesem hat der Bundesrat bislang jedoch noch nicht zugestimmt.

69 Mayer, ZEV 2001, 169, 175.

vor einer Stelle begründet, die entweder noch nicht oder niemals als zuständige Behörde im Sinne des § 1 Abs. 1 Satz 3 LPartG bezeichnet wurde. Eine sachliche Zuständigkeit war in diesen Fällen gerade noch nicht geschaffen. Daher wurde unter diesen Umständen eine Partnerschaft begründet, die nicht den Erfordernissen des LPartG entsprach und entspricht. Eine zuständige Stelle war in Bayern, Mecklenburg-Vorpommern und Nordrhein-Westfalen erst zu einem späteren Zeitpunkt eingerichtet, so dass alle zuvor erfolgten Begründungen unwirksam wären.

## III. Verstöße gegen § 1 Abs. 2 LPartG

Als Wirksamkeitshindernis während der Eingehung einer Lebenspartnerschaft kommen auch Verstöße gegen die Partnerschaftshindernisse in § 1 Abs. 2 LPartG in Betracht, der die materiellen Voraussetzungen für eine wirksame eingetragene Lebenspartnerschaft nennt. Die Erfordernisse sind negativ formuliert. Diese Art der Formulierung ist gesetzestechnisch bedingt und ändert nichts an dem Charakter dieser Erfordernisse als Wirksamkeitsvoraussetzungen[70].

### *1. Minderjährigkeit*

Gemäß § 1 Abs. 2 Nr. 1 LPartG kann eine eingetragene Lebenspartnerschaft nicht wirksam begründet werden mit einer Person, die minderjährig oder verheiratet ist oder bereits mit einer anderen Person eine Lebenspartnerschaft führt. Es sind mit der Begründung einer eingetragenen Lebenspartnerschaft als Statusbeziehung weitreichende Konsequenzen verbunden, deren Beurteilung und Gewichtung einem Volljährigen eher gelingen als einem Minderjährigen. Daher ist die Volljährigkeit als zwingende Voraussetzung anzusehen, die auch nicht durch eine Einwilligung des gesetzlichen Vertreters umgangen werden kann. Eine analoge Anwendung des § 1303 Abs. 2 BGB kommt ebenfalls nicht in Betracht[71]. Demnach hat eine gegen § 1 Abs. 2 Nr. 1 LPartG verstoßende Begründung die Unwirksamkeit der Lebenspartnerschaft zur Folge.

70 Vgl. BT-Drucks. 14/3751, S. 36; Rellermeyer, Rpfleger 2001, 381, 382.
71 Rauscher, Rn. 747; Wacke, in: MünchKommBGB, § 1 LPartG, Rn. 9; Muscheler, Rn. 123.

### 2. *Verheirateter Lebenspartner*

Ferner dürfen die zukünftigen Lebenspartner nicht verheiratet sein. Eine Ehe muss also zunächst rechtskräftig geschieden oder aufgehoben oder durch den Tod oder die Todeserklärung eines Ehegatten beendet sein, bevor eine Lebenspartnerschaft geschlossen werden kann. Eine besondere Sachlage ist gegeben, wenn ein Verfahren, durch das eine frühere Ehe beendet wurde[72], durch Wiedereinsetzung in den vorigen Stand, § 233 ZPO, oder durch Wiederaufnahme, §§ 578 ff. ZPO, erneut aufgenommen wird. Dann entfällt durch diese prozessualen Maßnahmen die Ehe beendende Wirkung. Es greift daher das Partnerschaftsverbot ein, so dass die begründete Lebenspartnerschaft unwirksam ist.

### 3. *Bestehende Lebenspartnerschaft*

Die Partner dürfen nicht bereits in einer Lebenspartnerschaft leben, § 1 Abs. 2 Nr. 1 LPartG[73]. Diese Voraussetzung ist Ausdruck des Grundsatzes der Ausschließlichkeit und Einpaarigkeit[74], der auch im Recht der gleichgeschlechtlichen Lebenspartnerschaften gilt. Unerheblich ist dabei, ob die bereits bestehende Lebenspartnerschaft tatsächlich gelebt wird. Entgegen dem Wortlaut ist es als Hinderungsgrund ausreichend, wenn eine Lebenspartnerschaft de iure besteht[75]. Sofern also eine zweite Lebenspartnerschaft eingegangen werden sollte, wäre diese unwirksam.

### 4. *Verwandtschaft*

Nach § 1 Abs. 2 Nr. 2 LPartG dürfen die Lebenspartner nicht in gerader Linie miteinander verwandt sein. Auf den Grad der Verwandtschaft kommt es dabei nicht an[76]. Mithin ist hier davon auszugehen, dass nur die blutsmäßige Verwandt-

72 Scheidung oder Aufhebung.

73 Selbstverständlich ist daher auch die wiederholte Partnerschaftsbegründung mit dem bisherigen Partner ausgeschlossen. Dafür besteht, eine wirksame Begründung vorausgesetzt, jedoch auch kein Bedürfnis. Anders liegt der Fall, wenn die Lebenspartner Zweifel an der Wirksamkeit ihrer einmal begründeten Lebenspartnerschaft haben. Dann muss ihnen die Möglichkeit offen stehen, eine erneute Eintragung vorzunehmen und so zu einer wirksamen eingetragenen Lebenspartnerschaft zu kommen.

74 Dethloff, NJW 2001, 2598, 2599; Wacke, in: MünchKommBGB, § 1 LPartG, Rn. 10.

75 Finger MDR 2001, 199, 200; Muscheler, Rn. 130.

76 Kemper, FPR 2001, 449, 450.

schaft gemeint ist[77]. Eine Befreiung von diesem Verbot ist nicht möglich[78]. Das Partnerschaftsverbot des § 1 Abs. 2 Nr. 2 LPartG gilt jedoch nicht, wenn das Verwandtschaftsverhältnis durch eine Annahme als Kind[79] aufgehoben worden ist. Dies ergibt sich aus dem Fehlen einer dem § 1307 Satz 2 BGB vergleichbaren Vorschrift. Ferner kann eine Lebenspartnerschaft nicht wirksam begründet werden zwischen vollbürtigen und halbbürtigen Geschwistern, § 1 Abs. 2 Nr. 3 LPartG. Damit ist auch die Lebenspartnerschaft im Fallbeispiel 2. unwirksam.

### *5. Scheinpartnerschaft*

Ferner kann eine Lebenspartnerschaft gemäß § 1 Abs. 2 Nr. 4 LPartG nicht wirksam eingegangen werden, wenn sich die Lebenspartner bei Begründung der Lebenspartnerschaft darüber einig sind, keine Verpflichtungen gemäß § 2 LPartG zu Fürsorge, Unterstützung und gemeinsamer Lebensgestaltung begründen zu wollen. Die zukünftigen Partner spiegeln dann während des Begründungakts die Absicht, eine Partnerschaft auf Lebenszeit führen zu wollen, lediglich vor. Das Vorliegen der Tatbestandsmerkmale einer Scheinpartnerschaft ist schwierig festzustellen. Eine häusliche Gemeinschaft oder eine geschlechtliche Gemeinschaft, wie sie im Eherecht verlangt wird, ist von den eingetragenen Lebenspartnern gerade nicht gefordert. Beruht der Nichtvollzug der Lebensgemeinschaft auf Umständen, wie beispielsweise Haft oder andauerndem Krankenhausaufenthalt, ist die Vorschrift nicht anwendbar, sondern nur, wenn die Beteiligten keinen Willen zur Führung einer Lebenspartnerschaft haben. Ferner unterliegen dem Verbot des § 1 Abs. 2 Nr. 4 LPartG nicht die auf dem Totenbett geschlossenen Namens- und Versorgungslebenspartnerschaften[80]. Bei diesen sind die Lebenspartner trotz der Umstände regelmäßig bereit, die sich aus dem LPartG ergebenden Pflichten gegenseitig zu erfüllen. Es ist typischerweise Sinn und Zweck einer Scheinpartnerschaft, dass mindestens einem der Beteiligten besondere Vorteile zugute kommen sollen, etwa die Erlangung einer Aufenthaltserlaubnis[81]. Im Beispielsfall 3. haben die Beteiligten die Lebenspartnerschaft allein mit dem Ziel geschlossen, eine

---

77 kritisch zur Rechtfertigung des Partnerschaftsverbots der Verwandtschaft: Sachs, JR 2001, 45, 50.

78 Hk-LPartG/Kemper, § 1, Rn. 11, der den Sinn dieses Verbotes darin sieht, den engsten Familienkreis von sexuell bestimmten Spannungen und Schuldgefühlen frei zu halten. Dies ergebe sich aus fehlenden Fortpflanzungsmöglichkeiten und den damit einhergehenden genetischen Bedenken.

79 Gem. §§ 1741 ff. BGB.

80 Hk-LPartG/Kemper. § 1, Rn. 16.

81 Dethloff, NJW 2001, 2598, 2599; Kemper, FPR 2001, 449, 451.

Aufenthaltserlaubnis zu erhalten, so dass darin eine unwirksame Scheinlebenspartnerschaft zu sehen ist. Der Wille zu einer gemeinsamen Lebensgestaltung war nicht vorhanden.

## IV. Rechtsfolgen der Verstöße gegen § 1 LPartG

### *1. Wirksamkeit der Lebenspartnerschaft trotz Verstoßes gegen § 1 LPartG?*

Bei der Eingehung einer eingetragenen Lebenspartnerschaft können sowohl den zukünftigen Lebenspartnern als auch dem für die zuständige Behörde Handelnden Fehler unterlaufen, die gegen § 1 LPartG verstoßen. Die Verstöße können versehentlich geschehen oder sie werden stillschweigend hingenommen, möglicherweise um durch die Begründung der Lebenspartnerschaft einen besonderen Vorteil zu erlangen[82].

Zu untersuchen ist, ob sämtliche Verstöße gegen § 1 LPartG zur Unwirksamkeit der Lebenspartnerschaft führen oder ob es Ausnahmefälle gibt, in denen die Rechtsbeziehung dennoch wirksam bestehen bleiben kann. Es erscheint denkbar, dass Verstöße durch analoge Anwendung von Eherechtsvorschriften überwunden werden können oder durch Heilung der verletzten Norm aufgrund Beurkundung der Lebenspartnerschaft die Unwirksamkeit verhindert werden kann.

### *2. Regelung von Begründungshindernissen im Eherecht*

Mehrere Regelungen des § 1 LPartG sind den für Eheleuten geltenden Vorschriften angenähert. Was das in § 1 Abs. 1 Satz 2 LPartG geregelte Erfordernis der persönlichen und gleichzeitigen Anwesenheit – sowie die Bedingungsfeindlichkeit der Erklärungen – betrifft, so entspricht dieses dem für Eheleute geltenden § 1311 BGB. Während bei einem Verstoß gegen § 1311 BGB die geschlossene Ehe allerdings gemäß § 1314 Abs. 1 BGB aufhebbar oder durch Zusammenleben und Zeitablauf nach § 1315 Abs. 2 Nr.2 BGB heilbar ist, fehlen derartige Regelungen im LPartG. Ähnliches gilt auch für die in § 1 Abs. 2 LPartG normierten Begründungsvoraussetzungen, die den §§ 1306 ff. BGB und § 1314 Abs. 2 Nr. 5 BGB in ihrem Regelungsgehalt gleichen. Allerdings finden sich im Eherecht in § 1314 BGB Aufhebungsvorschriften, wenn ein Verstoß gegen die oben genannten Eheschließungsvoraussetzungen vorliegt. Im Eherecht sind also Instrumente

---

82 Als klassisches Beispiel kommt hier die Erteilung einer Aufenthaltserlaubnis in Betracht.

geschaffen worden, um Mängeln bei der Begründung zu begegnen. Derartige Regelungen hat der Gesetzgeber im LPartG nicht normiert.

### *3. Analoge Anwendung der §§ 1314 ff. BGB*

Zunächst ist für die Rechtsfolge eines Verstoßes gegen § 1 LPartG eine analoge Anwendung der §§ 1314 ff. BGB in Betracht zu ziehen. Mit Analogie beschreibt man die Übertragung der für einen bestimmten Tatbestand oder für mehrere untereinander ähnliche Tatbestände im Gesetz gegebenen Regel auf einen vom Gesetz nicht geregelten, mit ihm vergleichbaren Tatbestand[83]. Diese Übertragung gründet sich darauf, dass es die für die gesetzliche Regelung maßgeblichen Umstände gebieten, die Tatbestände gleich zu bewerten, da Gleichartiges auch gleich zu behandeln ist[84].

#### *a) Vergleichbare Interessenlage*

Um die analoge Anwendung einer Norm begründen zu können, muss zunächst eine vergleichbare Interessenlage gegeben sein[85]. Diese könnte im vorliegenden Fall darin liegen, dass es sich sowohl bei der Ehe als auch bei der eingetragenen Lebenspartnerschaft um Statusbeziehungen handelt, die Personen eine gemeinschaftliche Lebensplanung und -gestaltung in einem rechtlichen Rahmen ermöglichen. So sind sowohl die Ehe als auch die eingetragene Lebenspartnerschaft Lebensgemeinschaften, die auf eine enge, personale Beziehung der Beteiligten angelegt sind und sich dadurch deutlich von den übrigen im Zivilrecht bestehenden Rechtsgemeinschaften unterscheiden. Ferner werden beide Statusbeziehungen vor einer Behörde begründet, die die Funktion eines Zeugen hat. Auch insoweit besteht eine übereinstimmende Interessenlage zwischen Ehepartnern und Lebenspartnern.

---

83 Larenz/Canaris, Methodenlehre, S. 202.

84 Larenz/Canaris, Methodenlehre, S. 202.

85 Larenz/Canaris, Methodenlehre, S. 202, führen dazu aus: „Ob das der Fall ist oder nicht, das lässt sich nicht allein mit Hilfe der logischen Kategorien der Identität oder der Nichtidentität bestimmen, sondern erfordert zunächst die Offenlegung der für die in der gesetzlichen Regel zum Ausdruck kommenden Wertung maßgeblichen Hinsichten. Daran hat sich die positive Feststellung zu schließen, dass der zu beurteilende Sachverhalt dem gesetzlich geregelten in allen diesen Hinsichten gleicht, sowie die negative Feststellung, dass die verbleibenden Unterschiede nicht von solcher Art sind, dass sie die gesetzliche Wertung hier ausschließen. Es handelt sich bei der juristischen Analogie also allemal um einen Vorgang wertenden Denkens".

*b) Planwidrige Regelungslücke*

Ferner ist Voraussetzung der analogen Anwendung einer Norm, dass eine planwidrige Regelungslücke besteht. Dies bedeutet, dass der Gesetzgeber bei Schaffung eines Gesetzes eine Sachlage übersehen hat und daher für diesen Fall keine gesetzliche Regelung existiert. Hätte der Gesetzgeber den nicht geregelten Fall bedacht, so hätte er für diesen eine Regelung getroffen.

Fraglich ist vorliegend indes, ob der Gesetzgeber die Aufhebungs- und Heilungsvorschriften des Eherechts bewusst nicht in das LPartG übernommen hat oder ob es sich bei dem Fehlen vergleichbarer Regelungen lediglich um ein Versäumnis handelt. Nur im letztgenannten Fall kommt eine analoge Anwendung der Normen des Eherechts in Betracht. Hierbei ist zu bedenken, dass eine Vielzahl von Normen des LPartG auf die Regelungen im Eherecht des BGB verweist[86]. Ferner wurden teilweise Formulierungen des BGB nahezu wortidentisch in das LPartG übernommen[87]. Dadurch wird deutlich, dass die Normen des Eherechts als Vorbild für die Regelungen des LPartG dienten. Die übernommenen Normen sind über das gesamte Eherecht verteilt, so dass davon ausgegangen werden kann, dass der Gesetzgeber jede Vorschrift des Eherechts auf ihre Anwendbarkeit im Rahmen der Lebenspartnerschaft überprüft hat. Die Nichtübernahme der Normen für Eheaufhebung und Heilung könnte daher als bewusste Entscheidung des Gesetzgebers angesehen werden. So geht die Gesetzesbegründung davon aus, dass bei Nichtvorliegen der Voraussetzungen des § 1 LPartG die wirksame Begründung einer eingetragenen Lebenspartnerschaft nicht möglich ist[88]. Eine planwidrige Regelungslücke liegt nicht vor. Außerdem kann aus dem Wortlaut des § 1 Abs. 1 Satz 1 LPartG „begründen..., wenn..." geschlossen werden, dass es sich dabei um eine zwingende Wirksamkeitsvoraussetzung handelt. Es wurde die Gefahr von Verstößen erkannt und diese sollten mit der Unwirksamkeit der Lebenspartnerschaft sanktioniert werden. Mithin fanden Überlegungen bezüglich der Rechtsfolgen von Verstößen gegen die Begründungsnormen statt. Von einem Übersehen eines regelungsbedürftigen Sachverhalts ist nicht auszugehen, der Gesetzgeber hat sich bewusst gegen eine Übernahme der im Eherecht geltenden Vorschriften ausgesprochen.

---

86 So z.B. der Verweis in § 5 Satz 2 LPartG auf §§ 1360 Satz 2, 1360 a, 1360 b BGB; in § 8 Satz 2 LPartG auf § 1362 Abs. 1 Satz 2 ,3 BGB, in § 8 Abs. 2 LPartG auf § 1357 BGB, in § 10 Abs. 4 LPartG auf §§ 2266 bis 2273 BGB.

87 So z.B. § 4 LPartG, der § 1359 BGB bis auf die Auswechselung der Begriffe Ehe und Lebenspartnerschaft übernommen hat; § 8 Abs. 1 Satz 1 LPartG und § 1362 Abs. 1 Satz 1 BGB sind ebenfalls nahezu identisch.

88 BT-Drucks. 14/3751, S. 36.

Diese Überlegung wird ferner dadurch gestützt, dass der Gesetzgeber das LPartG durch das Gesetz zur Überarbeitung des Lebenspartnerschaftsrechts[89] in Teilbereichen noch stärker an die Ehe angeglichen hat und die künstlichen Unterscheidungen zwischen Ehe und Lebenspartnerschaft aufgeben wollte[90], so dass davon auszugehen ist, dass der Gesetzgeber das gesamte Eherecht erneut auf eine Übertragbarkeit auf Lebenspartnerschaften hin überprüft hat. Eine planwidrige Regelungslücke dürfte hier demnach nicht vorliegen. Auf eine unwirksam begründete eingetragene Lebenspartnerschaft können also die Normen des Eherechts, §§ 1314 ff. BGB, nicht analog angewandt werden, wenn ein Verstoß gegen § 1 LPartG vorliegt.

### *4. Heilung der Verstöße gegen § 1 LPartG durch Eintragung*

#### *a) Allgemeines*

Möglicherweise kommt bei einem Verstoß gegen § 1 LPartG eine Heilung durch Registrierung und Eintragung der Lebenspartnerschaft in ein dafür vorgesehenes Buch/Register oder durch Eintragung der Lebenspartnerschaft in die Partnerschaftsurkunde in Betracht.

In den Gesetzen zur Ausführung des Lebenspartnerschaftsgesetzes der Länder finden sich teilweise detaillierte Regelungen über das Begründungsverfahren der Lebenspartnerschaft[91]. Die Eintragung der neu gegründeten Lebenspartnerschaft

89 BGBl I 2004, 3396.

90 BT-Drucks. 15/3445, S. 1.

91 Hamburg: Gesetz zur Ausführung des Lebenspartnerschaftsgesetzes-LPartAusfG vom 4.7.2002, Hamburgisches GVBl 2001, S. 145; Schleswig-Holstein: Gesetz zur Ausführung des Lebenspartnerschaftsgesetzes-LPartAusfG vom 18.7.2001, GVBl für Schleswig-Holstein 2001, S. 96; Berlin: Gesetz zur Ausführung des Lebenspartnerschaftsgesetzes vom 10.7.2001, GVBl für Berlin 2001, S. 222; Bremen: Bremisches Gesetz zur Regelung der Zuständigkeit und des Verfahrens nach dem Lebenspartnerschaftsgesetz (BremLPartVerfG) vom 26.6.2001, GVBl Bremen 2001, S. 213; Mecklenburg-Vorpommern: Gesetz zur Ausführung des Lebenspartnerschaftsgesetzes vom 26.9.2001, GVBl Mecklenburg-Vorpommern 2001, S. 336; Saarland: Gesetz Nr. 1474 über Zuständigkeiten und Verfahren nach dem Lebenspartnerschaftsgesetz vom 13.6.2001, Amtsblatt des Saarlands 2001, S. 1222; Hessen: Hessisches Gesetz zur Regelung der Zuständigkeit und des Verfahrens nach dem Lebenspartnerschaftsgesetz (LPartG-ZVerfG) vom 28.8.2001, GVBl Hessen, 2001, S. 358; Nordrhein-Westfalen: Gesetz zur Regelung der Zuständigkeit und des Verfahrens nach dem Lebenspartnerschaftsgesetz vom 25.9.2001, GVBl Nordrhein-Westfalen 2001, S. 660; Niedersachsen: Niedersächsisches Gesetz zur Ausführung des Lebenspartnerschaftsgesetzes vom 21.6.2001, GVBl Niedersachsen 2001, S. 377; Sachsen-Anhalt: Le-

wird in dem dafür zu führenden Lebenspartnerschaftsbuch vorgenommen[92], beziehungsweise es wird eine Urkunde über die begründete Lebenspartnerschaft gefertigt[93]. Ferner sind die für die Begründung zuständigen Behörden dazu verpflichtet, die Begründung der Lebenspartnerschaft den für die Führung der Familienbücher zuständigen Stellen mitzuteilen. Eine schriftliche Fixierung des Willens in Form der Beurkundung, miteinander eine eingetragene Lebenspartnerschaft auf Lebenszeit eingehen zu wollen, liegt nach den Bestimmungen sämtlicher Bundesländer somit stets vor. Diese Registrierung und Beurkundung der Lebenspartnerschaft ist die in den Landesverordnungen beziehungsweise Gesetzen zwingende Folge der von den Partnern abgegebenen Erklärungen. Ein Begründungsakt ohne im Anschluss stattfindende Beurkundung ist nicht vorgesehen. Wenn allein diese – zwingend vorgeschriebene – Registrierung einen Verstoß gegen eine Begründungsnorm heilte, dann wäre jeder Verstoß gegen die Begründungsvorschriften unbeachtlich, da eine Beurkundung immer vorzunehmen ist. Ein Verstoß gegen § 1 LPartG bliebe demnach stets ohne Sanktion, weshalb eine Heilung allein durch den Begründungsakt selber nicht erreicht werden kann.

---

benspartnerschaftsausführungsgesetz vom 24.7.2001, GVBl Sachsen-Anhalt 2001, S. 292; Brandenburg: Gesetz zur Regelung der Zuständigkeit und des Verfahrens nach dem Lebenspartnerschaftsgesetz vom 27.7.2001, GVBl Brandenburg 2001, S. 102; Sachsen: Verordnung des Sächsischen Staatsministeriums des Innern zur vorläufigen Regelung der Zuständigkeiten nach dem Lebenspartnerschaftsgesetz, 19.7.2001, GVBl Sachsen 2001; S. 451; Thüringen: Thüringer Ausführungsgesetz zum Lebenspartnerschaftsgesetz vom 4.9.2001, GVBl Thüringen 2001, S. 301; Rheinland-Pfalz: Landesgesetz zur Ausführung des Lebenspartnerschaftsgesetzes vom 10.7.2001, GVBl Rheinland-Pfalz 2001, S. 138; Hessen: Hessisches Gesetz zur Regelung der Zuständigkeit und des Verfahrens nach dem Lebenspartnerschaftsgesetz vom 25.8.2001; GVBl Hessen 2001, S. 138; Baden-Württemberg: Verordnung des Innenministeriums zur Durchführung des Lebenspartnerschaftsgesetzes vom 24.7.2001, GVBl Baden-Württemberg 2001, S. 490; Bayern: Gesetz zur Ausführung des Lebenspartnerschaftsgesetzes, GVBl Bayern, 2001, S. 677.

92 Hierbei ist jedoch zu beachten, dass nicht alle Bundesländer eine solche Eintragung vornehmen können, da nur wenige Länder überhaupt ein Lebenspartnerschaftsbuch führen. Zu diesen zählen: Bayern, Berlin, Hamburg, Mecklenburg-Vorpommern, Niedersachsen, Nordrhein-Westfalen, Sachsen, Sachsen-Anhalt, Schleswig-Holstein. In den übrigen Ländern erhalten die Lebenspartner lediglich eine Urkunde über den Nachweis der Begründung.

93 Lediglich in Sachsen und Rheinland-Pfalz werden den Lebenspartnern keine Urkunden überreicht, in Rheinland-Pfalz kann eine Bescheinigung über die Mitwirkung bei der Begründung, bzw. eine beglaubigte Abschrift der Niederschrift erteilt werden.

*b) Kein öffentlicher Glaube an Eintragung*

Es ist weiter zu bedenken, dass in den Fällen, in denen eine Eintragung der Lebenspartnerschaft in einem Lebenspartnerschaftsbuch erfolgt, kein öffentlicher Glaube an die Vollständigkeit oder Richtigkeit der Eintragung entsteht. Der Grund dafür liegt in den fehlenden materiellen Vorgaben seitens des Bundes[94]. Dieser hat, obwohl das neu geschaffene Institut „eingetragene“ Lebenspartnerschaft heißt, keinerlei Regelungen dahingehend getroffen, ob überhaupt eine Eintragung stattfinden muss. So kann ein nicht bundeseinheitlich geregeltes Verfahren keinen öffentlichen Glauben für sich beanspruchen. Ferner bestehen keinerlei Registrierungsregelungen über Ländergrenzen hinweg[95]. All dies spricht dagegen, die Beurkundung der Begründung einer eingetragenen Lebenspartnerschaft mit Heilungswirkung zu versehen. So kann nur ein einheitliches Verfahren, dem Heilungswirkung zugesprochen ist, diese Heilung auch bewirken. Daran mangelt es jedoch im vorliegenden Fall.

*c) Keine einheitlichen Meldebestimmungen*

Ferner gibt es keine bundeseinheitlichen Meldebestimmungen, die eine Pflicht zur ordnungsgemäßen und aktuellen Führung der Lebenspartnerschaftsbücher begründen würden. Dies wäre jedoch die Mindestvoraussetzung, um von einer Heilung eines Begründungsmangels durch Eintragung auszugehen. Es gebietet bereits der Gedanke der Rechtssicherheit und des Vertrauensschutzes, dass sich Dritte auf die Richtigkeit und Vollständigkeit der Eintragung verlassen können. Gerade daran fehlt es hier allerdings, so dass eine Heilung durch Eintragung nicht stattfinden kann.

In einigen Ausnahmefällen sehen die Ausführungsgesetze und Verordnungen der Länder eine Befugnis der zuständigen Stelle vor, die Eintragung zu versagen. Dies geschieht, wenn ein Verstoß gegen § 1 Abs. 2 LPartG offensichtlich ist oder Zweifel an dem Vorliegen der Voraussetzungen des § 1 Abs. 2 LPartG bestehen[96]. Dann haben die zukünftigen Lebenspartner die Möglichkeit, durch Abgabe einer Erklärung das Vorliegen der Voraussetzungen des § 1 Abs. 2 LPartG glaubhaft zu machen und so die Bedenken der zuständigen Stelle auszuräumen. Mithin lassen sich die Bedenken der zuständigen Behörde leicht beseitigen und einer Begründung der eingetragenen Lebenspartnerschaft steht dann nichts ent-

---

94 Meireis, StAZ 2001, 161, 166.
95 Meireis, StAZ 2001, 161, 166.
96 In Hamburg beispielsweise kann der Standesbeamte gemäß § 2 Abs. 8 LPartAusfG die Eintragung verweigern, wenn der Begründung ein Hindernis nach § 1 Abs. 2 LPartG entgegensteht.

gegen. Die sodann erfolgende Beurkundung hätte die Heilung der tatsächlich vorhandenen Wirksamkeitshindernisse zur Folge, so dass ein Verstoß gegen § 1 LPartG ohne Konsequenz bliebe. Die Heilung eines Wirksamkeitsmangels durch Eintragung oder Beurkundung ist daher abzulehnen.

*d) Heilung durch Vollzug der Lebenspartnerschaft*

Eine andere Handlung, die eine unwirksam begründete Lebenspartnerschaft heilen könnte, ist allenfalls der Vollzug der Partnerschaft über einen gewissen Zeitraum, so dass die Rechtsgemeinschaft wegen des Vollzugs als wirksam begründet anzusehen ist. Für diese Fiktion bedarf es allerdings einer gesetzlichen Regelung wie beispielsweise des § 1315 BGB im Eherecht. Gerade daran mangelt es vorliegend[97]. Eine Heilung von Verstößen gegen die Begründungsvorschriften des LPartG ist nicht vorgesehen und darüber hinaus ist auch kein Sachverhalt neben der Eintragung denkbar, an den eine Heilung geknüpft werden könnte.

*5. Ergebnis bei Verstößen gegen § 1 LPartG*

Die bisherigen Ausführungen verdeutlichen, dass die zukünftigen Lebenspartner eine Reihe von Vorschriften bei der Begründung ihrer neuen Lebensform zu beachten haben. Die Regelungen des § 1 LPartG sind dabei als Wirksamkeitsvoraussetzungen konzipiert, so dass ein Verstoß gegen sie die Unwirksamkeit der Lebenspartnerschaft als Rechtsgemeinschaft zur Folge hat. Der Gesetzgeber hat dabei bewusst auf Heilungsvorschriften verzichtet. Es war das Anliegen des Gesetzgebers, eine eingetragene Lebenspartnerschaft nur unter den in § 1 LPartG normierten Umständen wirksam begründen zu können.

Die einzige Möglichkeit, doch noch zu einer wirksamen Lebenspartnerschaft zu gelangen, ist die Neuvornahme des Begründungsakts[98]. Freilich ist dabei zu bedenken, dass die mutmaßlichen Lebenspartner oftmals keine Kenntnis von der Unwirksamkeit ihrer Lebenspartnerschaft haben werden und deshalb die Notwendigkeit einer Neuvornahme nicht erkennen.

---

97 Stüber, FamRZ 2005, 574, 575, beklagt dies für den Fall einer Scheinlebenspartnerschaft, denn hier könne nach Begründung der Rechtsbeziehung tatsächlich eine partnerschaftliche Lebensgemeinschaft miteinander gelebt werden.

98 Hk-LPartG/Kemper, § 1, Rn. 23.

## V. Sonstige Gründe für die anfängliche Unwirksamkeit einer Lebenspartnerschaft

Neben den bereits genannten Verstößen gegen § 1 LPartG bei der Eingehung kann die Unwirksamkeit einer eingetragenen Lebenspartnerschaft möglicherweise noch auf anderen Gründen beruhen.

### *1. Anwendbarkeit von allgemeinen Vorschriften über Willenserklärungen*

Der Gesetzgeber ging davon aus, dass von den zukünftigen Partnern Willenserklärungen vor der Behörde abgegeben werden. Es handelt sich bei dem Abschluss der Lebenspartnerschaft gemäß der amtlichen Erläuterung um ein Rechtsgeschäft[99], so dass bei der Begründung der eingetragenen Lebenspartnerschaft zugleich der Abschluss eines zivilrechtlichen Vertrags vorliegt[100]. Auf Willenserklärungen und die durch sie begründeten Rechtsverhältnisse sind grundsätzlich die allgemeinen Vorschriften der §§ 104 ff., 116 ff. BGB anwendbar. Es ist nun denkbar, dass während des Begründungsakts der eingetragenen Lebenspartnerschaft einer der Beteiligten einem Irrtum oder dass seine Willensbildung dem Einfluss eines Dritten unterliegt. Es stellt sich dann die Frage, welche Auswirkungen diese Willensmängel haben.

Seit dem 01.01.2005 können Lebenspartnerschaften, bei deren Begründung Willensmängel vorlagen, nach § 15 Abs. 2 Satz 2 LPartG aufgehoben werden. Von dem genannten Verweis auf die Regelungen zur Eheaufhebung sind also dieselben Begründungsmängel erfasst, wie sie auch im Eherecht realistischerweise auftreten können. Allerdings hat der Gesetzgeber für Lebenspartnerschaften, die zwischen dem 01.08.2001 und dem 01.01.2005 geschlossen worden sind, keine Regelung hinsichtlich Willenserklärungen oder Willensmängel getroffen. Insofern ist problematisch, welche Auswirkungen diese Lücke auf Altfälle hat.

### *2. Fehlende oder beschränkte Geschäftsfähigkeit*

Da die vor der zuständigen Behörde abzugebenden Erklärungen zum Abschluss eines Rechtsgeschäfts führen, sind auf die Erklärungen grundsätzlich die Vorschriften der §§ 104 ff. BGB anzuwenden[101]. Danach muss ein einzutragender

99 Siehe BT-Drucks. 14/3751, S. 36.
100 Meireis, StAZ 2001, 161, 165.
101 Muscheler, Rn. 127.

Lebenspartner voll geschäftsfähig sein, um eine Rechtsbeziehung wirksam zu begründen[102]. Weiterhin darf sich ein Lebenspartner bei der Abgabe der Erklärungen nicht im Zustand der Bewusstlosigkeit oder einer vorübergehenden Störung der Geistestätigkeit befinden. Aus § 104 Nr. 2 BGB ergibt sich zwar, dass er nicht geschäftsunfähig ist, jedoch ist seine Erklärung gemäß § 105 Abs. 2 BGB nichtig. Der Gesetzgeber hat den Fall beschränkter oder fehlender Geschäftsfähigkeit nicht ausdrücklich im LPartG a.F. berücksichtigt. Im Eherecht regelt § 1314 Abs. 2 Nr. 1 BGB derartige Sachverhalte. Danach ist eine spätere Aufhebung der Ehe möglich, wenn ein Partner eine nichtige Willenserklärung abgegeben hat. Da im LPartG keine vergleichbare Regelung existierte, gilt § 105 BGB mit der Folge, dass die abgegebene Erklärung nichtig ist. Ein Geschäftsunfähiger kann eine Lebenspartnerschaft nicht wirksam eingehen.

Im Gegensatz zu den in § 1 Abs. 2 LPartG genannten Ausschlussgründen besteht bei mangelnder Geschäftsfähigkeit die Möglichkeit, den Begründungsmangel zu beheben, indem die Partner die Begründung nochmals vornehmen, sobald die Geschäftsfähigkeit wieder gegeben ist. Freilich kommt das nur in Betracht, wenn den Partnern die Geschäftsunfähigkeit einer der Beteiligten bekannt ist. Das wird insbesondere dann der Fall sein, wenn es sich bei der Geschäftsunfähigkeit um eine vorübergehende Störung der Geistestätigkeit[103] gehandelt hat, sie also nur temporär aufgetreten war.

### *3. Willensmängel im Sinne von §§ 116, 117 BGB*

#### *a) Geheimer Vorbehalt*

Gemäß § 116 Satz 1 BGB ist eine Erklärung nicht deshalb nichtig, weil sich der Erklärende insgeheim vorbehält, das Erklärte nicht zu wollen[104]. Wenn bei Begründung der Lebenspartnerschaft einer der Beteiligten sich insgeheim vorbehält, das Erklärte nicht zu wollen, die Partnerschaft also eigentlich nicht begründen zu wollen, so hat dies gemäß § 116 Satz 1 BGB keinen Einfluss auf die Wirksamkeit der abgegebenen Willenserklärung. Ein davon abweichendes Ergebnis könnte sich allerdings aus § 116 Satz 2 BGB ergeben. Danach ist eine Erklärung dann nichtig, wenn der Empfänger den Vorbehalt des Erklärenden kennt. Hier kommt

102 Hk-LPartG/Kemper, § 1, Rn. 29, folgert bereits aus dem Erfordernis der Volljährigkeit des § 1 Abs. 2 Nr. 1 LPartG auch die Geschäftsfähigkeit als zwingende Wirksamkeitsvoraussetzung einer eingetragenen Lebenspartnerschaft.

103 Beispielsweise durch übermäßigen Alkoholkonsum.

104 Kramer, in: MünchKommBGB, § 116, Rn. 1; Larenz/Wolf, § 35 II 1; Bork, Rn. 795 ff.

der Fall in Betracht, dass sich die zukünftigen Lebenspartner darüber einig sind, bestimmte Rechtsfolgen der Partnerschaft nicht eintreten lassen zu wollen. Beim Wissen und Wollen der Beteiligten, dass der Inhalt der abgegebenen Erklärung nicht gewollt ist, gilt jedoch als Spezialvorschrift § 117 BGB[105]. Eine weitere Regelung dieser unter geheimen Vorbehalten abgegebenen Erklärungen findet sich für die Scheinlebenspartnerschaft ferner in § 1 Abs. 2 Nr. 4 LPartG.

*b) Scheingeschäft*

In § 1 Abs. 2 Nr. 4 LPartG ist eine Spezialvorschrift für die Fälle normiert, in denen die Partnerschaft lediglich zum Schein eingegangen wird, so dass § 117 Abs. 1 BGB als allgemeine Norm verdrängt ist[106]. Gemäß § 1 Abs. 2 Nr. 4 LPartG ist bereits die Begründung einer unter solchen geheimen Absprachen begründeten Lebenspartnerschaft untersagt und führt bei dennoch erfolgter Eingehung zur Unwirksamkeit der Rechtsgemeinschaft.

## VI. Anfechtung

*1. Allgemeines*

Bei Eingehung einer Lebenspartnerschaft kann einer der Beteiligten einem Irrtum oder der Willensbeeinflussung durch einen Dritten unterliegen und die Lebenspartnerschaft dadurch mit einem Mangel behaftet sein. Dies könnte denjenigen, der einem solchen Willensmangel unterliegt, zur Anfechtung berechtigen. Diese Frage ist freilich nur relevant für Lebenspartnerschaften, die vor dem 01.01.2005 begründet worden sind, denn seit diesem Zeitpunkt verweist § 15 Abs. 2 Satz 2 LPartG auf § 1314 Abs. 2 Nr. 1 bis 4 BGB und erklärt damit für die dort genannten Willensmängel die Aufhebungsvorschriften des Eherechts für anwendbar. Eine Anfechtung ist aufgrund der spezialgesetzlichen Regelung insoweit nach dem 01.01.2005 ausgeschlossen.

Es war fraglich, ob ein familienrechtliches Institut, das für die Beteiligten einen neuen, höchstpersönlichen Status begründete, davor überhaupt den Regelungen der Anfechtung unterworfen sein konnte. Diese Frage stellte sich vor dem Hintergrund, dass das Instrument der Anfechtung mittels einfacher rechtsgeschäftlicher Erklärung Willenserklärungen und Rechtsgeschäfte mit Wirkung für die Vergangenheit beseitigen kann. Rechtsfolge der Anfechtung ist, dass der Zu-

105 Palandt/Heinrichs, § 116, Rn. 6.
106 Wacke, in: MünchKommBGB, § 1 LPartG, Rn. 18.

stand wieder hergestellt wird, der vor der Erklärung bestand, § 142 Abs. 1 BGB. Die Rechtslage soll sich zugunsten des Erklärenden nach der Anfechtung so darstellen, als wäre die Erklärung nie abgegeben worden. Es wird dadurch eine Nichtabgabe der Erklärung fingiert[107]. Kennzeichnend für den Wunsch des Erklärenden nach Anfechtung seiner abgegebenen Erklärung ist eine Diskrepanz zwischen seinem tatsächlichen Willen und dem geäußerten Willen, der Grundlage des Rechtsgeschäfts ist und Rechtsfolgen ausgelöst hat.

### *2. Besonderheit der Anfechtung bei Status begründenden Willenserklärungen, insbesondere bei der Ehe*

#### *a) Problemstellung*

Fraglich war, ob das Gestaltungsrecht der Anfechtung auch dann zur Anwendung kommen kann, wenn ein Statusverhältnis angefochten wird. Dieses könnte wegen seiner besonderen Struktur und eines besonderen staatlichen Aktes, der zur Begründung erforderlich ist, eine Sonderstellung innehaben.

Als ein solches Rechtsverhältnis, welches durch einen Status begründenden Akt entsteht und für das besondere Regelungen hinsichtlich der Anfechtung gelten, kommt hier als Vergleichsmaßstab das Institut der Ehe in Betracht. Diese weist ebenso wie eine Lebenspartnerschaft eine enge, persönliche Beziehung der Beteiligten zueinander auf. Bei der Eingehung einer Ehe können die Beteiligten das Verfahren und den Inhalt ihrer Erklärungen nicht frei wählen. Der Gesetzgeber ist befugt, die Formen der Eheschließung zu normieren[108]. Wenn es auch die grundgesetzlich garantierte Freiheit der Eheschließung gibt[109], so haben sich die zukünftigen Ehepartner der Ausgestaltung des Status begründenden Aktes durch den Gesetzgeber zu unterwerfen. Um hier Rechtssicherheit zu gewährleisten, hat der Standesbeamte bei der Begründung des Status' Ehe mitzuwirken. Die Erklärung des Ehewillens erzeugt nicht nur relative Bindungswirkung im Verhältnis zu dem anderen Ehepartner, sondern vielmehr absolute Bindungswirkung gegenüber allen am Rechtsverkehr teilnehmenden Personen. Die von den zukünftigen Ehepartnern abgegebene Erklärung mündet somit schließlich in einen staatlichen Akt, die Erklärung des Standesbeamten der Erschienenen zu einem Ehepaar. Die Erklärungen sind nur im Zusammenhang mit diesem staatlichen Akt zu sehen und können ausschließlich durch die staatliche Mitwirkung die erwünschte Wirkung

---

107 Mankowski, S. 27.
108 BVerfGE 29, 166, 175.
109 BVerfGE 29, 166, 175.

erzielen. Die Eheschließung setzt sich daher zusammen aus den Erklärungen der Partner als Tatbestandsvoraussetzungen und den konstitutiv wirkenden hoheitlichen Elementen[110].

*b) Gesetzesentwicklung hinsichtlich der Eheanfechtung*

Zunächst soll hier ein Blick auf die Regelungen zur Anfechtung einer Ehe bei Inkrafttreten des BGB geworfen werden. Damals war in den §§ 1331 bis 1335 und § 1350 BGB die Anfechtung einer Ehe abschließend geregelt. Die Anfechtung glich sowohl von ihren Voraussetzungen als auch ihren Folgen her der Anfechtung eines gewöhnlichen Rechtsgeschäfts. Zu den Gründen, die zu einer Anfechtung berechtigten, zählten beschränkte Geschäftsfähigkeit des Ehegatten, § 1331 BGB a.F., Irrtum über die Erklärung, dass die Ehe eingegangen werden solle, § 1332 BGB a.F., Irrtum über die Person oder persönliche Eigenschaften des Ehepartners, § 1333 BGB a.F., arglistige Täuschung des Ehegatten, § 1334 BGB a.F., widerrechtliche Drohung des Ehegatten, § 1335 a.F., Anfechtung wegen Lebens des für tot Erklärten, § 1350 BGB a.F. Diese Anfechtungsgründe waren aufgrund des Wortlauts des § 1330 „Eine Ehe kann *nur*...angefochten werden" abschließend aufgezählt. Ein Rückgriff auf die §§ 119 ff. BGB war demnach nicht zulässig. Dadurch wird deutlich, dass der Gesetzgeber zunächst von einer Anfechtbarkeit einer Ehe für den Fall ausging, dass diese mit einem Mangel behaftet war. Den Ehepartnern war somit die Möglichkeit anheim gestellt, ihre höchstpersönliche Beziehung ähnlich einem gewöhnlichen Rechtsgeschäft zu vernichten. In beiden Fällen glichen sich die Gründe, die zu einer Anfechtung berechtigten[111]. Ebenso entsprach die Folge einer Eheanfechtung derjenigen eines sonstigen angefochtenen Rechtsgeschäfts. So bestimmte § 1343 BGB a.F., dass im Falle der Anfechtung einer anfechtbaren Ehe diese als von Anfang an nichtig anzusehen war. Damit war die Ehe rückwirkend vernichtet und im Rahmen der Ehe erbrachte Leistungen waren auf den Zeitpunkt der Begründung der Ehe rückwirkend abzuwickeln. Die Sonderstellung der Ehe als Status begründender Akt, die eine eigene Fehlerregelung benötigt, wurde durch eigenständige Anfechtungsgründe anerkannt.

In der weiteren Entwicklung des Eherechts wurden die Normen in ein eigenes Gesetz ausgelagert, welches als EheG am 06.07.1938 in Kraft trat. Darin war keine Möglichkeit zur Anfechtung der Ehe mehr vorgesehen. Um jedoch auch hier mögliche Fehler bei der Begründung einer Ehe angemessen zu berücksichti-

110 Kipp/Wolff, Lehrbuch d. Bürgerl. R IV; § 27 II 1.

111 Freilich besteht hier ein Unterschied hinsichtlich des Anfechtungsrechts wegen beschränkter Geschäftsfähigkeit. Dieser Grund ist in den §§ 119 ff. BGB nicht genannt.

gen, wurden Mängel, die bei der Eingehung einer Ehe auftreten könnten, in Nichtigkeits- und Aufhebungsgründe aufgeteilt. Es wurden dann diejenigen Gründe, die zuvor eine Anfechtung der Ehe ermöglichten, lediglich in Gründe umformuliert, die eine Aufhebung ermöglichten, so der Irrtum über die Eheschließung oder über die Person des anderen Ehegatten, § 36 EheG, Irrtum über die Umstände, die die Person des anderen Ehegatten betreffen, § 37 EheG, arglistige Täuschung des Ehegatten, § 38 EheG, widerrechtliche Drohung des anderen Ehegatten, § 39 EheG. An die Stelle der rückwirkenden Vernichtung der Ehe ist die lediglich in die Zukunft wirkende Aufhebbarkeit getreten. Auch hier ist festzustellen, dass der Gesetzgeber sämtliche Hindernisse normiert hat, die einen Mangel begründen.

Der nächste Schritt im Hinblick auf eine Fortentwicklung des Eherechts vollzog sich am 14.06.1976 mit Inkrafttreten des 1. Eherechtsreformgesetzes[112]. Auch dieses Gesetz regelte das Recht der Eheschließung weiterhin separat in dem EheG und behielt die Aufteilung zwischen Nichtigkeit und Aufhebung der Ehe bei[113]. Auch hier wurde also auf das Instrument der Eheanfechtung verzichtet und es waren sämtliche Gründe, die vormals eine Anfechtung ermöglichten, als Aufhebungsgründe kodifiziert, so der Irrtum über die Eheschließung oder über die Person des anderen Ehegatten, § 31 EheG, Irrtum über die persönlichen Eigenschaften des anderen Ehegatten, § 32 EheG, arglistige Täuschung des Ehegatten, § 33 EheG sowie die widerrechtliche Drohung des anderen Ehegatten, § 34 EheG. Es war den Ehepartnern möglich, mittels der Aufhebung unter den genannten Umständen eine Auflösung der Ehe zu erwirken. Diese Aufhebung sollte Wirkung lediglich für die Zukunft entfalten. Die Regelungen des allgemeinen Teils des BGB über die Anfechtung wurden von den §§ 31-34, 39 EheG verdrängt, die §§ 116 Satz 2, 117 f. BGB sind durch die abschließenden Regeln über die Nichtigkeit und die Aufhebbarkeit ausgeschlossen[114].

Schließlich ist am 01.07.1998 das Eheschließungsrechtsgesetz in Kraft getreten[115]. Dieses hat das EheG aufgehoben und die darin enthaltenen Normen in das BGB inkorporiert. Das Eheschließungsrechtsgesetz hat zugleich eine Neuordnung des Rechts der Eheschließung bewirkt und als einheitlichen Tatbestand, der

---

112 Vom 14.06.1976, BGBl. I, S. 1421.

113 Obgleich hier noch eine Differenzierung zwischen Nichtigkeit und Aufhebbarkeit der Ehe vorgenommen wurde, befasste sich die Gesetzesbegründung bereits mit der Problematik der Rückwirkung der Nichtigkeitsgründe und hat den weitgehenden Verzicht auf eine Rückwirkung der Nichtigkeitsgründe mit erheblichen tatsächlichen Problemen bei der Rückabwicklung sämtlicher wirtschaftlicher Vorgänge begründet, BegrRegE, BT-Drucks. 7/650, S. 182.

114 Staudinger/Strätz, § 13 EheG, Rn. 29.

115 BT-Drucks. 13/9416, S. 31 ff.

eine Vielzahl von Begründungsmängeln erfasst, die Aufhebungsvorschrift des § 1314 BGB geschaffen[116]. Auch danach ist eine Auflösung der Ehe in den dort genannten Fällen ausschließlich für die Zukunft möglich und eine Anwendung der allgemeinen Regelungen über die Anfechtung kommt daneben nicht in Betracht. Es ist jedoch auch hier festzustellen, dass der Gesetzgeber eine umfassende Regelung sämtlicher Begründungsmängel vorgenommen hat. Eine Anfechtung der Ehe ist also weder möglich noch erforderlich.

### *3. Die Anfechtung der Lebenspartnerschaft*

Es bestehen hinsichtlich der Anfechtbarkeit von eingetragenen Lebenspartnerschaften zwei Lösungsmöglichkeiten. Entweder werden die Regelungen des LPartG als abschließende Normierung aller Auflösungsmöglichkeiten angesehen, so dass eine Anfechtung daneben nicht möglich ist[117] oder es wird die Anfechtung einer eingetragenen Lebenspartnerschaft mangels abschließender gesetzlicher Regelung nach allgemeinen Grundsätzen zugelassen[118].

#### *a) § 15 LPartG a.F. als abschließende Regelung ?*

§ 15 LPartG a.F. war nach einer Ansicht der einzige Beendigungstatbestand zu Lebzeiten beider Partner[119]. Dafür spricht, dass dadurch Rechtssicherheit geschaffen würde. So beinhaltete die Aufhebung nach § 15 LPartG a. F. klare Tatbestandsvoraussetzungen. Die Beteiligten sowie der Rechtsverkehr konnten sich deshalb an den §§ 15 ff. LPartG a. F. orientieren. Es entstanden insoweit keinerlei unvorhersehbare Ergebnisse hinsichtlich der Rechtsfolgen. Die eingetragene Lebenspartnerschaft war somit für die Zukunft aufzulösen. Ferner hätte die Anwendung der Aufhebungsregeln als abschließende Normierung den Vorteil, dass sowohl Begründung als auch Beendigung der Lebenspartnerschaft einheitlich im LPartG geregelt wären. So handelt es sich bei einer solchen Verbindung um ein

116 In diesem Zuge wurde die Differenzierung zwischen Nichtigkeits- und Aufhebungsgründen aufgegeben und sämtliche Mängel wurden den Aufhebungsregeln unterstellt. Begründet wurde dieser Schritt mit der Feststellung, dass das Institut der Ehenichtigkeit entbehrlich sei, BT-Drucks. 13/9416, S. 31ff.

117 So Dethloff, NJW 2001, 2598, 2600; Grziwotz, DNotZ 2001, 280, 293.

118 So die überwiegende Meinung, siehe Kaiser, FamRZ 2002, 866, 867; Muscheler, Rn. 190; Hk-LPartG/Kemper, § 1, Rn 30; Löhnig, JA 2001, 650, 651; Schwab, FamRZ 2001, 385, 386; Rauscher, Rn. 747; Burhoff, ZAP 2001, 943, 947; v. Koppenfels-Spies, FPR 2003, 5, 6.

119 So Grziwotz, DNotZ 2001, 280, 293.

familienrechtliches Institut[120]. Dieses begründet bei Eingehung für die Beteiligten einen neuen Status. Ähnlich wie im Eherecht sind bei diesem Akt nicht nur die erklärenden Partner gegenseitig, sondern auch der Rechtsverkehr Erklärungsadressat. Aus diesem Grunde hat der Gesetzgeber auch gefordert, dass der Begründungsakt vor der zuständigen Behörde durchzuführen ist. Es ist daher eine staatliche Stelle mit dem Begründungsakt betraut. Dies würde dafür sprechen, die §§ 15 ff. LPartG a.F. als abschließende Regelung zur Auflösung einer Lebenspartnerschaft anzuerkennen.

*b) Systematischer Unterschied in der Anwendung zwischen § 15 LPartG a.F. und den §§ 119 ff. BGB bei Willensmängeln*

Ein erster wichtiger Unterschied zeigt sich hier zwischen dem Anwendungsbereich des § 15 LPartG a.F. und den Regelungen der Willensmängel. Die §§ 15 ff. LPartG a.F. stellten bei ihrer Systematik auf Umstände ab, die erst im Laufe der Lebenspartnerschaft entstanden waren und den anderen Partner zu der Überzeugung brachten, die Lebenspartnerschaft nicht fortsetzen zu wollen. Hiergegen waren Willensmängel, die zu einer Anfechtung berechtigen konnten, sogleich von Beginn an vorhanden[121]. Einziger Unterschied war hier, dass der Betroffene noch keine Kenntnis vom Willensmangel hatte[122]. Der Wertungsunterschied liegt darin, dass bei einem Willensmangel der Erklärende die Erklärung typischerweise nicht abgegeben hätte, wenn er Kenntnis von den wahren Umständen gehabt hätte, auch unter Würdigung des Wesens der Lebenspartnerschaft. Bei einem Willensmangel lag die Ursache für eine spätere Anfechtung bereits bei Begründung der Lebenspartnerschaft vor.

Es stellt sich sodann die Frage, inwieweit nach Kenntnis des Irrtums und des darauf beruhenden Mangels die Regeln der §§ 15 ff. LPartG a.F. den Interessen der an einer irrtumsbedingten Lebenspartnerschaft Beteiligten gerecht werden können. Diese Frage stellt sich vor dem Hintergrund, dass bei der Aufhebung gemäß § 15 LPartG a.F. Fristen einzuhalten waren, vor deren Ablauf die Lebenspartnerschaft nicht aufgehoben werden konnte. So normierte § 15 Abs. 2 Nr. 1 LPartG a.F., dass seit der Erklärung, die Lebenspartnerschaft nicht fortsetzen zu wollen, zwölf Monate vergangen sein mussten. Sofern nur ein Partner diese Erklärung abgegeben hatte, betrug diese Wartefrist ausweislich § 15 Abs. 2 Nr. 2

120 BT-Drucks. 14/3751, S. 33.

121 v. Koppenfels- Spies, FPR 2003, 5, 6.

122 Dies bezieht sich primär auf Irrtümer, nicht jedoch auf äußere Willensbeeinflussung. In letztgenannten Fällen weiß der Betroffene freilich, dass ein Willensmangel besteht.

LPartG a.F. sogar 36 Monate. Insofern waren die Lebenspartner nach Kenntnis des Irrtums für wenigstens zwölf Monate weiterhin als Lebenspartner anzusehen.

Eine Ausnahme konnte § 15 Abs. 2 Nr. 3 LPartG a. F. für Sachverhalte bieten, in denen die Fortsetzung der Lebenspartnerschaft für den Antragsteller aus Gründen, die in der Person des anderen Lebenspartners lagen, eine unzumutbare Härte darstellte. Danach war eine Aufhebung der Lebenspartnerschaft ohne Einhaltung einer Wartefrist möglich. Dies konnte in Betracht kommen, sofern die Begründung der Lebenspartnerschaft auf eine arglistige Täuschung oder widerrechtliche Drohung zurückzuführen war[123]. Allerdings wurde dieses Tatbestandsmerkmal aus dem Eherecht übernommen und entspricht der Regelung des § 1565 Abs. 2 BGB. Als solche unzumutbare Härte ist im Eherecht beispielsweise anerkannt worden die Misshandlung des Partners[124], Alkoholmissbrauch[125] sowie schwere Beleidigung und grobe Ehrverletzung[126]. Ausgenommen von einer Härtefallscheidung waren und sind jedoch Willensmängel bei der Eheschließung. Diese sind nicht anerkannt als Grund, der eine Auflösung der Ehe rechtfertigen könnte. Vor diesem Hintergrund erscheint es als problematisch, ob die Rechtsprechung im Recht der eingetragenen Lebenspartnerschaften auch geringere Voraussetzungen als im Eherecht für eine Härtefallaufhebung akzeptieren würde und damit Willensmängel anerkannt wären[127]. Gegen diese Annahme sprechen der Wortlaut und die Systematik des BGB, die insoweit auch auf das LPartG ausstrahlen, sowie die Gesetzesbegründung zum LPartG. So ist der Wortlaut des § 1565 Abs. 2 BGB mit dem des § 15 Abs. 2 Nr. 3 LPartG a. F. identisch bis auf die Wörter „Ehegatten" beziehungsweise „Lebenspartner", die aus gegebenem Anlass angepasst werden mussten. Es ist wohl davon auszugehen, dass der Gesetzgeber hier die Regelung des Eherechts übernommen hat, zumal in der Gesetzesbegründung insbesondere auf Misshandlungen des Lebenspartners hingewiesen wird[128], was im Eherecht der typische Fall einer Härtefallscheidung ist.

Nicht erwähnt hat der Gesetzgeber jedoch die Anwendbarkeit der Aufhebungsregeln für den Fall des Willensmangels. Es kann nicht unterstellt werden, dass hier trotz des identischen Wortlauts der Härtefallaufhebung ein anderer Bedeutungsgehalt und ein wesentlich größeres Sachverhaltsspektrum einschlägig

---

123 Dethloff, NJW 2001, 2598, 2600, die jedoch einschränkend darauf hinweist, dass eine Aufhebung unter diesen Voraussetzung möglich „sein wird", nicht jedoch zwingend „sein muss".

124 OLG Hamm FamRZ 1978, 29.

125 OLG Bamberg FamRZ 1980, 578.

126 BGH FamRZ 1981, 129.

127 Sehr kritisch dazu Grziwotz, Rn. 549, der trotz Anwendbarkeit der Aufhebungsregeln bei Willensmängeln eine Härtefallaufhebung für schwierig durchführbar hält.

128 BT-Drucks. 14/3751, S. 41.

sein sollte. Vielmehr ist davon auszugehen, dass Irrtümer davon nicht umfasst sein sollten. Dies wird auch durch die Systematik des BGB verdeutlicht. Im Eherecht können diejenigen Ehepartner, die bei Eingehung der Ehe einem Willensmangel unterlagen, die Eheaufhebung durch gerichtliches Urteil nach § 1313 Satz 1 BGB beantragen. Die in § 1314 Abs. 2 BGB genannten Willensmängel umfassen dabei alle denkbaren und für eine Ehe erheblichen Willensmängel[129]. Im Eherecht ist also mit der Aufhebung ein Instrument vorhanden, durch welches Willensmängel bei Abschluss der höchstpersönlichen Beziehung berücksichtigt werden können. Demzufolge ist es nicht erforderlich, bei einer Härtefallscheidung auch Willensmängel als Härtefall anzusehen. Da die Normen zur Härtefallscheidung einer Ehe und Härtefallaufhebung einer Lebenspartnerschaft jedoch denselben Wortlaut haben, gebieten es Wortlaut und Systematik, dass für einen Härtefall Willensmängel nicht ausreichend sind.

Danach konnte eine Härtefallaufhebung einer Lebenspartnerschaft nach § 15 Abs. 2 Nr. 3 LPartG a.F. nicht in Betracht kommen, sofern einer oder beide Lebenspartner bei der Begründung ihrer Rechtsgemeinschaft einem Willensmangel unterlagen. Aus diesem Grunde war bei einer Anwendung der Aufhebungsregel gemäß § 15 Abs. 2 Nr. 1, 2 LPartG a. F. mindestens eine Wartefrist von zwölf, beziehungsweise 36 Monaten einzuhalten, bevor eine Auflösung der Lebenspartnerschaft in Betracht gekommen wäre. Diese Fristen sind unangemessen lang vor dem Hintergrund, dass die Partnerschaft aufgrund eines Willensmangels geschlossen wurde und der Betroffene bei Kenntnis der Sachlage gar keine Lebenspartnerschaft begründet hätte. Insoweit ist eine Anwendung von § 15 LPartG a. F. auch für eine Auflösung einer Lebenspartnerschaft wegen eines Willensmangels abzulehnen. Eine abschließende Regelung innerhalb des LPartG zur Behandlung von Willensmängeln liegt nicht vor, so dass auf die allgemeinen Regeln nach §§ 119 ff. BGB zurückgegriffen werden konnte.

### *4. Die Anwendung der §§ 119 ff. BGB auf die Lebenspartnerschaft*

#### *a) Einschränkende Anwendung bei Statusbeziehung*

Es stellt sich die Frage, ob eine Anfechtung der Lebenspartnerschaft uneingeschränkt zulässig ist oder ob dem Gestaltungsrecht vor dem Hintergrund, dass

129 Der Irrtum über die Person des anderen Ehegatten berechtigt entgegen dem vormals geltenden § 31 Abs. 1 Satz 2 EheG nicht mehr zur Aufhebungsklage. Ferner ist der unter § 31 Abs. 1 Satz 1 Alt. 2 EheG noch relevante Erklärungsirrtum bei der Eheschließungserklärung entfallen.

dadurch eine Statusbeziehung vernichtet werden soll, besondere Grenzen zu setzen sind. Die Zahl der Anfechtungsgründe der §§ 119 ff. BGB ist groß und deshalb erscheint es zunächst angebracht, jeden einzelnen auf die Anwendbarkeit hinsichtlich der Statusbeziehung zu überprüfen.

Es ist festzustellen, dass bei einem Vergleich zwischen den denkbaren Anfechtungsgründen einer Lebenspartnerschaft und den Aufhebungsvarianten einer Ehe in § 1314 Abs. 2 BGB die Anfechtungsrechte eine wesentlich größere Anzahl an Vernichtungsmöglichkeiten bieten. Tauchen nunmehr Irrtümer über den anderen Ehegatten auf, die den anderen bei Kenntnis von der Eingehung der Ehe abgehalten hätten, so kommt keine Aufhebung mehr in Betracht, sondern die Ehepartner sind auf die Scheidung zu verweisen.

Im Recht der eingetragenen Lebenspartnerschaften könnte bei Anwendung von § 119 Abs. 2 BGB aufgrund eines Eigenschaftsirrtums die Partnerschaft angefochten werden[130]. Ferner ist auffällig, dass die Anfechtungsmöglichkeit nach § 123 BGB nicht auf wenige Täuschungshandlungen begrenzt ist, sondern es würden sämtliche Täuschungen und Drohungen zur Vernichtung der Lebenspartnerschaft berechtigen. Anders stellt sich die Situation wiederum im Eherecht dar. Dort hat der Gesetzgeber die Täuschung über Vermögensverhältnisse und solche Täuschungen, die von einem Dritten ohne Wissen des anderen Ehegatten vorgenommen wurden, von den Aufhebungsmöglichkeiten ausgenommen. Die Vermögensverhältnisse einer Person sind daher im Eherecht anders zu beurteilen, sie sollen keinen Einfluss auf den Bestand der Ehe haben. Sofern ein Ehepartner die Ehe begründet hat aufgrund einer Täuschung des anderen über dessen Vermögensverhältnisse, kommt für diesen als Möglichkeit der Beendigung ausschließlich die Ehescheidung in Betracht, vgl. § 1314 Abs. 2 Nr. 3 BGB. Hiervon unterscheiden sich Lebenspartnerschaften, deren Beteiligte ihren Willen uneingeschränkt ausüben könnten[131]. Das Selbstbestimmungsrecht der Lebenspartner würde danach in einem besonders hohen Maße geschützt[132]. Freilich würde der Gesetzgeber das neu geschaffene familienrechtliche Institut durch die umfassende Möglichkeit der Anfechtung wegen zahlreicher Anfechtungsgründe dem Prinzip der Statusbeziehung preisgeben. Aus diesem Grund wird vertreten, die Eheaufhebungsgründe des § 1314 Abs. 2 Nr. 1-4 BGB entsprechend auf Lebens-

130 Kemper, FF 2001, 156, 158, der darauf hinweist, dass damit die Anfechtungsgründe deutlich weiter gehen als die Aufhebungsgründe einer Ehe.

131 Kemper, FPR 2001, 449, 452, der zwar die allgemeinen Vorschriften über die Anfechtung gelten lassen, diese jedoch restriktiv auslegen will, um so ein Ausufern der Anfechtung von Lebenspartnerschaften zu verhindern.

132 Rauscher, Rn. 747, der die große Anzahl der Anfechtungsgründe als unangemessen beurteilt und zugleich feststellt, dass deshalb innerhalb der Lebenspartnerschaft kein Vertrauensschutz bestehe.

partnerschaften anzuwenden und eine Anfechtung nur dann zuzulassen, wenn Umstände vorliegen, die bei Ehepartnern zur Eheaufhebung führen würden[133]. Als Argument wird genannt, dass die Lebenspartnerschaft kein aliud, sondern ein „wesensgleiches minus" zur Ehe sei, so dass Größenschlüsse a maiore ad minus deshalb zulässig seien[134].

Zunächst ist festzustellen, dass das Schweigen des Gesetzgebers hinsichtlich dieser Problematik ambivalent ist, so dass sich aus der Gesetzesbegründung keine eindeutigen Schlüsse auf das Verhältnis zwischen allgemeinen Anfechtungsregeln und Übertragbarkeit der Aufhebungsregeln ziehen lassen. Für eine Übertragung der Regelungen des § 1314 BGB auf Lebenspartnerschaften spricht, dass dort eine Normierung besteht, die im LPartG fehlt. Eine entsprechende Anwendung hätte insofern den Vorteil, dass die Systematik des Aufhebungsrechts sowie die dazu entwickelte Rechtsprechung auf Lebenspartnerschaften übertragen werden könnten. Dies würde zu Rechtssicherheit und aufgrund des eingeschränkten Anfechtungsrechts auch zu weitergehendem Bestandsschutz der Lebenspartnerschaften führen, da diese nicht mehr beliebig aufgrund der allgemeinen Anfechtungsnormen vernichtet werden könnten.

Weiter spricht für eine Begrenzung der Anfechtungsgründe auf die in § 1314 BGB normierten Fälle, dass eine umfassende Anfechtungsmöglichkeit der Bedeutung der eingetragenen Lebenspartnerschaft als Statusbeziehung zuwiderliefe. Denn im Fall der jederzeitigen Anfechtungsmöglichkeit wäre kein Unterschied mehr zu erkennen zwischen einem gewöhnlichen Umsatzgeschäft – etwa einem Kaufvertrag – und der Statusbeziehung Lebenspartnerschaft. Dass der Gesetzgeber die Lebenspartnerschaft jedoch sehr wohl abgrenzen wollte, zeigt sich in der Novelle zum LPartG. Darin ist nunmehr eine weitreichende Angleichung der Lebenspartnerschaft an die Ehe vorgenommen worden. Nachdem das BVerfG entschieden hatte, dass das Abstandsgebot zur Ehe gerade keine Geltung im Hinblick auf eine gleichgeschlechtliche Lebensgestaltung hat[135], war eine künstliche Unterscheidung zwischen Ehe und Lebenspartnerschaft nicht mehr erforderlich[136]. Daraus kann geschlossen werden, dass der Gesetzgeber an einer weitreichenden Gleichstellung von Ehe und Lebenspartnerschaft schon zuvor interessiert war, da die ursprünglich weitreichenden Unterschiede nach dem Urteil des BVerfG sogleich beseitigt wurden. Auch aus der Gesetzesbegründung zur ursprünglichen Fassung des LPartG geht hervor, dass ein eigenes familienrechtli-

133 Wacke, in: MünchKommBGB, § 1 LPartG, Rn. 18; ähnlich Hk-LPartG/Kemper, § 1, Rn. 31; Wellenhofer-Klein, Rn. 89 f.

134 Wacke, in: MünchKommBGB, § 1 LPartG, Rn. 18.

135 BVerfGE 105, 313, 313.

136 BT-Drucks. 15/3445, S.1.

ches Institut geschaffen werden sollte[137]. Dieses sollte die Beteiligten zu Verantwortung, Beistand und gemeinsamer Lebensgestaltung verpflichten und damit deutlich über den Pflichtenkatalog eines gewöhnlichen Rechtsgeschäfts hinausgehen. Es kann daher davon ausgegangen werden, dass der Gesetzgeber damals lediglich wegen der Befürchtung, eine zu starke Anlehnung der Lebenspartnerschaft an die Ehe könnte vor dem BVerfG keinen Bestand haben und das LPartG insgesamt zu Fall bringen, auf den Verweis zum Eherecht hinsichtlich der Willensmängel verzichtet hat. So findet sich kein Beleg dafür, dass die Lebenspartnerschaft wie ein einfaches Umsatzgeschäft behandelt werden sollte. Dies legt den Schluss nahe, dass auch die vor dem 01.01.2005 eingegangenen Lebenspartnerschaften nur unter den Gründen angefochten werden sollten, die sich nunmehr als Aufhebungsgrund und dem Verweis auf § 1314 Abs. 2 Nr. 1-4 BGB ergeben. Als solche kommen daher in Betracht die Unkenntnis, dass es sich bei der Eingehung der Lebenspartnerschaft um die Eingehung einer Lebenspartnerschaft gehandelt hat, arglistige Täuschung eines Lebenspartners sowie widerrechtliche Drohung.

*b) Die Anfechtung wegen Inhaltsirrtums, § 119 Abs. 1 BGB*

Bei einem Inhaltsirrtum entspricht der äußere Tatbestand der Erklärung dem Willen des Erklärenden, dieser irrt aber über die Bedeutung und Tragweite der Erklärung[138]. Daraus folgt, dass „der Erklärende weiß, was er sagt, er weiß aber nicht, was er damit sagt“[139]. Vorliegend müsste daher ein Beteiligter eine Erklärung abgeben, über deren wahre Bedeutung er im Unklaren war. Dieser Fall ist denkbar, wenn ein Partner bei Abgabe seiner Erklärung nicht weiß, dass es sich bei der Lebenspartnerschaft um eine echte Rechtsgemeinschaft handelt, sondern nur davon ausgeht, eine unverbindliche Gemeinschaft, ähnlich einer nichtehelichen Lebensgemeinschaft zu begründen[140]. Ferner ist ein Inhaltsirrtum dann vorstellbar, wenn der Erklärende keine Kenntnis davon hatte, dass er vor einer Behörde steht, die nun für die Beurkundung solcher Lebenspartnerschaften zuständig ist oder dass er überhaupt an dem Vorgang einer Partnerschaftsbegründung teilnimmt, was bei einem Ausländer, der die deutsche Sprache nicht hinreichend versteht, vorstellbar ist[141]. Ebenfalls kann sich ein Inhaltsirrtum dann einstellen, wenn die Lebenspartnerschaft im Ausland geschlossen wurde und sich die dorti-

137 BT-Drucks. 14/3751, S. 33.
138 Palandt/Heinrichs, § 119, Rn. 11; Larenz/Wolf, § 36 II 2, m.w.N.
139 Lessmann, JuS 1969, 478, 480.
140 Hk-LPartG/Kemper, § 1, Rn. 36.
141 So auch der Eheaufhebungsgrund in § 1314 Abs. 2 Nr. 2 BGB.

gen Formalitäten so erheblich von dem deutschen Recht unterscheiden, dass der Partner nicht damit rechnen konnte, etwas rechtlich Verbindliches zu erklären[142].

Wichtige Voraussetzung einer möglichen Anfechtung ist jedoch, dass der Irrtum für die Erklärung ursächlich war. Es muss also davon ausgegangen werden, dass der Erklärende bei Kenntnis der Sachlage und verständiger Würdigung der Umstände die Erklärung so nicht abgegeben hätte. Bei der eingetragenen Lebenspartnerschaft handelt es sich um eine enge, personale Beziehung zweier Personen zueinander. Da sie zu Fürsorge und Unterstützung verpflichtet sind und die Partner auch Verantwortung füreinander übernehmen, kann davon ausgegangen werden, dass Irrtümer für die Betroffenen immer erheblich sind und der sich irrende Partner seine Erklärung im Zweifel nicht abgegeben hätte, die Partnerschaft also nicht eingegangen wäre.

*c) Anfechtung wegen arglistiger Täuschung*

Auch eine Anfechtung der Rechtsbeziehung wegen arglistiger Täuschung erscheint denkbar[143]. Der zum Schutz der Entschließungsfreiheit[144] geschaffene § 123 BGB soll erreichen, dass eine Willenserklärung nur dann Ausdruck rechtsgeschäftlicher Selbstbestimmung ist, wenn sie frei von Täuschungen abgegeben ist[145]. Eine Täuschung kann sich auf jeden Umstand beziehen, der für die Abgabe einer Willenserklärung – vorliegend die Begründung der eingetragenen Lebenspartnerschaft – relevant sein kann. Die Täuschung kann dabei in einem positiven Tun oder einem Verschweigen liegen. Eine Täuschung durch Verschweigen setzt allerdings eine Offenbarungspflicht voraus. Diese besteht für einen zukünftigen Lebenspartner nicht generell, sondern kann entstehen durch Fragen des anderen Partners oder daraus, dass auf das Vorhandensein oder Fehlen bestimmter Umstände besonderer Wert gelegt wird[146]. Ferner ist zu berücksichtigen, dass die eingetragene Lebenspartnerschaft eine Lebensgemeinschaft darstellt, die auf gegenseitigem Vertrauen beruht. Daher obliegt es jedem Lebenspartner, die Umstände zu offenbaren, die für eine solche Gemeinschaft bedeutsam sind[147].

Allerdings ist hier eine restriktive Anwendung des Anfechtungsrechts geboten, da sonst die personale Bindungswirkung, die die Begründung der Lebens-

---

142 Hk-LPartG/Kemper, § 15, Rn. 31.

143 Trimbach, NJ 2001, 399, 400; Kaiser, FamRZ 2002, 866, 867.

144 So BGHZ 51, 141, 147.

145 Palandt/Heinrichs, § 123, Rn. 1; Kramer, in: MünchKommBGB, § 123, Rn. 1 ff.

146 Soergel/Heintzmann, § 33 EheG, Rn. 4; auch hier ist eine Heranziehung der Grundsätze aus dem früheren EheG geboten, da die dortigen Vorschriften ihrem Sinn und Zweck nach dem § 123 BGB nachgebildet sind.

147 BGH LM Nr. 2 zu EheG § 33.

partnerschaft mit sich bringt, entwertet werden würde[148]. Die Partner bekämen anderenfalls bereits ein Anfechtungsrecht bei objektiv nebensächlichen Sachverhalten, wenn der Willensentschluss dadurch nur tatsächlich beeinträchtigt worden ist. Die Täuschung muss daher ein gewisses Gewicht erreichen, das ein Festhalten an der Lebenspartnerschaft für den Getäuschten unzumutbar macht. Im Recht der eingetragenen Lebenspartnerschaften müsste in Anlehnung an § 1314 Abs. 2 Nr. 3 BGB vorausgesetzt werden, dass der getäuschte Lebenspartner bei Würdigung des Wesens der Lebenspartnerschaft von ihr Abstand genommen hätte.

In der Praxis dürfte die Anfechtung der Lebenspartnerschaft wegen arglistiger Täuschung über eine Eigenschaft des Partners besondere Bedeutung erlangen[149]. Die arglistige Täuschung kann darauf beruhen, dass einem Partner entweder verkehrswesentliche Eigenschaften vorgespiegelt wurden oder solche Eigenschaften verschwiegen wurden, die den Partner bei Kenntnis der Eigenschaft von der Begründung der Lebenspartnerschaft abgehalten hätten. Die Eigenschaften des Lebenspartners müssten verkehrswesentlich sein. Als Maßstab der Verkehrswesentlichkeit kann die Wertung des § 119 Abs. 2 BGB herangezogen werden. Eine direkte Anwendung des § 119 Abs. 2 BGB kommt nicht in Betracht, denn dies würde eine zu weitreichende Anfechtungsbefugnis des sich irrenden Partners ermöglichen. Gerade weil es sich bei der eingetragenen Lebenspartnerschaft um eine Statusbeziehung handelt, ist aufgrund der vorherigen Ausführungen eine einschränkende Auslegung der Anfechtungsgründe im Sinne des § 1314 Abs. 2 Nr. 3 BGB geboten. Eine Anfechtung wegen Irrtums über eine verkehrswesentliche Eigenschaft nach § 119 Abs. 2 BGB kommt hiernach nur in Betracht, wenn der Irrtum durch eine arglistige Täuschung des Partners über jene verkehrswesentliche Eigenschaft hervorgerufen wurde.

Eine Eigenschaft einer Person im Sinne des § 119 Abs. 2 BGB ist neben den auf der natürlichen Beschaffenheit beruhenden Merkmalen auch das tatsächliche oder rechtliche Verhältnis zur Umwelt, soweit es nach der Verkehrsanschauung von Bedeutung ist[150]. Diese Eigenschaften müssen in der Person selbst ihren Grund haben, von ihr ausgehen oder sie unmittelbar kennzeichnen[151]. Es muss sich also um persönliche Eigenschaften gerade des Lebenspartners handeln. Darunter sind solche Beschaffenheitsmerkmale zu verstehen, die dem Partner an sich

148 Kemper, FPR 2001, 449, 453.

149 Die folgenden Ausführungen sind angelehnt an die frühere Regelung des § 32 EheG. Danach war eine Aufhebung der Ehe möglich, wenn ein Irrtum über persönliche Eigenschaften des Ehepartners vorlag. Ebendiese Situation kann auch bei eingetragenen Lebenspartnern gegeben sein. Eine gesetzliche Regelung dieses Sachverhalts findet sich im LPartG jedoch nicht.

150 BGHZ 34, 32, 41; 88, 240, 245.

151 BGHZ 16, 54, 57; 70, 47, 47.

zukommen, ihn in seiner Gesamtheit als Einzelwesen kennzeichnen und von anderen Personen unterscheiden[152]. Diese Merkmale müssen der Person derart wesentlich zukommen, dass sie als Ausfluss und Bestätigung ihres ganzen Wesens erscheinen[153], und nicht bloß als ein außerhalb der Person liegender Umstand[154]. Bei der Bestimmung der Verkehrswesentlichkeit ist eine konkret-objektive Ansicht zu wählen und nicht die Sicht des Erklärenden[155]. Daher ist auf den Partner abzustellen und die Beurteilung, ob eine verkehrwesentliche Eigenschaft vorliegt, allein aus dessen Sicht vorzunehmen. Verkehrwesentlich sind dabei alle Eigenschaften, auf die im Rechtsverkehr bei Geschäften dieser Art – vorliegend der Begründung der eingetragenen Lebenspartnerschaft – unter den konkreten Umständen typischerweise entscheidender Wert gelegt wird. Bei der Beantwortung der Frage, ob eine Anfechtung der Lebenspartnerschaft wegen arglistiger Täuschung und eines darauf beruhenden Irrtums über eine Eigenschaft des Partners in Betracht kommt, ist zu bedenken, dass es sich bei der Verbindung der Beteiligten um eine intensive höchstpersönliche Beziehung handelt, wie sie im Rechtsverkehr sonst nur unter Ehepartnern vorkommt. Daher kann sich ein Lebenspartner nicht ohne weiteres auf kleinere Fehler seines Partners berufen, um so die Partnerschaft durch Anfechtung zu vernichten. Vielmehr ist zu beachten, dass durch die eingetragene Lebenspartnerschaft ein Zusammenleben der Partner auf Dauer gewollt ist, § 1 Abs. 1 Satz 1 LPartG. Diesem Ziel würde eine jederzeit durchführbare und an unqualifizierte Voraussetzungen geknüpfte Anfechtung widersprechen. Mithin ist bei der Frage, ob eine auf einer arglistigen Täuschung beruhende Anfechtung wegen einer verkehrswesentlichen Eigenschaft des Partners möglich ist, ein strenger Maßstab anzulegen[156]. Es kann also eine Anfechtung nicht aufgrund kleinerer Fehler oder geringfügiger Defizite einer Person erklärt werden[157]. Diese müssen vielmehr so schwerwiegend sein, dass die weitere Fortführung der Lebenspartnerschaft für einen der Partner einen unzumutbaren Zustand bedeuten würde. Es muss auch als für die Anfechtung ausreichend angesehen werden, wenn die bei Begründung der Lebenspartnerschaft vorhandenen Eigenschaften erst später in ihrer Bedeutung und Tragweite erkannt werden[158]. Voraussetzung für das Vorliegen eines Irrtums ist dabei, dass sich der Partner

152 BGHZ 25, 66, 78, jedenfalls für die Regelung in § 32 EheG. Diese ist jedoch von ihrem Regelungsgehalt mit einer Anfechtung der Lebenspartnerschaft vergleichbar.
153 RGZ 95, 289, 290.
154 RGZ 52, 306, 310.
155 Brox/Walker, AT, Rn. 419; Hübner, Rn. 790.
156 Hk-LPartG/Kemper, § 15, Rn. 32.
157 Kemper, FPR 2001, 449, 452.
158 RGZ 154, 253, 254.

von den Eigenschaften seines zukünftigen Lebenspartners falsche Vorstellungen gemacht oder wahre Eigenschaften nicht gekannt hat[159].

Arglistige Täuschungen über folgende Eigenschaften können eine Anfechtung nach § 123 BGB rechtfertigen[160]: Ansteckende, schwere oder unheilbare Krankheiten wie HIV-Infektion oder Lungentuberkulose, geschlechtliche Besonderheiten wie Beiwohnungsunfähigkeit, Vorhandensein eines (geschiedenen) Ehepartners oder erhebliche Vorstrafen, ebenso Hang zur Begehung von Straftaten wie Betrug oder Diebstahl[161]. Ebenfalls kann darunter fallen das Vortäuschen eines Lebenspartnerschaftsführungswillens unter Verschweigen der Tatsache, dass mit der Begründung der Lebenspartnerschaft ausschließlich die Erlangung einer Aufenthaltserlaubnis bezweckt ist[162]. Eine Täuschung kann ferner angenommen werden bei unwahren Angaben über den Beruf oder das Bestehen einer Prüfung sowie bei Vorspiegelung der Absicht, an einem bestimmten Bekenntnis festzuhalten[163]. In diesen Fällen kann dem Lebenspartner nicht zugemutet werden, die Partnerschaft weiter aufrechtzuerhalten. Dann muss ihm die Möglichkeit der Anfechtung offen stehen.

Eine Sonderstellung im Bereich der persönlichen Eigenschaften nimmt das Geschlecht selbst ein. So ist Gleichgeschlechtlichkeit eine zwingende Voraussetzung für die Begründung einer Lebenspartnerschaft. Es kann allerdings im Laufe der Partnerschaft das Bedürfnis nach einer Geschlechtsumwandlung entstehen[164]. Ein anderes Geschlecht stellt bei gleichgeschlechtlich orientierten Menschen eine so wesentliche Eigenschaft dar, dass ihnen ein weiteres Festhalten an der begründeten Rechtsbeziehung nicht zugemutet werden kann. Die Gleichgeschlechtlichkeit ist bei eingetragenen Lebenspartnerschaften mithin eine verkehrswesentliche Eigenschaft. So wie die Begründung einer eingetragenen Lebenspartnerschaft bei verschiedenen Geschlechtern der Partner nicht möglich ist, so muss für die Beteiligten eine Handlungsmöglichkeit bestehen, wenn eine Geschlechtsverschiedenheit später entsteht. Das dafür einzusetzende Instrument ist neben der Aufhebung die Anfechtung wegen arglistiger Täuschung und darauf beruhenden Irrtums über eine verkehrswesentliche Eigenschaft. Probleme wirft die spätere Geschlechtsumwandlung nur deshalb auf, weil die den Irrtum rechtfertigenden Gründe

159 RGZ 62, 201, 205.

160 Vgl. die Aufstellung der Aufhebungsgründe, die gem. § 119 Abs. 2 BGB zur Anfechtung der eingetragenen Lebenspartnerschaft berechtigten können, bei: Soergel/Heintzmann, § 32 EheG, Rn. 20 ff.

161 Kemper, FPR 2001, 449, 453.

162 OLG Frankfurt/M. FamRZ 1987, 156.

163 Soergel/Heintzmann, § 33 EheG, Rn. 5.

164 Eingehend zur Problematik der Geschlechtsumwandlung: Hk-LPartG/Augstein, S. 479 ff.

grundsätzlich zum Zeitpunkt der Begründung der eingetragenen Lebenspartnerschaft vorliegen müssen. Wenn jedoch die Eingehung erfolgt ist, so handelt es sich bei einer später durchgeführten Geschlechtsumwandlung um einen Akt, der nicht mehr auf den Zeitpunkt der Begründung zurückwirkt und somit kann der andere Lebenspartner über das Geschlecht möglicherweise keinem Irrtum unterlegen sein. Hierbei ist allerdings zu berücksichtigen, dass der Wunsch zur Geschlechtsumwandlung üblicherweise seit langer Zeit besteht und daher von einer Anlage zur Umwandlung bereits zum Zeitpunkt der Begründung der Lebenspartnerschaft ausgegangen werden kann[165]. Wenn also der Wunsch für eine spätere Umwandlung bereits bei Begründung vorhanden war, so könnte das Verschweigen dieses Wunsches als arglistige Täuschung angesehen werden. Der irrende Lebenspartner hat daher unter den oben genannten Voraussetzungen ein Anfechtungsrecht wegen Irrtums über eine verkehrswesentliche Eigenschaft seines Partners im Sinne des § 119 Abs. 2 BGB.

Im Beispielsfall 4. war durch die HIV-Infektion ein Irrtum über eine verkehrswesentliche Eigenschaft gegeben, der zur Anfechtung berechtigt. Dieser Irrtum beruhte darauf, dass die Partnerin ihre Erkrankung bewusst verschwiegen hat, obwohl eine Aufklärungspflicht bestand. Denn es kann von einem zukünftigen Partner erwartet werden, dass er über derart schwere Erkrankungen eigenständig Auskunft erteilt, insbesondere wenn er Kenntnis von dem besonderen Aufklärungsinteresse des Partners hat.

*d) Anfechtung wegen widerrechtlicher Drohung*

Eine eingetragene Lebenspartnerschaft kann auch unter dem Druck einer widerrechtlichen Drohung geschlossen worden sein. Dabei versteht man unter einer Drohung das Inaussichtstellen eines zukünftigen Übels, auf dessen Eintritt der Drohende Einfluss zu haben vorgibt[166]. Durch diese Drohung muss für den Bedrohten eine Zwangslage begründet werden[167]. Lediglich seelischer Zwang, der dabei nicht die Merkmale einer Drohung aufweist, genügt für eine Anfechtung wegen widerrechtlicher Drohung nicht[168]. Durch die Drohung soll in dem Partner die Angst vor dem Eintritt des Nachteils hervorgerufen und er dadurch zur Abgabe der Willenserklärung zur Begründung der Lebenspartnerschaft bestimmt werden. Die Abgrenzung zwischen einer bloß seelischen Zwangslage und einer Zwangslage, die tatsächlich eine Drohung darstellt, dürfte in der Realität schwie-

165 Muscheler, Rn. 120.
166 BGHZ 2, 287, 295.
167 Vgl. hierzu: Soergel/Hefermehl, § 123, Rn. 40.
168 Soergel/Hefermehl, § 123, Rn. 41.

rig sein. Ferner ist hier zu bedenken, dass die Betroffenen in naher Zukunft einen engen, persönlichen Verbund eingehen. Eine widerrechtliche Drohung liegt beispielsweise vor, wenn eine Person ausländischer Staatsangehörigkeit einen Deutschen unter Androhung einer Körperverletzung zur Begründung einer Lebenspartnerschaft bewegt, um in Deutschland eine Aufenthaltserlaubnis zu erhalten. Ebenso wäre der Fall zu beurteilen, dass eine Lebenspartnerschaft unter Androhung der Tötung eines Angehörigen des zukünftigen Lebenspartners begründet wird, um eine gesetzliche Unterhaltspflicht gemäß § 5 LPartG zugunsten des Drohenden zu erlangen. So ähnlich liegt der Beispielsfall 5., da dort die Lebenspartnerschaft ausschließlich aufgrund der Drohung mit der Anzeige der Straftat begründet wurde. Ein Anfechtungsrecht besteht dann für den Bedrohten.

*e) Erklärung der Anfechtung*

Fraglich bleibt, ob das Anfechtungsrecht durch einfache rechtsgeschäftliche Erklärung gegenüber dem Partner gemäß § 143 Abs. 1 BGB ausgeübt werden kann oder ob es dazu eines besonderen Verfahrens bedarf. Hierzu ist bereits erwähnt worden, dass es sich bei dem Begründungsakt der eingetragenen Lebenspartnerschaft um einen Status begründenden Akt handelt. Die Willenserklärungen der Beteiligten werden in Anwesenheit der zuständigen Behörde abgegeben, die dabei die Funktion eines Zeugen innehat und stellvertretend für den gesamten Rechtsverkehr die Erklärungen entgegennimmt. Der Begründungsakt einer solchen Statusbeziehung weist demnach erhebliche Unterschiede gegenüber einem gewöhnlichen Rechtsgeschäft auf. Daraus könnte der Schluss gezogen werden, dass ebenso wie bei der Begründung nunmehr auch bei der Beendigung eine staatliche Beteiligung erfolgen muss. Eine verfahrensrechtliche Möglichkeit der Feststellung der Unwirksamkeit nach Anfechtung bietet für Lebenspartner § 661 Abs. 1 Nr. 2 ZPO. Danach entscheidet das Familiengericht über Lebenspartnerschaftssachen, zu denen auch die Feststellung gehört, ob eine Lebenspartnerschaft besteht oder nicht besteht. Davon ist also auch die Feststellung umfasst, ob aufgrund einer Anfechtung eine zunächst wirksame eingetragene Lebenspartnerschaft vernichtet wurde. § 661 ZPO stellt einen Sonderfall der Feststellungsklage dar[169]. Diese ist zu erheben, wenn zwischen den Beteiligten Zweifel an der Wirksamkeit der Lebenspartnerschaft bestehen und der Bestand der Partnerschaft geklärt werden soll. Das Urteil wirkt ausschließlich zwischen den an dem Verfahren Beteiligten[170]. Diese haben bei Rechtskraft des Urteils eine verbindliche Aussage

169 Borth, in: Musielak, § 661, Rn. 2.
170 Albers, in: Baumbach/Lauterbach/Albers/Hartmann, § 661, Rn. 5 mit Verweis auf § 632, Rn. 6; Hk-LPartG/Kemper, § 661, Rn. 370.

über das rechtliche Schicksal ihrer Partnerschaft. Falls also das Gericht in dem Verfahren feststellt, dass eine rückwirkende Anfechtung erfolgt ist, so wäre der Zeitpunkt der Rechtskraft entscheidend. Ab diesem Zeitpunkt hätten sowohl die Beteiligten als auch der Rechtsverkehr Gewissheit über das rechtliche Schicksal der Lebenspartnerschaft. Nicht geregelt ist jedoch die Frage, ob eine Feststellungsklage gemäß § 661 ZPO zwingend zu erheben ist oder ob die Partner auch durch einfache privatrechtliche Erklärung ihre Statusbeziehung beenden können und dies nicht besonders gerichtlich festgestellt werden muss. Das auf § 661 ZPO folgende Urteil hat keine Gestaltungs-, sondern ausschließlich Feststellungswirkung, so dass die Rechtsfolgen der Anfechtung auch ohne gerichtliches Verfahren eintreten. § 661 ZPO entspricht in seiner Regelungsabsicht dem für Eheleute geltenden § 632 ZPO[171]. Dort hat das Urteil auch ausschließlich Feststellungswirkung, es kann also keine Gestaltungswirkung erzielt werden. Die Anfechtung ist daher bereits mit der einfachen Erklärung gegenüber dem Lebenspartner wirksam, § 661 ZPO hat in einem gegebenenfalls folgenden Gerichtsverfahren nur deklaratorische Wirkung.

#### *f) Frist der Anfechtung*

Die Frist, innerhalb der die Anfechtung erfolgen muss, beurteilt sich nach dem Willensmangel. In den Fällen des § 119 BGB muss die Erklärung unverzüglich, also ohne schuldhaftes Zögern erfolgen, § 121 Abs. 1 BGB. Hierbei ist jedoch zu berücksichtigen, dass durch die Anfechtung die möglicherweise längere Zeit bestehende und ausgeübte Lebenspartnerschaft vernichtet wird. Daher muss dem Betroffenen zumindest die Zeit eingeräumt werden, über die Konsequenzen einer Anfechtung nachzudenken und die Folgen abzuwägen. Überhastete Handlungen können hier von einem Partner nicht gefordert werden. Somit ist dem Betroffenen keine sofortige Anfechtungserklärung nach Kenntnis der Irrtums begründenden Tatsachen zuzumuten. In den Fällen des § 123 BGB beträgt die Anfechtungsfrist ein Jahr ab Kenntnis der arglistigen Täuschung, beziehungsweise Wegfall der Zwangslage. Die Fristberechnung erfolgt nach den allgemeinen Vorschriften[172].

### *5. Ergebnis*

Ein Rückgriff auf die Anfechtungsgründe der §§ 119 ff. BGB für Altfälle ist in den Grenzen des § 1314 Abs. 2 Nr. 1-4 BGB möglich. Ist die Anfechtung erklärt,

171 Borth, in: Musielak, § 661, Rn. 2.
172 §§ 187 Abs. 1, 188 Abs. 2 BGB.

wird gemäß § 142 Abs. 1 BGB das Rechtsgeschäft als von Anfang an nichtig angesehen. Dies würde bedeuten, dass die Lebenspartnerschaft auf den Zeitpunkt ihrer Begründung rückwirkend unwirksam wäre. Festzustellen ist an dieser Stelle, dass die bloße Anfechtungserklärung die Lebenspartnerschaft vernichtet.

## VII. Zusammenfassung der Unwirksamkeitsgründe

Die bisherigen Untersuchungen haben gezeigt, dass Verstöße gegen § 1 LPartG und auch die Anfechtung einer zunächst wirksam begründeten Lebenspartnerschaft nach §§ 119 ff. BGB – für Lebenspartnerschaften, die vor dem 01.01.2005 angefochten wurden – zur Unwirksamkeit der Rechtsbeziehung führen. Heilungsmöglichkeiten bestehen nicht, so dass die betroffenen Personen mit einem rechtlichen Nullum konfrontiert sind.

# 3. Kapitel: Modelle zur Rückabwicklung der unwirksamen Lebenspartnerschaft

## I. Allgemeines

Nach Kenntnis der Unwirksamkeit ihrer Rechtsbeziehung kann für die Beteiligten ein Bedürfnis nach Rückabwicklung der innerhalb der Partnerschaft erbrachten Leistungen bestehen. Es stellt sich sodann die Frage, ob ein Instrument existiert, das eine vollumfängliche Rückabwicklung der Partnerschaft ermöglicht. Die Äußerungen des Gesetzgebers hierzu sind vage, denn dieser verweist in der Gesetzesbegründung zum LPartG lediglich darauf, dass bei einem Verstoß gegen § 1 LPartG die „allgemeinen Regeln" anzuwenden sind[173]. Nicht näher ausgeführt wird allerdings, welche Regeln davon im Einzelnen umfasst sein sollen.

Eine allgemein gültige Abwicklungsvariante müsste auf alle auftretenden Rückabwicklungsschwierigkeiten anwendbar und dabei mit dem LPartG sowie den Bedürfnissen der Beteiligten vereinbar sein. Als Rückabwicklungsschwierigkeiten kommen hier Sachverhalte in Betracht, die durch den Vollzug einer Partnerschaft nach §§ 2 ff. LPartG entstehen, beispielsweise wertvolle Zuwendungen, die sich die Partner bei Kenntnis der Unwirksamkeit nicht erbracht hätten, oder gesetzliche Privilegierungen, die den Partnern bei Kenntnis der Unwirksamkeit nicht zugestanden hätten. Für denkbare Problemkonstellationen wird auf die vorgenannten Fallbeispiele verwiesen[174]. Es ist dann eine Frage des Einzelfalls, ob die vermeintlichen Lebenspartner die innerhalb der Partnerschaft erbrachten Leistungen rückabwickeln möchten. In diesem Zusammenhang ist zu bedenken, dass sich die Beteiligten die Leistungen nicht ausschließlich aufgrund der vermeintlichen Rechtsbeziehung erbracht haben werden, sondern auch, weil eine enge, persönliche Beziehung zwischen den Partnern bestand und deshalb auch die zwischenmenschliche Bindung Grund für die Leistungen gewesen ist. Sofern dennoch ein Bedürfnis der Rückgängigmachung besteht – wie dies etwa in den oben genannten Fallbeispielen anzunehmen ist[175] –, ist fraglich, wie eine Rückabwicklung zu erfolgen hätte.

173 BT-Drucks. 14/3751, S. 36.
174 Vgl. Kapitel 1 IV.
175 S.o. Kapitel 1 IV.

## II. Abwicklung bei Willensmängeln ab dem 01.01.2005

Bei der Suche nach einer geeigneten Abwicklungsmodalität ist nach dem Grund der Unwirksamkeit zu differenzieren. Zunächst ist die Abwicklung wegen Willensmängeln zu untersuchen. Diese haben durch die Novelle des LPartG mit Wirkung zum 01.01.2005 in § 15 Abs. 2 LPartG eine Regelung gefunden, wonach die Aufhebung gemäß § 15 LPartG durchzuführen ist, wenn bei einem Lebenspartner ein Willensmangel im Sinne des § 1314 Abs. 2 Nr. 1 bis 4 BGB vorlag[176]. Davon sind die Fälle erfasst, dass ein Partner bei der Begründung der Lebenspartnerschaft vorübergehend geschäftsunfähig war, dass er nicht wusste, dass es sich um die Begründung einer Lebenspartnerschaft handelt, oder dass er zur Eingehung einer Lebenspartnerschaft durch arglistige Täuschung oder widerrechtliche Drohung bestimmt worden ist. In diesen Fällen liegt eine wirksame Lebenspartnerschaft vor, die aufgehoben werden kann[177]. Fraglich ist indes, welche Rechtsfolgen gelten, wenn eine Lebenspartnerschaft nach § 15 Abs. 2 LPartG aufgehoben wird.

### *1. Analoge Anwendung des § 1318 BGB*

In Betracht könnte die entsprechende Anwendung des § 1318 BGB kommen, der im Eherecht die Aufhebungsfolgen regelt[178].

#### *a) Vergleich der Interessenlage*

Im Eherecht bietet die Aufhebung die Möglichkeit, eine Ehe unter bestimmten Voraussetzungen mit Wirkung für die Zukunft aufzulösen[179]. Es wird damit dem Gedanken Rechnung getragen, dass die Ehepartner bis zum Aufhebungsurteil in einer rechtswirksamen Beziehung mit gegenseitig erbrachten Leistungen lebten, eine Gemeinschaft vollzogen wurde und die dadurch gegebenenfalls entstehenden Rückabwicklungsschwierigkeiten einer rückwirkenden Abwicklung auf den Zeitpunkt der Eingehung der Partnerschaft entgegenstehen. Ferner wird durch § 1318 BGB die Anwendbarkeit aller regelungsbedürftigen Bereiche wie Unterhaltszahlungen und Zugewinnausgleich normiert, die auch bei einer unwirksamen

---

176 Ein Rückgriff auf die §§ 119 ff. BGB ist dadurch entbehrlich geworden, vgl. BT-Drucks. 15/3445, S. 16.

177 Wellenhofer-Klein, NJW 2005, 705.

178 So bereits Wellenhofer-Klein für die Fälle der unwirksamen Lebenspartnerschaft, Rn. 86.

179 Palandt/Brudermüller, Einf. § 1313, Rn. 1.

eingetragenen Lebenspartnerschaft im Falle der Abwicklung relevant werden könnten[180]. Damit ist hinsichtlich der Aufhebungsfolgen eine vergleichbare Interessenlage bei Ehe und eingetragener Lebenspartnerschaft vorhanden.

*b) Anwendbarkeit auf Lebenspartnerschaften*

Fraglich ist allerdings, ob die in § 1318 BGB für das Eherecht normierten Regelungen sich überhaupt auf das Institut der eingetragenen Lebenspartnerschaft übertragen lassen.

Für eine Anwendung des § 1318 BGB auf die aufgehobene Lebenspartnerschaft spricht, dass beiden Situationen ein vergleichbarer Sachverhalt zugrunde liegt[181]. In beiden Fällen geht es um die Auflösung einer bis dato geführten engen, personalen Beziehung. Dies ist unter der Prämisse zu beurteilen, dass möglicherweise umfangreiche Leistungen seitens der Partner erbracht wurden, die nunmehr abgewickelt werden müssten. Ferner sind die beiden personalen Beziehungen deshalb vergleichbar, da jeweils der Begründungsakt fehlerhaft war. Auch die Aufhebungssystematik steht einer analogen Anwendung des § 1318 BGB auf Lebenspartnerschaften nicht mehr entgegen. Während im LPartG in der bis zum 01.01.2005 geltenden Fassung noch kein Hinweis auf die Behandlung von Willensmängeln vorhanden war, hat der Gesetzgeber diese nunmehr der Aufhebung unterstellt. Und durch den ausdrücklichen Verweis in § 15 Abs. 2 LPartG auf § 1314 Abs. 2 Nr. 1 bis 4 BGB ist deutlich geworden, dass das Instrument der Eheaufhebung auch auf Lebenspartnerschaften begrenzt anwendbar sein soll. Dieser Verweis macht zugleich deutlich, dass der Gesetzgeber keinen zwingenden systematischen Unterschied in der Terminologie mehr sieht. Denn das Aufhebungsverfahren bei Lebenspartnerschaften war bislang gleichzusetzen mit dem Scheidungsverfahren bei der Ehe. Hingegen fehlte bei Lebenspartnerschaften ein Äquivalent zum Aufhebungsverfahren im Eherecht. Dieser Unterschied scheint nunmehr überwunden zu sein. Es ist als ein bloßes Versäumnis des Gesetzgebers anzusehen, dass er neben dem Verweis auf § 1314 Abs. 2 Nr. 1 bis 4 BGB nicht sogleich auch auf die Rechtsfolgen der Aufhebung gemäß § 1318 BGB verwiesen hat. So heißt es noch in der Gesetzesbegründung: „Diese (eine Spezialregelung für Willensmängel) lehnt sich an die Vorschriften der §§ 1314 ff. BGB an“[182]. Dadurch wird deutlich, dass der Gesetzgeber nicht nur den Verweis auf § 1314 BGB im Auge hatte, sondern die Aufhebungsnormen

180 Muscheler, Rn. 209, der sich für eine analoge Anwendung von § 1318 Abs. 4 BGB und zu einer daraus folgenden entsprechenden Anwendung der HausratsVO ausspricht.

181 Wellenhofer-Klein, Rn. 86.

182 BT-Drucks. 15/3445, S. 16.

insgesamt auf Lebenspartnerschaften anwendbar erklären wollte, soweit ein Willensmangel bei der Begründung der Partnerschaft vorlag. Insoweit muss das Aufhebungsfolgenrecht des § 1318 BGB entsprechend auf Lebenspartnerschaften anwendbar sein, wenn diese bei der Eingehung mit einem Willensmangel der in § 1314 Abs. 2 Nr. 1 bis 4 BGB genannten Art behaftet sind. Die Folgen der Aufhebung wären damit bei einer Lebenspartnerschaft, die unter einem Willensmangel der in § 1314 Abs. 2 Nr. 1 bis 4 BGB genannten Art begründet wurde, entsprechend dem § 1318 BGB zu beurteilen.

#### *2. Ergebnis*

Das Aufhebungsfolgenrecht des § 1318 BGB ist zugunsten des gutgläubigen oder getäuschten beziehungsweise bedrohten Lebenspartners, der bei der Eingehung der Beziehung einem Willensmangel unterlag, entsprechend anwendbar.

### III. Abwicklung bei Verstößen gegen § 1 LPartG sowie bei vor dem 01.01.2005 erklärter Anfechtung der Lebenspartnerschaft

#### *1. Allgemeines*

Demgegenüber bleiben auch nach dem 01.01.2005 die Rechtsfolgen von Verstößen gegen § 1 LPartG ungeregelt. Diese sind von dem Verweis auf § 1314 BGB nicht umfasst, denn § 15 Abs. 2 LPartG verweist ausdrücklich nur auf § 1314 Abs. 2 Nr. 1 bis 4 BGB und damit bereits nicht mehr auf die Scheinlebenspartnerschaft. Im Gegensatz zu Lebenspartnerschaften, die mit einem Willensmangel behaftet sind, sind die Beziehungen, die gegen § 1 LPartG verstoßen sowie Scheinlebenspartnerschaften von Anfang an unwirksam[183]. Da ausweislich der bisherigen Untersuchung die Aufhebungssystematik nicht vollumfänglich auf Lebenspartnerschaften angewandt werden kann und derartige Verstöße nicht geheilt werden können, leben die Partner in einer unwirksamen Lebenspartnerschaft. Im Folgenden ist nun eine allgemein gültige Abwicklungsvariante für sämtliche Rückabwicklungsprobleme zu suchen, die die Rechtsfolgen für Scheinlebenspartnerschaften und Verstöße gegen § 1 LPartG sowie bei vor dem 01.01.2005

183 Kaiser, FamRZ 2002, 866, 867; Meyer/Mittelstädt, S. 35; Wellenhofer-Klein, Rn. 86; v. Koppenfels-Spies, FPR 2003, 5, 6; a.A. Hk-LPartG/Kemper, § 1 LPartG, Rn. 19; Muscheler, Rn. 207; Battes, FuR 2002, 49, 54; FuR 2002, 113, 121.

erklärter Anfechtung der Lebenspartnerschaft bestimmt und den vom Gesetzgeber geforderten „allgemeinen Regeln“[184] entsprechen könnte.

## *2. Abwicklung nach § 1318 BGB analog*

Als Abwicklungsvariante einer unwirksamen Lebenspartnerschaft könnte die entsprechende Anwendung des § 1318 BGB auch für Verstöße gegen § 1 LPartG in Betracht kommen. Hinsichtlich der Aufhebungsfolgen besteht eine vergleichbare Interessenlage zwischen der Ehe und der eingetragenen Lebenspartnerschaft[185]. Insofern erscheint eine entsprechende Anwendung des § 1318 BGB auf die unwirksame eingetragene Lebenspartnerschaft geboten.

Fraglich ist allerdings, ob die in § 1318 BGB für das Eherecht normierten Regelungen sich auf Verstöße gegen § 1 LPartG übertragen lassen. Auffällig ist hierbei zunächst, dass der Gesetzgeber des Eheaufhebungsrechts davon ausging, die Wirkungen der Aufhebung ausschließlich für die Zukunft eintreten zu lassen[186]. Die Ehepartner sollen ab dem Zeitpunkt des rechtskräftigen Aufhebungsurteils grundsätzlich keine Ansprüche mehr gegeneinander haben. Bis zur Aufhebung wird die Ehe als wirksam und lediglich aufhebbar behandelt, die Rechtsfolgen der Aufhebung einer Ehe treten ausschließlich durch gerichtliches Urteil, welches das gerichtliche Verfahren zur Prüfung der Abschlussmängel beendet, ein. Unter den in § 1318 BGB genannten Voraussetzungen richtet sich eine Eheaufhebung nach den Regelungen, die im Falle einer Scheidung eintreten. Sowohl bei der Ehe als auch bei der unwirksamen Lebenspartnerschaft geht es um die Auflösung einer höchstpersönlichen Beziehung. Innerhalb dieser haben sich die Partner gegebenenfalls umfangreiche Leistungen erbracht, die nunmehr abgewickelt werden müssten. Weiter könnte die aufhebbare Ehe mit der unwirksamen Lebenspartnerschaft vergleichbar sein, da jeweils der Begründungsakt fehlerhaft war.

Jedoch ist zu bedenken, dass die Rechtsfolgen des § 1318 BGB auf der Aufhebungssystematik des Eherechts beruhen und somit das Instrument der Aufhebung der §§ 1314 ff. BGB voraussetzen. So findet sich im Eherecht eine Differenzierung zwischen der Ehescheidung und der Eheaufhebung, die von ihren Voraussetzungen her unterschiedlich sind. Während die Ehescheidung an eine Zerrüttung, also einen Fortfall der ehelichen Lebensgemeinschaft anknüpft, ist die Aufhebung an eine fehlerhafte Begründung gekoppelt. Das Zerrüttungsprin-

---

184 BT-Drucks. 14/3751, S. 36.
185 Wellenhofer-Klein, Rn. 86.
186 BT-Drucks. 13/4898, S. 13.

zip ist auch in das LPartG übernommen worden, so entspricht die Aufhebung nach § 15 LPartG der Scheidung einer Ehe in ihren Grundvoraussetzungen und Folgen. Anders ist die Situation dann bei der Eheaufhebung zu beurteilen. Diese kommt nur in Betracht, wenn einer der in § 1314 BGB abschließend aufgezählten Aufhebungstatbestände vorliegt. Eben diese Gegenüberstellung von Tatbestand und Aufhebung findet im Recht der eingetragenen Lebenspartnerschaften für Verstöße gegen § 1 LPartG keine Entsprechung. Der Gesetzgeber des LPartG hat durch die Novelle zum LPartG lediglich hinsichtlich der Willensmängel auf §§ 1314 ff. BGB verwiesen. Verwiesen wird indes nur auf § 1314 Abs. 2 Nr. 1 bis 4 BGB und damit nicht auf die Scheinehe, beziehungsweise Scheinlebenspartnerschaft, § 1314 Abs. 2 Nr. 5 BGB. Die Scheinlebenspartnerschaft stellt nach § 1 Abs. 2 Nr. 4 LPartG einen absoluten Unwirksamkeitsgrund dar. Der Gesetzgeber führt dazu in der Begründung aus: „Diese (eine Spezialregelung für Willensmängel) lehnt sich an die Vorschriften der §§ 1314 ff. BGB an". Damit wird deutlich, dass der Gesetzgeber bei der Überarbeitung des LPartG differenziert hat zwischen Willensmängeln, die einer Lebenspartnerschaft anhaften können und sonstigen Verstößen gegen § 1 LPartG. Laut der Gesetzesbegründung sollen nur ausgewählte Willensmängel der Regelung der §§ 1314 ff. BGB unterfallen. Mithin ist dem Schweigen des Gesetzgebers zur Problematik der Verstöße gegen § 1 LPartG auch nach der Novelle zu entnehmen, dass eine entsprechende Anwendung der Regelungen des § 1318 BGB auch bei Verstößen gegen § 1 LPartG gerade nicht gewollt war[187]. Dieser verwies bereits in der Gesetzesbegründung zum LPartG a.F. ausschließlich auf die „allgemeinen Regeln" hinsichtlich der Behandlung von Verstößen gegen § 1 LPartG[188]. Trotz Überarbeitung des LPartG ist es bei diesem Verweis ohne nähere Konkretisierung geblieben. Eine entsprechende Anwendung des § 1318 BGB würde jedoch dem ausdrücklichen Willen des Gesetzgebers widersprechen, der Verstöße gegen § 1 LPartG gerade nicht den §§ 1314 ff. BGB unterstellen wollte.

Lebenspartnerschaften, die aufgrund eines Verstoßes gegen § 1 LPartG unwirksam sind, können auftretende Rückabwicklungsprobleme nicht nach §§ 1314 ff. BGB lösen.

187 So auch Kaiser, FamRZ 2002, 866, 867; v. Koppenfels-Spies, FPR 2003, 5, 6.
188 BT-Drucks. 14/3751, S. 36.

### 3. *Aufhebung der eingetragenen Lebenspartnerschaft, § 15 LPartG*

#### *a) Allgemeines*

Der Gesetzgeber hat neben § 15 LPartG keine Normen für die Auflösung von eingetragenen Lebenspartnerschaften in das LPartG aufgenommen. Daraus könnte geschlossen werden, dass die Aufhebung gemäß § 15 LPartG die einzige Möglichkeit zur Auflösung einer wirksamen oder auch unwirksamen eingetragenen Lebenspartnerschaft sein soll. Die Regelung der Aufhebung könnte also als abschließendes Instrument für derartige Sachverhalte angesehen werden[189].

#### *b) Anwendbarkeit der Aufhebungsregeln auf unwirksame eingetragene Lebenspartnerschaften*

##### *aa) Direkte Anwendung*

Die §§ 15 ff. LPartG sind zur Beendigung einer Lebenspartnerschaft aus Gründen, die keine Abschlussmängel darstellen, sondern später eintreten, gedacht[190]. Bei einer unwirksam begründeten eingetragenen Lebenspartnerschaft liegt ein Verstoß gegen die Begründungsnormen bereits zu Beginn der Lebenspartnerschaft vor. Dann besteht bereits zu diesem Zeitpunkt ein potentielles Bedürfnis nach Abwicklung. Hingegen ist bei einer Aufhebung gemäß § 15 LPartG, so wie sie vom Gesetzgeber vorgesehen ist, zunächst eine wirksame eingetragene Lebenspartnerschaft vorhanden[191]. Erst im Laufe der Beziehung entsteht dann der Wunsch bei einem oder beiden Partnern, ihre Lebenspartnerschaft aufzulösen. Die Wirksamkeit einer eingetragenen Lebenspartnerschaft kann jederzeit durch ein Verfahren gemäß § 661 I Nr. 2 ZPO festgestellt werden. Die Aufhebung nach § 15 LPartG ist daher grundsätzlich als Instrument zur Auflösung einer wirksamen eingetragenen Lebenspartnerschaft vorgesehen. Dies legt zunächst der Wortlaut des § 15 LPartG nahe. Darin heißt es „Die Lebenspartnerschaft wird ... aufgehoben". Was eine Lebenspartnerschaft ist, wird in § 1 LPartG näher definiert. Es wird daraus deutlich, dass eine Lebenspartnerschaft im Sinne des § 1 LPartG nur eine solche ist, die in Übereinstimmung mit den Normen des LPartG begründet ist. Nur dann kann sie den Anspruch erheben, im Rechtsverkehr als eingetragene Lebenspartnerschaft mit den damit verbundenen Rechtsfolgen anerkannt zu

189 So jedenfalls Dethloff, NJW 2001, 2598, 2600; Grziwotz, DNotZ 2001, 280, 293.
190 Battes, FuR 2002, 113, 113.
191 Somit wird weiterhin im Recht der Lebenspartnerschaften nicht zwischen der Aufhebung wegen Willensmängeln und der „Scheidung" wegen Scheiterns der Lebenspartnerschaft unterschieden, Kornmacher, FamRB 2005, 22, 23.

werden. Der mögliche Wortsinn des § 15 LPartG als äußerste Grenze der Auslegung lässt also eine Anwendung der Aufhebungsregeln der §§ 15 LPartG nur zu auf wirksame eingetragene Lebenspartnerschaften.

Darüber hinaus deutet auch die Systematik darauf hin, dass es sich bei den unter §§ 15 ff. LPartG fallenden Lebenspartnerschaften um rechtswirksame Verbindungen handeln muss. So beinhalten die §§ 15 ff. LPartG solche Rechtsfolgen, die an die Aufhebung einer wirksamen eingetragenen Lebenspartnerschaft anknüpfen. Als solche sind hier zu nennen die Pflicht zur Zahlung von nachpartnerschaftlichem Unterhalt gemäß § 16 LPartG, die Zuweisung der Wohnung, § 18 LPartG sowie die Entscheidung über den Hausrat, § 19 LPartG. Ferner finden beim Vermögensstand der Zugewinngemeinschaft nach § 6 LPartG die Regelungen über den Zugewinnausgleich, §§ 1363 bis 1390 BGB Anwendung, sobald der Vermögensstand beendet wird. Unter eine solche Beendigung ist die Aufhebung der Lebenspartnerschaft zu subsumieren.

Die genannten Rechtsfolgen sollen nach dem Gesetzeswortlaut nur solchen Personen zugute kommen, die sich rechtswirksam den Regelungen des LPartG unterworfen haben. Nur dann besteht ein Bedürfnis, den Beteiligten als Folge ihres Zusammenlebens die dortigen Vorteile wie beispielsweise Unterhaltsansprüche zu gewähren. Ferner sprechen Sinn und Zweck der Aufhebung dafür, die damit verbundenen Rechtsfolgen ausschließlich Personen zukommen zu lassen, die in einer rechtswirksamen eingetragenen Lebenspartnerschaft gelebt haben. So werden mit dem LPartG übereinstimmende Lebenspartnerschaften ausweislich der §§ 15 ff. LPartG nicht nur in der Vergangenheit als wirksam beurteilt, sondern entfalten auch Rechtsfolgen, die in die Zukunft gerichtet sind. Die vorgenannten Rechtsfolgen einer Aufhebung nach §§ 15 ff. LPartG zeigen, dass bei einer Auflösung der höchstpersönlichen Rechtsverbindung eingetragene Lebenspartnerschaft weitreichende und für die Zukunft wirkende Folgen für die Beteiligten entstehen können. Diese Rechtsfolgen hätten eine vollständige Gleichstellung von wirksamen und unwirksamen eingetragenen Lebenspartnerschaften zur Folge, was vom Gesetzgeber gerade nicht gewollt war. Ein Verstoß gegen § 1 LPartG während des Begründungsakts hätte demnach keine Konsequenz, § 1 LPartG wäre schlicht überflüssig, weshalb eine direkte Anwendung der §§ 15 ff. LPartG zur Abwicklung unwirksamer eingetragener Lebenspartnerschaften nicht in Betracht kommt.

*bb) Analoge Anwendung*

Möglicherweise kann § 15 LPartG auf die unwirksame Lebenspartnerschaft entsprechend angewandt werden[192]. Unter Analogie ist die Übertragung der für einen bestimmten Tatbestand vorhandenen gesetzlichen Regel auf einen vom Gesetz nicht geregelten, mit dem erstgenannten jedoch vergleichbaren Tatbestand zu verstehen. Die Übertragung gründet sich darauf, dass infolge der Ähnlichkeit der Tatbestände in den für die gesetzliche Bewertung maßgeblichen Hinsichten beide Tatbestände gleich zu bewerten sind[193]. Die fraglichen Tatbestände dürfen also einander weder gleich noch absolut ungleich sein, sie müssen jedoch gerade in den für die rechtliche Bewertung maßgebenden Hinsichten übereinstimmen[194]. Diese lassen sich ermitteln, indem der Zweck und der Grundgedanke der gesetzlichen Regelung untersucht werden. Es ist daher im Folgenden zu prüfen, ob eine entsprechende Übertragung der Aufhebungsgrundsätze auf unwirksame eingetragene Lebenspartnerschaften dem Zweck der gesetzlichen Regelung der §§ 15 ff. LPartG entspricht. Ausgangspunkt dieser Überlegung ist das Anliegen des Gesetzgebers, mit der Aufhebung ein Instrument zu schaffen, welches eine Auflösung der höchstpersönlichen Beziehung eingetragene Lebenspartnerschaft bewirkt. Dabei misst der Gesetzgeber der Bedeutung der eingetragenen Lebenspartnerschaft großes Gewicht bei, da diese nur durch gerichtliches Urteil aufgehoben werden kann und nicht der privatrechtlichen Verfügung der Partner übertragen ist[195].

Es könnte für eine entsprechende Anwendung der Grundsätze der Aufhebung sprechen, dass mit den Abwicklungsgrundsätzen normierte Regelungen vorhanden sind, auf die zur Abwicklung einer unwirksamen eingetragenen Lebenspartnerschaft zurückgegriffen werden könnte[196]. Es läge ein kodifiziertes Verfahren vor, das abschließenden Charakter hätte. Ferner wäre hier ein Gericht berufen, die Unwirksamkeit der Rechtbeziehung festzustellen. Dieses würde größere Rechtssicherheit schaffen, als eine lediglich einseitige Unwirksamkeitserklärung eines Partners. Überdies entstünden keinerlei Probleme, die durch eine rückwirkende Unwirksamkeit verursacht wären, da aufgrund einer lediglich in die Zukunft wirkenden Aufhebung die eingetragene Lebenspartnerschaft als in der Vergangenheit wirksam anzusehen wäre.

Gegen eine analoge Anwendung des § 15 LPartG spricht jedoch, dass auch die mit einer Aufhebung verbundenen Rechtsfolgen eintreten würden. Wenn auch

192 Dethloff, NJW 2001, 2598, 2600; Grziwotz, DNotZ 2001, 280, 293.
193 Hierzu Larenz/Canaris, Methodenlehre, S. 202.
194 Larenz/Canaris, Methodenlehre, S. 202.
195 BT-Drucks. 14/3751, S. 41.
196 Grziwotz, DNotZ 2001, 280, 293; Dethloff, NJW 2001, 2598, 2600.

§ 15 LPartG selbst zunächst davon ausgeht, dass die Unwirksamkeit der eingetragenen Lebenspartnerschaft nicht in die Vergangenheit, sondern ausschließlich in die Zukunft reicht, so bedeutet dies zunächst, dass sämtliche Rückabwicklungsschwierigkeiten, die im Zusammenhang mit dem Vollzug der eingetragenen Lebenspartnerschaft stehen, vermieden werden. Darüber hinaus sind an die gerichtliche Feststellung der Aufhebung jedoch noch weitere Rechtsfolgen geknüpft. So folgen der gerichtlichen Entscheidung über die Aufhebung auch Entscheidungen über die durch die Lebenspartnerschaft hervorgerufenen Lebensverhältnisse. Hier ist zu denken an den vorzunehmenden Vermögensausgleich[197], das Entstehen von nachpartnerschaftlichen Unterhaltsansprüchen[198], die Wohnungszuweisung[199] und eine Entscheidung über den Hausrat[200]. Die genannten Rechtsfolgen ergeben sich unmittelbar aus der Aufhebung einer Lebenspartnerschaft[201]. Bei einer entsprechenden Anwendung der §§ 15 ff. LPartG auch auf unwirksame eingetragene Lebenspartnerschaften würden die genannten und in die Zukunft gerichteten Rechtsfolgen also auch eintreten. Dies würde dazu führen, dass bis zum Zeitpunkt der Aufhebung die Beteiligten wirksam in einer eingetragenen Lebenspartnerschaft gelebt hätten, da die Aufhebung ausschließlich für die Zukunft wirkt. Ferner würden nach dem gerichtlichen Aufhebungsurteil sämtliche Rechtsfolgen eintreten, die einer wirksamen und nunmehr aufzulösenden Lebenspartnerschaft vorbehalten sind. Dies widerspricht jedoch dem Sinn und Zweck der Wirksamkeitserfordernisse in § 1 LPartG, die bei einer analogen Anwendung der §§ 15 ff. LPartG auf unwirksame Lebenspartnerschaften überflüssig wären. Der insoweit eindeutige Wortlaut des § 1 LPartG, wonach eine wirksame Lebenspartnerschaft bei einem Verstoß gegen einen der Verbotstatbestände nicht entstehen kann, würde durch eine analoge Anwendung des § 15 LPartG umgangen. Es wäre dann kein Unterschied zu erkennen zwischen einer wirksamen und einer unwirksamen Lebenspartnerschaft. Die entsprechende Anwendung der Aufhebungsvorschriften ist demnach abzulehnen.

### *c) Ergebnis*

Die Regelungen der Aufhebung gemäß § 15 LPartG sind weder direkt noch entsprechend auf unwirksame Lebenspartnerschaften anwendbar.

197 § 6 Abs. 2 Satz 4 LPartG i.V.m. §§ 1371 bis 1390 BGB.
198 § 16 LPartG.
199 § 18 LPartG.
200 § 19 LPartG.
201 Siehe hierzu Dethloff, NJW 2001, 2598, 2603; v. Koppenfels-Spies, FPR 2001, 5, 9; Burhoff, ZAP 2001, 943, 964, m.w.N.

### *4. Fehlerhaftes Dauerschuldverhältnis*

#### *a) Allgemeines*

Ferner könnte sich zur sachgerechten Behandlung einer unwirksamen Lebenspartnerschaft ein Blick auf die Rückabwicklung von Dauerschuldverhältnissen anbieten[202]. Bei der Eingehung der eingetragenen Lebenspartnerschaft handelt es sich um einen gegenseitigen privatrechtlichen Vertrag der Lebenspartner[203]. Dieser soll ausweislich der Bezeichnung der Rechtsgemeinschaft auch auf Lebenszeit geschlossen werden und mithin von Dauer sein und sowohl periodische als auch einmalige Rechte und Pflichten der Partner begründen[204], so dass die Regeln über Dauerschuldverhältnisse hier zunächst einschlägig erscheinen. In dem hier zu untersuchenden Sachverhalt wird die eingetragene Lebenspartnerschaft zwar unter Verstoß gegen § 1 LPartG und deshalb unwirksam begründet, so dass gerade kein wirksames Dauerschuldverhältnis vorliegt. Jedoch schließt dies eine Behandlung der unwirksamen eingetragenen Lebenspartnerschaft nach den Regeln über Dauerschuldverhältnisse nicht aus. So können auch bei gewöhnlichen Dauerschuldverhältnissen[205] Unwirksamkeits- und Anfechtungstatbestände vorliegen, die der Wirksamkeit dann ebenfalls entgegenstehen. Auch dann ist fraglich, wie die bis dahin ausgetauschten Leistungen zu bewerten sind und wie das Rechtsverhältnis in der Vergangenheit insgesamt zu beurteilen ist.

Im Gesellschaftsrecht hat sich hierzu die Lehre von der fehlerhaften Gesellschaft herausgebildet[206]. Danach ist anerkannt, dass ein ins Leben getretener und damit vollzogener Verband rechtswirksam entstanden sein kann, obwohl der Begründungsakt an Mängeln leidet, die zur Unwirksamkeit oder Nichtigkeit des Ge-

---

202 Muscheler, Rn. 207, m.w.N., der unter den „allgemeinen Regeln" solche versteht, die ein fehlerhaftes Dauerschuldverhältnis betreffen. Ihm insoweit folgend: Wacke, in: MünchKommBGB, § 1, Rn. 18,20.

203 Löhnig, JA 2001, 650, 651; Schwab, FamRZ 2001, 385, 387; Meireis, StAZ 2001, 161, 165.

204 Die für die Partner geltenden Pflichten lassen sich freilich gesamthaft dem LPartG entnehmen. Hier seien beispielsweise genannt das während der Partnerschaft geltende Haftungsprivileg, die gegenseitig zu erbringenden Unterhaltsleistungen, die Schlüsselgewalt sowie das Sorgerecht des anderen Partners.

205 Zu diesen zählen beispielsweise Miet-, Versicherungs-, Gesellschafts-, Arbeitsverträge.

206 Im Schrifttum wurde zunächst von einer faktischen Gesellschaft gesprochen und lediglich auf die faktische Invollzugsetzung einer Gesellschaft als Anknüpfungspunkt für Rechtsfolgen abgestellt. Diese Lehre stellte also den sozialen Tatbestand über den Vertragstatbestand und gilt deshalb mittlerweile als überholt, siehe nur Schmidt, § 6 I 2, m.w.N.

sellschaftsvertrags oder der Satzung führen müssten[207]. Die Folge davon ist, dass im Innenverhältnis keine Abwicklung nach §§ 812 ff. BGB erfolgt. Die Lehre von der fehlerhaften Gesellschaft hält somit an der rechtsgeschäftlichen Grundlage des Verbands fest und versagt lediglich den Nichtigkeitsgründen die Anerkennung[208]. Es liegt damit ein Kompromiss vor zwischen dem Vertragsrecht des BGB und den durch Tätigwerden speziellen Bedürfnissen des Verbands.

Dieses durch richterliche Rechtsfortbildung[209] entstandene Institut beruht auf dem Prinzip der Interessenabwägung[210]. Maßgebliches Argument für die Entwicklung war neben dem Verkehrsschutz vor allem der Gedanke des Bestandsschutzes[211] für das Innenverhältnis der Gesellschafter, die vor einer unerwünschten Rückabwicklung ihrer Gesellschaft geschützt werden sollten[212]. So würde die Auflösung des vermeintlich entstandenen Gesellschaftsvermögens in einzelne Eigentums-, Bereicherungs-, und Ersatzansprüche zu großen Unbilligkeiten führen, weil es vielfach auf Zufall beruhen dürfte, ob ein zur Gesellschaft geleisteter Beitrag noch in natura vorhanden ist[213]. Konstruktiv kann die Lehre von der fehlerhaften Gesellschaft als teleologische Reduktion der Rechtsfolgenseite eines beseitigten Rechtsgeschäfts verstanden werden[214]. So wird das von der Beseitigung betroffene Rechtsverhältnis für die Vergangenheit als bestehend und voll wirksam angesehen und lediglich für die Zukunft wird diesem infolge der Beseitigung die Grundlage entzogen. Das Bedürfnis dieser Konstruktion resultiert aus einem

207 Hueck, § 13 III 2; Schmidt, § 6 I 1.

208 Schmidt, § 6 I 1; Kübler, § 25 I 1; Ulmer, in: MünchKommBGB, § 705, Rn. 272.

209 Es ist hier zu unterscheiden zwischen den Kapitalgesellschaften und den Personengesellschaften. Während bei ersteren der Gesetzgeber in den §§ 275 ff. AktG; 75 ff. GmbHG, 94 ff. GenG Regelungen für den Fall getroffen hat, dass die Satzung, der Gesellschaftsvertrag oder das Statut fehlerhaft ist, so fehlt eine entsprechende Regelung im Recht der Personengesellschaften. Bei Kapitalgesellschaften tritt in den oben genannten Fällen eine Unwirksamkeit lediglich für die Zukunft ein. Eine entsprechende Regelung schien der Rechtsprechung auch bei den Personengesellschaften angemessen, wenn auch die Haftungsvoraussetzungen zwischen Personengesellschaften (persönliche Haftung) und Kapitalgesellschaften (haftendes Kapital) freilich anders verteilt sind. Das Reichsgericht hat in RGZ 165, 193, 206 jedoch erstmals festgestellt, dass ein geschlossener Gesellschaftsvertrag nicht folgenlos bleiben könne. Im weiteren Verlauf wurde seitens der Rechtsprechung die Lehre von der fehlerhaften Gesellschaft weiterentwickelt, siehe nur BGHZ 3, 285, 288; 13, 320, 324; 55, 5, 8.

210 Ulmer, in: MünchKommBGB, § 705, Rn. 265.

211 BGHZ 13, 320, 324; 55, 5, 8; 62, 20, 26.

212 Kübler, § 25 I 1; Ulmer, in: MünchKommBGB, § 705, Rn. 268, Hueck, § 13 III 2.

213 Beitzke, S. 61.

214 Mankowski, S. 930.

tatsächlichen Tätigwerden und Invollzugsetzung der Gesellschaft, so dass aus Rechtsgründen deren Handeln nicht als inexistent anzusehen ist[215].

Ein ähnliches Modell zur Behandlung von fehlerhaften Dauerschuldverhältnissen hat sich im Arbeitsrecht mit der Lehre vom faktischen Arbeitsverhältnis herausgebildet. Bei einem Arbeitsverhältnis erbringen sich Arbeitgeber wie Arbeitnehmer gegenseitig naturgemäß eine Vielzahl von Leistungen wie etwa Arbeitsleistung, die Einhaltung von Wettbewerbsverboten und die Beachtung von Sorgfaltspflichten durch den Arbeitnehmer sowie die Zahlung des vereinbarten Entgelts für die Arbeitsleistung, Arbeitsschutzmaßnahmen, Entgeltfortzahlung im Krankheitsfall, Urlaubsgeld und betriebliche Altersvorsorge sowie Zahlungen an die Sozialversicherungsträger auf Seiten des Arbeitgebers[216].

Die Lehre vom faktischen Arbeitsverhältnis beruht weitgehend auf einem Entwurf und der Fortentwicklung durch die Rechtsprechung[217]. Den Interessen der an dem jeweiligen Arbeitsverhältnis Betroffenen wird diese Lehre gerecht, indem der fehlerhafte Arbeitsvertrag weitgehend einem wirksamen gleichgestellt wird, sofern die vereinbarte Arbeit aufgenommen wurde[218]. Die Folge davon ist, dass die Gründe, welche die Anfechtbarkeit oder Nichtigkeit des Arbeitsvertrags nach sich ziehen, grundsätzlich nicht mit Wirkung für die Vergangenheit, sondern nur noch für die Zukunft geltend gemacht werden können[219].

Somit besteht im Gesellschaftsrecht sowie im Arbeitsrecht ein Instrument, um fehlerhafte Dauerschuldverhältnisse abzuwickeln. Hinsichtlich der Ausgangslage sind die Lehre von der fehlerhaften Gesellschaft sowie die Lehre vom faktischen Arbeitsverhältnis miteinander vergleichbar, da jeweils die Rückabwicklung auf den Zeitpunkt der fehlerhaften Begründung als unangemessen erscheint.

### *b) Tatbestandsvoraussetzungen*

Fraglich ist, welche Tatbestandsvoraussetzungen die Lehre von der fehlerhaften Gesellschaft und vom faktischen Arbeitsverhältnis fordern.

---

215 Schmidt, § 6 I 1.

216 Zu den einzelnen Leistungen siehe Schäfer, S. 43 ff.

217 BAGE 5, 58, 65; 5, 159, 161; 41, 54, 65; 51, 167, 176; BB 1999, 797; BGHZ 41, 282, 288; 53, 152, 158.

218 Vgl. BAGE 5, 58, 65; 5, 159, 161; 51, 167, 167; Hueck/Nipperdey, S. 123; Brox/Rüthers/Henssler, Rn. 187 ff.; Hanau/Adomeit, Rn. 637; Zöllner/Loritz, § 11 II 1 b; Müller-Glöge, in: MünchKommBGB, § 611, Rn. 327 ff; Staudinger/Richardi, § 611, Rn. 181.

219 BAGE 5, 58, 65; Zöllner/Loritz, § 11 II 1 b, m.w.N.

*aa) Lehre von der fehlerhaften Gesellschaft*

Die erste Tatbestandsvoraussetzung ist zunächst, dass ein Gesellschaftsvertrag zwischen den Beteiligten geschlossen wurde, der nach den allgemeinen Grundsätzen anfänglich unwirksam oder anfechtbar wäre[220]. Außerdem ist zu fordern, dass der Verband tatsächlich in Vollzug gesetzt worden ist[221]. Erforderlich und zugleich ausreichend dazu ist die Ingangsetzung einer verfassten Organisation[222]. Es müssen also Maßnahmen durchgeführt worden sein, die nicht ohne weiteres ungeschehen gemacht werden können[223].

Ferner darf kein Ausschlusstatbestand vorliegen. Ein solcher ist gegeben, wenn vorrangige Interessen der Allgemeinheit oder schutzwürdiger Personen der Wirksamkeit entgegenstehen[224]. Dies ist etwa anzunehmen bei einem Verstoß gegen §§ 134[225], 138 BGB[226], bei Täuschung oder Drohung[227] sowie zu Lasten Minderjähriger[228].

*bb) Lehre vom faktischen Arbeitsverhältnis*

Als Tatbestandsvoraussetzung der Lehre vom faktischen Arbeitsverhältnis wird gefordert, dass zwischen den Parteien ein Arbeitsvertrag geschlossen wurde, der entweder nichtig ist oder später angefochten wird. Nur dann basiert das Arbeitsverhältnis zunächst auf einer vertraglichen Grundlage und es kann ein Dauerschuldverhältnis begründet werden. Ferner ist erforderlich, dass das Arbeitsverhältnis auch in Vollzug gesetzt wurde[229]. Der Arbeitnehmer muss also seine Tätigkeit aufgenommen und für den Arbeitgeber aktiv geworden sein. Nur aus dem Vollzug können Rückabwicklungsprobleme entstehen, wenn etwa nach Monaten der ausgeübten Arbeit Entgeltansprüche, Lohnfortzahlungen, Urlaubsansprüche oder vom Arbeitgeber für den Arbeitnehmer entrichtete Sozialleistungen auf den Zeitpunkt des Arbeitsvertragsabschlusses rückabgewickelt werden müssen. Hin-

---

220 Vgl. nur Schmidt, § 6 III 1, m.w.N.
221 BGHZ 3, 285, 288; 13, 320, 321.
222 BGHZ 116, 37, 40.
223 BGH NJW 1978, 2506.
224 St. Rspr., vgl. BGHZ 55, 5, 9; 62, 234, 241; 75, 214, 217.
225 BGHZ 75, 214; BGH, LM Nr. 8 zu § 105 HGB.
226 BGH NJW 1970, 1540.
227 BGHZ 13, 320, 323; 55, 5, 10.
228 BGH NJW 1983, 748; K. Schmidt, § 6 III, m.w.N. Hier wird allerdings nicht die Gesellschaft insgesamt als unwirksam angesehen, sondern lediglich die Beteiligung des Minderjährigen.
229 Hueck/Nipperdey, S. 123, 186; Zöllner/Loritz, § 11 II 1 b; Soergel/Kraft, § 611, Rn. 40, m.w.N.

sichtlich der Ausschlusstatbestände, die der Anwendung entgegenstehen, kann auf die Ausführungen zur Lehre von der fehlerhaften Gesellschaft verwiesen werden. Die beiden genannten Lehren zum Gesellschafts- beziehungsweise Arbeitsrecht sind mithin auch von ihren Tatbestandsvoraussetzungen her vergleichbar.

*c) Dogmatische Begründung*

Fraglich ist weiterhin, auf welcher dogmatischen Begründung die genannten Lehren beruhen.

*aa) Lehre von der fehlerhaften Gesellschaft*

Die dogmatische Begründung der Lehre von der fehlerhaften Gesellschaft besteht darin, dass die Gesellschafter durch den Gesellschaftsvertrag und die Aufnahme der Tätigkeit einverständlich Gesamthandsvermögen geschaffen haben. Dies führe zur Überlagerung des bis dahin uneingeschränkt den Nichtigkeits- und Anfechtungsregeln unterliegenden Schuldverhältnisses durch die gesellschaftliche Organisation[230]. Durch die Begründung der Schuldverhältnisse wird ein eigenes Organisationsgefüge geschaffen, so dass eine auf Dauer angelegte und tatsächlich vollzogene Leistungsgemeinschaft entstanden ist[231], also ein Verband, der unabhängig und selbstständig von den Gesellschaftern zu beurteilen ist. Dafür kennzeichnend ist die Verselbständigung des Gesellschaftsvermögens[232]. Die Gesellschafter haben die unbeschränkte Dispositionsbefugnis über ihre das Innenverhältnis überschreitende Beziehungen verloren, so dass sich die Gesellschafter bis zur Geltendmachung des Mangels an der Gesamthandsgemeinschaft und der Vertragsgrundlage festhalten lassen müssen[233]. Es liegt damit eine Doppelnatur der Gesellschaft als Schuldverhältnis und Gesamthand vor, die die Besonderheit der Gesellschaft gegenüber anderen Dauerschuldverhältnissen zum Ausdruck bringt[234].

---

230 Soergel/Hadding, § 705, Rn. 88; Schmidt, § 6 I 3; Ulmer, in: MünchKommBGB, § 705, Rn. 272, m.w.N.
231 Eisenhardt, Rn. 345; Grunewald, S. 77, Rn. 157.
232 BGHZ 3, 285, 288.
233 Ulmer, in: MünchKommBGB, § 705, Rn. 272, m.w.N.
234 Schmidt, AcP 186 (1986), 421, 425; Ulmer, in: MünchKommBGB, § 705, Rn. 273, m.w.N.

*bb) Lehre vom faktischen Arbeitsverhältnis*

Die dogmatische Grundlage bildet bei der Lehre vom faktischen Arbeitsverhältnis das Instrument der teleologischen Reduktion, um gesetzliche Lücken feststellen und ausfüllen zu können[235]. Im vorliegenden Fall müssen solche Normen der teleologischen Reduktion unterzogen werden, die die Unwirksamkeit des Arbeitsvertrags oder die Rückwirkung einer erklärten Anfechtung nach sich ziehen[236]. Bei diesen Regelungen muss nachgewiesen werden, dass beim Arbeitsvertrag der Wortlaut dieser Normen, gemessen an ihrem Zweck, zu weit geraten ist. Daher ist unter Berücksichtigung von Sinn und Zweck dieser Regelungen hinsichtlich des negativen Gleichheitssatzes eine Korrektur der Rechtsfolge angebracht[237]. Es muss nachgewiesen werden, dass es für eine interessengerechte Abwicklung eines unwirksamen Arbeitsvertrags einen Ausnahmetatbestand hätte geben müssen, der vorliegend gerade nicht existiert[238]. Dafür ist zu untersuchen, welche Wertungsgründe eine teleologische Reduktion des § 142 Satz 1 BGB und anderer Normen, die eine anfängliche Unwirksamkeit nach sich ziehen, rechtfertigen können. Nur dann kann eine in der Vergangenheit bestehende Unwirksamkeit des Arbeitsvertrags unbeachtlich sein. Die Rechtsprechung folgt methodisch dem Ansatz der teleologischen Reduktion der Nichtigkeitsfolgen. Dabei wird zur Begründung besonders hervorgehoben, dass es sich bei dem Arbeitsverhältnis um ein personenrechtliches Gemeinschaftsverhältnis handelt[239]. Dieser Gemeinschaftsgedanke ist darauf zurückzuführen, dass der Arbeitnehmer seine Dienste in Person zu erbringen hat und sich in einem persönlichen Abhängigkeitsverhältnis zu seinem Arbeitgeber befindet. Zusätzlich wird der Gedanke dadurch gekennzeichnet, dass zwischen Arbeitnehmer und Arbeitgeber eine persönliche Beziehung entsteht[240], die der Grund ist für intensive wechselseitige Treuepflichten[241]. Durch die Beschränkung der Nichtigkeitsfolgen kann auch das Vertrauensbedürfnis des Arbeitnehmers berücksichtigt werden. Dieser geht davon aus,

---

235 Schäfer, S. 96.

236 Das sind insbesondere die Normen der §§ 125, 134, 138 BGB sowie im Fall der Anfechtung des Arbeitsvertrags auch § 142 Satz 1 BGB, der eine Rückwirkung der Unwirksamkeit auf den Zeitpunkt des Vertragsschlusses vorsieht.

237 Canaris, S. 82 ff.

238 Larenz/Canaris, Methodenlehre, S. 392.

239 BAGE 5, 58, 65, hier wird auf die Lehre von Hueck verwiesen, der maßgeblich an der Entwicklung des Gemeinschaftsgedankens beteiligt war; ferner BAGE 5, 139, 162.

240 Hueck/Nipperdey, S. 115 ff.

241 Diese Ansicht hält zwar eine rückwirkende Abwicklung des Arbeitsverhältnisses für denkbar, allerdings könne dafür nicht immer ein genügender Ausgleich gefunden werden, Hueck/Nipperdey, S. 123.

durch seine Arbeit den versprochenen Lohn sowie die sonstigen Sozialleistungen wie etwa Urlaubsgeld, Entgeltfortzahlung sowie Arbeitgeberbeiträge zu den Sozialversicherungen zu erhalten. Der BGH hat die Lehre vom faktischen Arbeitsverhältnis besonders damit begründet, dass es in einigen Fällen schwierig oder unmöglich sei, einen angemessenen Wertersatz für den objektiven Wert des § 818 Abs. 2 BGB zu ermitteln, da häufig kein Marktwert als Parameter der geleisteten Arbeit zur Verfügung stehe. In einem solchen Fall könne das Vertragsverhältnis nur für die Zukunft abgewickelt werden[242].

Das Schrifttum gelangt zu demselben Ergebnis, indem die Unwirksamkeit der rechtsgeschäftlich begründeten Ansprüche pauschal auf die Zukunft beschränkt wird[243]. Begründet wird dies auch hier mit dem Gemeinschaftsgedanken, der die wechselseitigen Treuepflichten der Vertragsparteien betont[244]. Ferner wird auf den personalen Charakter des Arbeitsvertrags hingewiesen[245]. Dadurch soll zum Ausdruck gebracht werden, dass es sich bei einem Arbeitsverhältnis gerade nicht um einen vermögensrechtlichen Austauschvertrag handelt, sondern dass der Arbeitnehmer als Person in das Rechtsverhältnis eingebunden ist und als solche einen besonderen Schutz genießt. Der Sozialschutz eines Arbeitsverhältnisses folgt aus den diversen bürgerlich-rechtlichen[246] und öffentlich-rechtlichen Vorschriften[247], die die Arbeitsleistung des Arbeitnehmers anerkennen und seine Existenzgrundlage absichern sollen. Im Falle einer rückwirkenden Unwirksamkeit des Arbeitsverhältnisses würden auch diese sozialrechtlich relevanten Ansprüche entfallen und dem Arbeitnehmer wäre eine Vielzahl von Absicherungen entzogen, die auch seine existenzielle Zukunft betreffen könnten.

Die Beschränkung der Unwirksamkeitsgründe unwirksamer Arbeitsverträge wird ferner begründet mit dem arbeitsrechtlichen Schutzprinzip[248]. Dieses beruht auf dem Sachverhalt, dass der Arbeitnehmer fremdbestimmte Arbeit leistet und ihm deshalb eine zusätzliche oder anderweitige Teilnahme am Marktgeschehen nicht möglich ist. Daher bildet die Gesamtheit der Arbeitsbedingungen für den Arbeitnehmer die Existenzgrundlage[249]. Im Gegenzug erwirbt der Arbeitgeber

---

242 BGHZ 41, 282, 287, im vorliegenden Beispiel ging es um die Vergütung von Vorstandsmitgliedern. Deren Wert konnte aufgrund der Vielzahl der erbrachten Leistungen, die eben nicht im Einzelnen vergütet werden, nicht ermittelt werden.

243 Brox/Rüthers/Henssler, Rn. 187 ff; Hanau/Adomeit, Rn. 637; Zöllner/Loritz, § 11 II 1 b, Müller-Glöge, in: MünchKommBGB, § 611, Rn. 327, m.w.N.

244 Siehe Hueck/Nipperdey, S. 128.

245 Zöllner/Loritz, § 11 II 7 b.

246 z.B. §§ 617, 618 BGB.

247 z.B. §§ 28 d, 28 g SGB IV.

248 Hierzu Hanau/Adomeit, Rn. 637; Zöllner/Loritz, § 11 II 1 b; Brox/Rüthers/Henssler, Rn. 187.

249 Schäfer, S. 101.

die Möglichkeit, die Arbeitsleistung des Arbeitnehmers zur Mehrung seines eigenen Vermögens einzusetzen. Diese Dispositionsbefugnis des Arbeitgebers über die erbrachte Arbeitsleistung hat die Verantwortung für seine Arbeitnehmer zur Folge. Das dem Arbeitgeber obliegende Schutzprinzip begründet dadurch die Vielzahl von Pflichten gegenüber dem Arbeitnehmer wie beispielsweise Zahlung von Arbeitgeberbeiträgen zu Arbeitslosen- und Krankenversicherung. Im Falle der rückwirkenden Unwirksamkeit wäre der Sozialschutz nicht hinreichend gewährleistet.

Hinsichtlich der dogmatischen Begründung und der Wertungsgründe bestehen damit zwischen der Lehre von der fehlerhaften Gesellschaft und der Lehre vom faktischen Arbeitsverhältnis Unterschiede.

*d) Anwendbarkeit auf unwirksame Lebenspartnerschaften*

Fraglich ist indes, ob sich die Grundsätze der fehlerhaften Gesellschaft sowie des faktischen Arbeitsverhältnisses auf unwirksame eingetragene Lebenspartnerschaften übertragen lassen.

*aa) Lehre von der fehlerhaften Gesellschaft*

Ein Vertrag wird geschlossen, denn vorliegend sind die Erklärungen der zukünftigen Lebenspartner, miteinander eine Partnerschaft auf Lebenszeit führen zu wollen, Bestandteil eines privatrechtlichen Vertrags zwischen den Lebenspartnern[250]. Es obliegt den zukünftigen Lebenspartnern, diesen Vertrag aus ihrer privatautonomen Gestaltungsfreiheit heraus abzuschließen. Diese Einigung ist die Grundlage für das Eingreifen der in den §§ 2 ff. LPartG normierten Rechtsfolgen. Die Begründung vor der Behörde hat dabei lediglich Publizitätswirkung und ist mit der Tätigkeit eines Zeugen zu vergleichen. Im vorliegenden Fall weist der Vertrag die Besonderheit auf, dass während der Begründung der eingetragenen Lebenspartnerschaft ein Verstoß gegen die Begründungsnorm § 1 LPartG vorliegt und er daher unwirksam ist.

Ferner ist auch Vollzug gegeben. Bei einer unwirksamen eingetragenen Lebenspartnerschaft kann von einer Ingangsetzung gesprochen werden, wenn die vermeintlichen Lebenspartner ihre Lebensgemeinschaft so führen, als wäre diese ordnungsgemäß begründet worden. So werden sich die Lebenspartner gegenseitig die sich aus §§ 2 ff. LPartG ergebenden Rechte und Pflichten erbringen und so eine gemeinsame Lebensgestaltung vornehmen. Diese kann etwa darin zu sehen sein, dass sich die Beteiligten gegenseitig Unterhaltsbeiträge leisten, einen ge-

---

250 Schwab, FamRZ 2001, 385, 387; Meireis, StAZ 2001, 161, 165.

meinsamen Haushalt führen oder zusammen Vermögenswerte erwerben, die sodann auch beiden Partnern zugute kommen. Ein Vollzug kann auch in der Mitarbeit im Unternehmen des Partners oder in dem Erwerb einer Immobilie zum gemeinsamen Leben gesehen werden.

Außerdem dürfte kein Ausschlusstatbestand gegeben sein. Sofern die Eingehung einer Lebenspartnerschaft unter einem Verstoß gegen §§ 134, 138 BGB stattfindet oder einer der Partner arglistig getäuscht oder widerrechtlich bedroht wurde, kann auch hier die Lehre von der fehlerhaften Gesellschaft keine Anwendung finden. Eine besondere Konstellation ergibt sich, wenn ein Minderjähriger Partner einer vermeintlichen Lebenspartnerschaft ist. Dies führt grundsätzlich nach § 1 Abs. 2 Nr. 1 LPartG zur Unwirksamkeit der Rechtsbeziehung. Und nach den Grundsätzen der Lehre von der fehlerhaften Gesellschaft darf sie nicht zu Lasten Minderjähriger angewandt werden. Im vorliegenden Fall würde die Minderjährigkeit jedoch erst die Abwicklung des Dauerschuldverhältnisses erforderlich machen. Es muss dann trotz der Minderjährigkeit eines Partners die Lehre von der fehlerhaften Gesellschaft angewandt werden können. Anderenfalls würde der Minderjährige um eine Abwicklungsmöglichkeit beraubt sein, die gerade seinen Schutz anstrebt. Der Minderjährigenschutz kann mit der Lehre von der fehlerhaften Gesellschaft vereinbart werden, wenn trotz Anwendung keine Haftungsfolgen oder sonstigen Rechtsnachteile für den Minderjährigen begründet werden. Ist also ein Minderjähriger vermeintlicher Lebenspartner, so schließt dies die Anwendung der Lehre von der fehlerhaften Gesellschaft nicht aus.

Die Tatbestandsvoraussetzungen der Lehre von der fehlerhaften Gesellschaft liegen damit auch bei unwirksamer Lebenspartnerschaft vor, eine Anwendbarkeit scheint grundsätzlich denkbar.

Fraglich ist weiterhin, ob auch die dogmatische Begründung auf unwirksame Lebenspartnerschaften übertragen werden kann. Im Gesellschaftsrecht ist diese Konstruktion entwickelt worden, um Schwierigkeiten, die durch eine Rückabwicklung eines über einen längeren Zeitraum bestehenden Schuldverhältnisses entstehen, zu verhindern. Jedoch entstehen Rückabwicklungsschwierigkeiten nicht ausschließlich und nicht zwingend durch einen langen Zeitraum, in dem das Schuldverhältnis als wirksam angesehen wird. Probleme im Zusammenhang mit der Rückabwicklung entstehen in erster Linie durch die Vielzahl von Leistungspflichten, die ein Rechtsgeschäft mit Dauerwirkung entstehen lässt und die sich daraus ergebende Multiplizität der Erfüllungshandlungen[251]. Warum gerade im Gesellschaftsrecht diese Rechtsfigur besondere Bedeutung erlangt hat, ist mit dem organisationsrechtlichen und personenrechtlichen Moment der Satzungen

251 Schäfer, S. 24.

und Gesellschaftsverträge einer Gesellschaft zu erklären[252]. Danach werden die Regeln über die Rechtsfolgen der Vertragsnichtigkeit modifiziert, soweit sie auf mitgliedschaftliche Rechtsverhältnisse nicht passen[253]. Insoweit wäre eine Übertragung dieser Grundsätze auf eine unwirksame eingetragene Lebenspartnerschaft denkbar. Auch bei dieser handelt es sich um ein Rechtsgebilde mit organisationsrechtlichen und personenrechtlichen Momenten. Die persönliche Verbindung zweier Lebenspartner dürfte für gewöhnlich sogar weit über das Maß der persönlichen Verbundenheit von Gesellschaftern untereinander hinausgehen. Ferner ließe sich für eine Anwendung der Grundsätze anführen, dass eine unwirksame eingetragene Lebenspartnerschaft möglicherweise über einen längeren Zeitraum vollzogen wird, bevor der Unwirksamkeitsgrund erkannt wird. In diesem Fall dürfte es schwierig sein, alle Leistungen rückabzuwickeln, die sich die Partner gegenseitig erbracht haben[254].

Andererseits ist zu berücksichtigen, dass im Gesellschaftsrecht, jedenfalls bei Kapitalgesellschaften, Genossenschaften und Vereinen, eine Eintragung in das Handelsregister vorzunehmen ist, die konstitutiven Charakter hat. Durch diese Eintragung werden die genannten Verbände rechtsfähig und genießen einen besonderen Vertrauensschutz. Schließlich ist an die Eintragung in das Handelsregister ein öffentlicher Glaube geknüpft. Ebenso sind die oHG und die KG zur Eintragung ins Handelsregister anzumelden. Ihre Eintragung hat dabei keinen konstitutiven, sondern deklaratorischen Charakter. Dennoch wird durch die Eintragung ein öffentlicher Glaube an die Richtigkeit und Vollständigkeit des Handelsregisters erzeugt. Darauf können sich Dritte berufen, die mit der Gesellschaft kontrahieren wollen. Der öffentliche Glaube ist ein weiteres Argument, weshalb die von einem Unwirksamkeitsgrund betroffenen Personen- und Kapitalgesellschaften jedenfalls für die Vergangenheit als wirksam anzusehen sind.

Eine solche Eintragung, die einen Vertrauenstatbestand setzen könnte, fehlt hingegen im Recht der eingetragenen Lebenspartnerschaften. Zwar werden Lebenspartnerschaftsbücher geführt, der Eintragung kommt aber keine konstitutive Wirkung zu. Ferner erfolgt die Eintragung, wenn dies in dem jeweiligen Landesgesetz überhaupt normiert ist, nicht in den Personenstandsbüchern. Dadurch ist zwar mit der eingetragenen Lebenspartnerschaft der Familienstand der Lebenspartner verändert, jedoch hat dies keinen unmittelbaren Bezug zum Personenstandsrecht[255]. Es besteht für Dritte keine Möglichkeit, in die teilweise geführten Lebenspartnerschaftsbücher Einsicht zu nehmen, um Gewissheit über das Beste-

252 Schmidt, AcP 186 (1986), 421, 425; ders. § 6 I 3; Soergel/Hadding, § 705, Rn. 88; Ulmer, in: MünchKommBGB, § 705, Rn. 272.

253 Schmidt, § 6 I 3.

254 Battes, FuR 2002, 59, 54.

255 Stuber, S. 12.

hen oder Nichtbestehen einer eingetragenen Lebenspartnerschaft zu erlangen. Die in einigen Fällen erfolgende Eintragung ist daher nicht geeignet, die Übertragung der Vertrauensgrundsätze der fehlerhaften Gesellschaft auf eingetragene Lebenspartnerschaften zu rechtfertigen. Der Eintrag in ein Lebenspartnerschaftsbuch löst keinen öffentlichen Glauben dieses Eintrags aus[256].

Ferner ist der Übertragung der Grundsätze der fehlerhaften Gesellschaft auf unwirksame Lebenspartnerschaften entgegenzuhalten, dass die Rechtswirksamkeit einer eingetragenen Lebenspartnerschaft bis zu einer Nichtigkeitsfeststellung gegen § 1 LPartG verstieße. Dieser soll eine wirksame Eingehung bei einem Verstoß gegen eine Begründungsnorm gerade verhindern. Betrachtete man die eingetragene Lebenspartnerschaft dennoch als wirksam, so missachtete dies den Regelungsgehalt der Norm. Außerdem wäre kaum zu rechtfertigen, das Fortbestehen einer eigentlich unwirksamen eingetragenen Lebenspartnerschaft in das Belieben der Partner zu stellen[257]. So konnten diese nach der hier vertretenen Auffassung durch rechtsgeschäftliche Erklärungen die Lebenspartnerschaft bis zum 01.01.2005 anfechten oder sich jederzeit auf einen Eingehungsmangel berufen. Dies könnte die Lebenspartner dazu verleiten, eine unter Verstoß gegen § 1 LPartG begründete Lebenspartnerschaft fortzuführen, indem die rechtsgeschäftliche Erklärung, die zur Unwirksamkeit der eingetragenen Lebenspartnerschaft führen würde, unterbleibt. Schließlich hätten sie für den Fall, dass der Mangel offenkundig wird, nichts zu befürchten, da ihre Lebenspartnerschaft in der Vergangenheit als wirksam zu betrachten wäre.

Im Übrigen ist zu bedenken, dass nicht sämtliche Dauerschuldverhältnisse nach der Lehre von der fehlerhaften Gesellschaft abgewickelt werden. So ist der wesentliche Unterschied zwischen dem Gesellschaftsrecht und den übrigen fehlerhaften Verpflichtungs- und Verfügungsgeschäften die mitgliedschaftlich angelegte Verbandsverfassung[258]. Während die Rechtsgeschäfte gemäß dem BGB außer Vollzug gesetzt und rückabgewickelt werden können, ist dies bei der Verbandsverfassung regelmäßig nicht möglich. Für einen Verband ist kennzeichnend, dass er spätestens mit Registereintragung als eigenes Rechtssubjekt in die Welt tritt und dann als solches Rechtsbeziehungen sowohl zu seinen Mitgliedern als auch zu Dritten, etwa durch rechtsgeschäftliches Handeln im Rahmen der Schlüsselgewalt oder der Vertretung eines Kindes, entstehen können[259]. Durch den Gesellschaftsvertrag wird also eine rechtsfähige Einheit gebildet, die Gesamthand, die mitgliedschaftliche Beziehungen nach innen und schuld- und sa-

256 Stuber, S. 19.
257 Wellenhofer-Klein, Rn. 86.
258 Schmidt, § 6 I 3.
259 Schäfer, S. 70.

chenrechtliche Beziehungen nach außen unterhält[260]. Es besteht also eine Verselbständigung des Gesellschaftsvermögens[261]. Mit der Gründung einer Gesellschaft ist damit die Entstehung einer Leistungsgemeinschaft verbunden, für die die daran Beteiligten Beiträge erbracht und Werte geschaffen sowie Gewinne und Verluste erwirtschaftet haben[262]. Die Rechtsgeschäfte werden also nicht ausschließlich für die Gesellschafter untereinander getätigt, sondern dies erfolgt zum Wohle der Gesellschaft. Es handelt sich also bei dem Gesellschaftsvertrag um ein Gebilde mit überindividueller Qualität, welches zu einem Sonderrecht für fehlerhafte Gesellschaften geführt hat[263].

Die besondere Situation einer eigenen, durch Gesellschaftsvertrag entstehenden rechtsfähigen Einheit, ist im Recht der eingetragenen Lebenspartnerschaften nicht gegeben. Insofern lässt sich diese gesellschaftsrechtlich bedingte Besonderheit nicht auf sonstige Dauerschuldverhältnisse übertragen, bei denen keine Gesamthand und kein von den Beteiligten unabhängiges Rechtssubjekt entsteht. Bei einer eingetragenen Lebenspartnerschaft handelt es sich zwar um ein familienrechtliches Institut, welches jedoch keinerlei Subjektscharakter hat. So bestehen die Rechtsbeziehungen ausschließlich zwischen den Partnern der Lebenspartnerschaft sowie zwischen den Partnern und Dritten. In keinem Falle jedoch gibt es eine Rechtsbeziehung der Lebenspartnerschaft als solcher zu einem oder beiden Partnern oder zu Dritten, da diese gerade kein eigenständiges Subjekt im Rechtsverkehr ist, anders als die Personen- und Kapitalgesellschaften. Ebenso erbringen die an einer Lebenspartnerschaft Beteiligten keine Leistungen zum Wohle des familienrechtlichen Instituts Lebenspartnerschaft, sondern nur zum gegenseitigen Wohle. Die Lehre von der fehlerhaften Gesellschaft, die auf dem Gedanken beruht, dass durch Gründung einer Gesellschaft ein Verband mit eigener Rechtssubjektsqualität entstanden ist, kann nicht auf unwirksame eingetragene Lebenspartnerschaften übertragen werden, da ein solcher Verband bei letztgenannten gerade nicht vorhanden ist. Es fehlt also an der Verselbständigung des Vermögens der an der unwirksamen eingetragenen Lebenspartnerschaft Beteiligten, es fehlt an der Gesamthand. Somit ist die Lehre von der fehlerhaften Gesellschaft auf das Gesellschaftsrecht zu beschränken und kann nicht zur Abwicklung unwirksamer eingetragener Lebenspartnerschaften herangezogen werden.

Die Argumente, die als Begründung für die Lehre von der fehlerhaften Gesellschaft genannt werden, können bezogen auf unwirksame Lebenspartnerschaf-

---

260 RGZ 165, 193, 206; BGHZ 3, 285, 288.

261 Ulmer, in: MünchKommBGB, § 705, Rn. 347; Soergel/Hadding, § 705, Rn. 88; Schmidt, § 6 I 3.

262 Eisenhardt, Rn. 345.

263 So auch BGHZ 55, 5, 8, wo die Lehre von der fehlerhaften Gesellschaft als gesicherter Bestandteil des Gesellschaftsrechts angesehen wird.

ten nicht überzeugen. Daher ist eine Übertragung der Lehre auf die unwirksame Lebenspartnerschaft abzulehnen.

*bb) Lehre vom faktischen Arbeitsverhältnis*

Die Übertragung der Lehre vom fehlerhaften Arbeitsverhältnis auf eine unwirksame Lebenspartnerschaft würde bedeuten, dass die Lebenspartnerschaft als in der Vergangenheit wirksam vollzogen anzusehen wäre. Nichtigkeitsgründe könnten nicht mehr mit rückwirkender Kraft geltend gemacht werden, sondern die Partnerschaft wäre lediglich für die Zukunft vernichtbar[264]. Folgte man dieser Ansicht, so ließe sich demzufolge kein Unterschied erkennen zwischen einer in Übereinstimmung mit § 1 LPartG begründeten Lebenspartnerschaft und einer solchen, die an einem Begründungsmangel leidet.

Hier stellt sich demzufolge die Frage, ob die Wertungsgründe, die im Arbeitsrecht für eine teleologische Reduktion der Nichtigkeitsgründe herangezogen werden, auch im Recht der eingetragenen Lebenspartnerschaft Beachtung finden können. Als Wertungsgrund dient in Rechtsprechung und Literatur das Merkmal eines Gemeinschaftsverhältnisses mit personalem Einschlag[265]. Dieser Wertungsgrund scheint zunächst auf unwirksame eingetragene Lebenspartnerschaften übertragbar zu sein. Auch dort handelt es sich um eine Verbindung zweier Personen, die sich die gegenseitigen Leistungen wie beispielsweise Unterstützung, Fürsorge und Unterhalt höchstpersönlich schulden. Die Begriffe Gemeinschaftsverhältnis und Treuepflicht sind für sich genommen sehr allgemein formuliert und lassen keinerlei Rückschluss auf den dahinter stehenden Bedeutungsgehalt zu. Bei einem genaueren Blick auf den Begriff des personenrechtlichen Einschlags wird deutlich, dass dieser lediglich zum Inhalt hat, dass der Arbeitnehmer zum persönlichen Einsatz seiner Arbeitskraft verpflichtet ist, den Vertrag selbst erfüllen muss und dazu seine gesamte Arbeitskraft einzusetzen hat[266]. Es wird dadurch also schnell deutlich, dass das vordringlichste Ziel des Vertrags die Erfüllung der Arbeitsleistung ist. Der Arbeitnehmer leistet also Arbeit in abhängiger Stellung, so dass beide Parteien des Arbeitsvertrags in ungleichen wirtschaftlichen Positionen stehen[267]. Der Arbeitnehmer schließt dabei nicht nur einen Vertrag über seine Arbeitsleistung, sondern tritt in den Dienst des Arbeitgebers mit einem wesentlichen Teil seiner Persönlichkeit[268]. Die personenrechtlichen Züge des Arbeitsvertrags werden allein durch die Pflicht zur Arbeitsleistung konkreti-

264 Muscheler, Rn. 207.
265 Hueck/Nipperdey, S. 129; Wiedemann, S. 36.
266 Wiedemann, S. 37.
267 Wiedemann, S. 39.
268 Wiedemann, S. 39.

siert. Der Arbeitnehmer erlangt keine dem Arbeitgeber ebenbürtige Position, sondern ist im Laufe der Vertragsbeziehung allein mit der Erfüllung einer weisungsgebundenen Arbeitstätigkeit konfrontiert. Eine persönliche Beziehung zwischen Arbeitnehmer und Arbeitgeber wie sie typischerweise bei Gesellschaftern einer BGB-Gesellschaft, in der Ehe oder auch bei eingetragenen Lebenspartnern vorliegt, ist hier nicht anzutreffen. Vielmehr sind beide Teile auf die Erzielung der Arbeitsleistung fixiert. Hier zeigt sich also bereits der tief greifende Unterschied zwischen den Vertragsparteien eines Arbeitsvertrags einerseits und eingetragenen Lebenspartnern andererseits. Letztere besteht aus zwei Partnern, die innerhalb der Beziehung vollends gleichberechtigt sind. Hier besteht typischerweise keinerlei Abhängigkeit des einen Partners vom anderen und die Lebenspartnerschaft wurde auch nicht begründet, um einen bestimmten wirtschaftlichen Erfolg zu erzielen, sondern um den höchstpersönlichen Bedürfnissen der Beteiligten gerecht zu werden. So ist das persönliche Verhältnis der Lebenspartner gerade das auslösende Element, weshalb die Partnerschaft begründet werden soll. Hier stehen die Beteiligten als Personen im Mittelpunkt, da es sich bei der Partnerschaft um eine enge, persönliche Beziehung handelt, wie dies bei familienrechtlichen Instituten üblich ist. Das Erzielen einer bestimmten Arbeitsleistung oder der bestimmungsgemäße Einsatz der Arbeitskraft ist hier nicht relevant, sondern kann sich beiläufig aus der Aufgabenverteilung der Partner untereinander ergeben. Die Voraussetzungen und äußeren Umstände zwischen einem Arbeitsverhältnis und einer eingetragenen Lebenspartnerschaft sind damit gänzlich unterschiedlich. Der Wertungsgrund des personalen Gemeinschaftsverhältnisses aus dem Arbeitsrecht kann mithin nicht auf unwirksame eingetragene Lebenspartnerschaften übertragen werden.

Neben dem personalen Gemeinschaftsverhältnis besteht als Wertungsgrund für die Beschränkung der Nichtigkeitsfolgen das arbeitsrechtliche Schutzprinzip. Dieses beruht auf dem Gedanken, dass der Arbeitnehmer aufgrund seiner Tätigkeit unter Weisung des Arbeitgebers keine Möglichkeit hat, anderweitig für seine Existenzgrundlage zu sorgen[269]. Das Schutzprinzip stellt sich somit als Äquivalent zu der vollständigen Einbindung des Arbeitnehmers in die Wirtschaftsorganisation des Arbeitgebers und der daraus resultierenden Gefahrschaffung dar. Diese Gefahren bestehen dann zum einen in den tatsächlichen äußeren Umständen, also den Arbeitsbedingungen, denen der Arbeitnehmer ausgesetzt ist[270]. Darüber hinaus hat der Arbeitnehmer jedoch auch Anspruch auf Absicherung

269 Zöllner/Loritz, § 11 II 1 b; Brox/Rüthers/Henssler, Rn. 188.

270 Der Schutz vor äußeren Gefahren während des Arbeitsverhältnisses wird außerdem erreicht durch gesetzliche Regelungen, beispielsweise im Arbeitsschutzgesetz oder das Bundes-Immissionsschutzgesetz, ferner durch § 618 BGB.

seines sozialen Status`, der durch eine rückwirkende Unwirksamkeit vollständig entzogen wäre. Dieser Sozialschutz ist während des Bestehens eines wirksamen Arbeitsvertrags ebenfalls gesetzlich ausgestaltet[271]. Er wäre jedoch nicht vorhanden, wenn diese Leistungen bei anfänglich unwirksamem Arbeitsvertrag rückwirkend entfielen und der Arbeitnehmer ohne jegliche soziale Absicherung aus dem Arbeitsverhältnis ausschiede. Dieser Gedanke wird weiter dadurch getragen, dass sich der Arbeitnehmer seiner wirtschaftlichen Dispositionsfreiheit begibt, indem er seine Arbeitskraft, Fähigkeiten, Phantasie wie Initiative zusammengefasst als fachliche Leistung einem von anderen Personen geleiteten Wirtschaftsorganismus zur Verfügung stellt und sich dadurch in ein Abgängigkeitsverhältnis zum Arbeitgeber begibt. Diese Abhängigkeit entsteht gerade daraus, dass der Arbeitnehmer stärker als Beteiligte anderer Rechtsverhältnisse einseitigen Bestimmungsrechten des Arbeitgebers unterworfen ist[272]. Durch den Arbeitvertrag hat also der Arbeitgeber dafür einzustehen, dass eine Daseinsvorsorge für den Arbeitnehmer stattfindet. Von dieser sollen alle Risiken umfasst sein, die zu Schäden führen können, so beispielsweise Gesundheits- und Vermögensschäden aus Anlass der Arbeit, Krankheit, Unfall und Verlust des Arbeitsplatzes[273].

Es ist fraglich, ob dieser Wertungsgrund auch für eine Beschränkung der Unwirksamkeitsfolgen bei unwirksamen eingetragenen Lebenspartnerschaften herangezogen werden kann. Hierbei ist zunächst festzustellen, dass das Schutzprinzip von seinem Wortlaut her für eine Übertragung auf Lebenspartnerschaften geeignet erscheint. Lebenspartner sind einander zu Fürsorge und Unterstützung gemäß § 2 LPartG verpflichtet. Dazu zählt dann grundsätzlich auch die Pflicht, den Partner vor Beeinträchtigungen jeglicher Art zu bewahren und mithin kann auch eine Schutzpflicht für die Rechtsgüter des Partners angenommen werden. Hierbei ist allerdings zu bedenken, dass das arbeitrechtliche Schutzprinzip auf einem anderen Gedanken beruht. So entsteht im Arbeitsrecht eine einseitige Schutzpflicht des Arbeitgebers für die Rechtsgüter des Arbeitnehmers. Dies resultiert aus der Möglichkeit des Arbeitgebers, frei über die Arbeitskraft des Arbeitnehmers zu disponieren und sie nach eigenem Ermessen einzusetzen. Es wird durch die Existenz des Schutzprinzips dem Interesse des Arbeitnehmers entsprochen, der seine wirtschaftliche Betätigungsfreiheit verliert. Dieser Umstand ist darauf zurückzuführen, dass sich der Arbeitnehmer in einem Unterordnungsverhältnis zu seinem Arbeitgeber befindet. Genau diese Umstände sind jedoch bei einer eingetragenen Lebenspartnerschaft nicht gegeben. Dort befinden sich die beteiligten Partner in

---

271 Siehe beispielsweise das Entgeltfortzahlungsgesetz, Bundesurlaubsgesetz, Gesetz zur Verbesserung der betrieblichen Altersversorgung.

272 Zöllner/Loritz, § 11 II 7 c.

273 Wiedemann, S. 15.

einer Form des Zusammenlebens, die beide gleichmäßig verpflichtet und berechtigt. Ein Unterordnungsverhältnis besteht innerhalb dieses familienrechtlichen Instituts gerade nicht, vielmehr sind beide Partner gleichberechtigt. Bei einer Lebenspartnerschaft sind die Partner gerade nicht in ihrer wirtschaftlichen Betätigungsfreiheit derart auf den Partner ausgerichtet, dass ihnen eine anderweitige wirtschaftliche Freiheit nicht verbleibt. Es ist im Gegenteil davon auszugehen, dass eingetragene Lebenspartner ihre wirtschaftlichen Verhältnisse in Übereinstimmung festlegen und keineswegs einer der Beteiligten vollständig von einer Teilnahme am freien Marktgeschehen ausgeschlossen ist.

Es darf außerdem nicht übersehen werden, dass das arbeitsrechtliche Schutzprinzip als Äquivalent für den Erhalt der Arbeitsleistung und der Möglichkeit der Bestimmbarkeit des Einsatzes der Arbeitskraft dient. Es resultiert also erst aus der Möglichkeit, die Tätigkeit eines anderen bei Art und Umfang bestimmen zu können. Ausgerichtet ist das Handeln innerhalb eines Arbeitsverhältnisses also auf die Erzielung eines wirtschaftlichen Erfolgs. Allein deshalb wird ein Arbeitsvertrag geschlossen und das Schutzprinzip dient lediglich der Abminderung von Härten für den Arbeitnehmer für den Fall, dass der Arbeitsvertrag unwirksam ist. Für diesen Fall werden die Folgen eines anfänglich unwirksamen Arbeitsvertrags als für den Arbeitnehmer ungerecht angesehen[274]. Bei der Begründung einer eingetragenen Lebenspartnerschaft haben wirtschaftliche Erwägungen keine vorrangige Bedeutung. Vielmehr gehen die Beteiligten diese Art der Partnerschaft ein, um ihren höchstpersönlichen Bedürfnissen nachzugehen. Der eigentliche Grund des Schutzprinzips, die Ausrichtung auf wirtschaftlichen Erfolg unter Ausnutzung der Tätigkeit einer Person, kann also bei Lebenspartnern niemals eintreten. Mithin stellt das arbeitsrechtliche Schutzprinzip keinen Wertungsgrund dar, der auf unwirksame eingetragene Lebenspartnerschaften übertragen werden könnte.

Das entscheidende Argument, welches gegen eine Übertragung der Lehre vom faktischen Arbeitsverhältnis auf unwirksame Lebenspartnerschaften spricht, liegt jedoch in der Anerkennung des faktischen Vertragsverhältnisses als wirksame Rechtsbeziehung. Arbeitgeber und Arbeitnehmer stehen zueinander, als wenn der Arbeitsvertrag wirksam wäre. Sämtliche Rechtsfolgen, die ein Arbeitsvertrag auslöst, treten auch bei den Beteiligten eines bloß faktischen Arbeitsverhältnisses ein. Demgegenüber können bei unwirksamer Lebenspartnerschaft die Rechtsfolgen nach §§ 2 ff. LPartG gerade nicht eintreten, vielmehr ist die Lebenspartnerschaft bei einem Verstoß gegen § 1 LPartG von Anfang an unwirksam und dieser

274 So wird vorgetragen, der Sozialschutz des Arbeitnehmers könne durch das Bereicherungsrecht nicht angemessen berücksichtigt werden, MünchArb/Richardi, § 44, Rn. 58.

Mangel kann auch nicht geheilt werden[275]. So heißt es in § 1 Abs. 1 LPartG „ begründen eine Lebenspartnerschaft, *wenn* sie...; die Erklärungen *können nicht...*; die Erklärungen werden wirksam, *wenn...*" und in § 1 Abs. 2 „Eine Lebenspartnerschaft *kann nicht wirksam* begründet werden...". Der Wortlaut verdeutlicht, dass jeglicher Verstoß gegen § 1 LPartG zu einer unwirksamen Rechtsbeziehung führt. Bei einer Übertragung der Grundsätze von der Lehre des faktischen Arbeitsverhältnisses auf Lebenspartnerschaften würde die Beziehung dennoch als rechtswirksam betrachtet und damit die im Gesetz normierte Unwirksamkeit umgangen. Die Lehre vom faktischen Arbeitsverhältnis würde daher dem Regelungsgehalt des § 1 LPartG widersprechen und ist damit im Recht der eingetragenen Lebenspartnerschaften abzulehnen. Insoweit entspricht dieses Argument auch demjenigen, das auch gegen die Anwendbarkeit der Lehre von der fehlerhaften Gesellschaft vorgebracht wird.

#### *e) Ergebnis*

Hinsichtlich der Tatbestandsvoraussetzungen sind die Lehre von der fehlerhaften Gesellschaft und die Lehre vom faktischen Arbeitsverhältnis weitgehend identisch, allerdings zeigen sich erhebliche Unterschiede bei der dogmatischen Begründung.

Es hat sich gezeigt, dass keine der beiden Lehren für die Abwicklung einer unwirksamen Lebenspartnerschaft herangezogen werden kann. Beide Instrumente würden ausweislich der bisherigen Untersuchung bei ihrer Anwendung dazu führen, dass kein Unterschied zwischen einer wirksamen und einer unwirksamen Lebenspartnerschaft zu erkennen wäre, was dem ausdrücklichen Willen des Gesetzgebers sowie dem Wortlaut des LPartG widersprechen würde.

### *5. Zwischenergebnis*

Ein Instrument, welches abstrakt zur Rückabwicklung einer unwirksamen Lebenspartnerschaft geeignet erscheint, ist nicht vorhanden.

---

275 Battes, FuR 2002, 49, 54; Kaiser, FamRZ 2002, 866, 867; Wellenhofer-Klein, Rn. 86; v. Koppenfels-Spies, FPR 2003, 5, 6.

# 4. Kapitel: Einzelne Problemfelder der Rückabwicklung

## I. Allgemeines

Eine wirksame eingetragene Lebenspartnerschaft statuiert gegenseitige Rechte und Pflichten für die Beteiligten. Die einzelnen Rechtswirkungen der Begründung finden sich in den §§ 2 ff. LPartG[276]. Diese Folgen haben teils persönlichen, teils vermögensrechtlichen Charakter. Bei Unwirksamkeit der Lebenspartnerschaft können diese Rechtswirkungen nicht eintreten. Der Gesetzgeber verlangt für den Fall, dass die Unwirksamkeit – jedenfalls wegen eines Verstoßes gegen § 1 LPartG – erst nachträglich entdeckt wird, eine Rückabwicklung nach den „allgemeinen Regeln"[277]. Es wird jedoch nicht näher konkretisiert, was darunter zu verstehen ist. Gemäß der bisherigen Prüfung besteht keine allgemeingültige Abwicklungsmöglichkeit, um die aus dem Vollzug der Partnerschaft eventuell entstehenden Rückabwicklungsschwierigkeiten angemessen zu lösen. Daher sind die einzelnen Rechtswirkungen im Weiteren einzelfallbezogen zu betrachten. Dabei ist zu prüfen, welche Konsequenzen sich aus einer unwirksamen eingetragenen Lebenspartnerschaft für die Beteiligten jeweils ergeben und wie die auftretenden Probleme gelöst werden können, wenn die Partnerschaft vollzogen wurde.

### *1. Lebenspartnerschaftsname*

#### *a) Allgemeines*

Zu einem Namenswechsel kommt es im bürgerlichen Leben durch Änderung des Personenstandes sowie Namenswechsel durch behördlichen Akt. Im heutigen deutschen Namensrecht gilt der Grundsatz der Unabänderlichkeit des Namens, niemand darf seinen Namen eigenmächtig und willkürlich ändern. Namenserwerb, Namensführung und Namensänderung sind gesetzlich geregelt[278]. Bei einer unwirksamen Lebenspartnerschaft lag von Anfang an kein Anknüpfungspunkt für

276 BT-Drucks. 14/3751, S. 36.
277 BT-Drucks. 14/3751, S. 36.
278 Loos, S. 1.

das Eintreten der Rechtsfolge des § 3 LPartG und somit keine Möglichkeit der Namensbestimmung vor[279]. Gegebenenfalls haben die Lebenspartner aber einen Lebenspartnerschaftsnamen vereinbart oder andere namensrechtliche Veränderungen vorgenommen.

*b) Rückabwicklungsproblem „Lebenspartnerschaftsname"*

Das Rückabwicklungsproblem besteht beim Lebenspartnerschaftsnamen also darin, dass ein Beteiligter einen Namen getragen hat, der ihm rechtlich nicht zustand. Dies könnte zur Folge haben, dass er im Rechtsverkehr unter „falschem" Namen gehandelt hat, wenngleich er sich für berechtigt hielt, diesen Namen zu führen. Sämtliche Vertragsabschlüsse, behördliche Handlungen wie beispielsweise Beantragung einer Baugenehmigung sowie prozessuale Handlungen hat der Beteiligte dann unter dem „Lebenspartnerschaftsnamen" vorgenommen. Ferner hat sich das soziale Umfeld einer Person an deren neuen Namen gewöhnt und assoziiert den vermeintlichen Lebenspartner eben nur mit diesem Namen. Darüber hinaus kann davon ausgegangen werden, dass auch bei dem Beteiligten selbst eine Bindung zu dem neuen Namen entsteht, denn der Name zählt auch mit zu der Persönlichkeit einer Person. Der Problemkreis des Lebenspartnerschaftsnamens umfasst damit nicht nur ein rechtliches, sondern auch tatsächliches Handeln des Beteiligten, der einen „Lebenspartnerschaftsnamen" getragen hat.

Eine direkte Anwendung des § 3 Abs. 3 LPartG, wonach ein Lebenspartner den Lebenspartnerschaftsnamen nach Beendigung der Lebenspartnerschaft behalten darf, auf diese Fälle würde den Umstand der Unwirksamkeit nicht hinreichend berücksichtigen, da dann kein Unterschied zu erkennen wäre zwischen einer wirksamen und unwirksamen Lebenspartnerschaft. Der Lebenspartnerschaftsname müsste vielmehr rückwirkend entfallen.

Möglicherweise kommt aber eine analoge Anwendung des § 3 LPartG in Betracht. Einzelne lebenspartnerschaftliche Vorschriften auf unwirksame Lebenspartnerschaften anzuwenden ist weder aus verfassungsrechtlichen noch aus methodischen Gründen grundsätzlich ausgeschlossen[280]. Entscheidend kommt es darauf an, ob die konkrete lebenspartnerschaftliche Norm an die Lebenspartnerschaft im Sinne einer umfassenden, auf Lebenszeit angelegten Rechts- und Pflichtengemeinschaft anknüpft oder nur die Konsequenzen aus der für Lebenspartnerschaften zwar charakteristischen jedoch nicht auf Lebenspartnerschaften

---

279 Vgl. v. Koppenfels-Spies, FPR 2003, 5, 6; Kaiser, FamRZ 2002, 866, 867.

280 Für die nichteheliche Lebensgemeinschaft wird eine analoge Anwendung von Eherechtsnormen in engen Grenzen eben aus diesem Grund befürwortet von Wacke, in: MünchKommBGB, § 1302, Rn. 12; Hausmann/Hohloch, S. 235, m.w.N.

beschränkten besonderen persönlichen Verbundenheit in einer Lebensgemeinschaft zieht[281]. Nur im zweiten Fall kann eine analoge Anwendung von Normen erfolgen, da die Rechtsfolge dann nicht an die Statusbeziehung, sondern an tatsächliche Umstände anknüpft. Die namensrechtliche Regelung des § 3 LPartG knüpft nicht nur an die tatsächliche gemeinsame Lebensgestaltung der Beteiligten an, sondern ist Ausfluss des Status als Lebenspartner. Die Möglichkeit, einen Lebenspartnerschaftsnamen zu bestimmen, tritt unmittelbar mit Begründung einer Lebenspartnerschaft ein und fordert keinen weiteren Tatbestand, da es sich um eine reine Statuswirkung handelt. Insoweit ist die Möglichkeit der Namensbestimmung unabhängig von den faktischen Verhältnissen und eine Analogie kommt deshalb nicht in Betracht.

Möglicherweise ist eine gesetzliche Regelung für den geführten „Lebenspartnerschaftsnamen“ jedoch gar nicht erforderlich. Bei dem im Rechtsverkehr geführten Namen handelt es sich um ein Faktum, das bereits aus rein tatsächlichen Gründen nicht rückabgewickelt werden kann[282]. Das Tragen des Namens des Partners stellt kein rückabwicklungsbedürftiges Problem dar, da zwischen den Partnern durch den Lebenspartnerschaftsnamen keinerlei Rechtswirkungen ausgelöst werden. So beinhaltet ein fremder Name keinerlei wirtschaftlichen oder vermögensrechtlichen Vorteil, den die Beteiligten untereinander abwickeln müssten. Auch eine eventuell eingetretene Veränderung in der Persönlichkeit aufgrund eines neuen Namens ist einer Rückabwicklung unzugänglich.

Daraus ergibt sich, dass der Lebenspartnerschaftsname nur mit Wirkung für die Zukunft entfallen kann, wenngleich die Unwirksamkeit der Namensbestimmung mit Wirkung ex tunc anzunehmen ist[283]. Als Folgeproblem müssten sämtliche amtlichen Dokumente geändert werden, die den vormaligen Lebenspartnerschaftsnamen beinhalteten wie etwa Personalausweis und Führerschein.

### c) *Feststellung des tatsächlichen Namens*

Es ist allerdings fraglich, wie die Unwirksamkeit des Namens festgestellt werden kann. Sobald die Lebenspartner Kenntnis von der Unwirksamkeit ihrer Rechtsbeziehung haben, dürfen sie daraus keine Rechtsfolgen mehr ableiten. Der Lebenspartnerschaftsname darf dann nicht mehr geführt werden[284]. Unproblematisch können die Lebenspartner dies feststellen, wenn ihnen ein Verstoß gegen die Begründungsnorm § 1 LPartG positiv bekannt war oder sie die Lebenspartnerschaft

281 So Hausmann/Hohloch, S. 235 für den Vergleich zwischen Ehe und nichtehelicher Lebensgemeinschaft.
282 Wellenhofer-Klein, Rn. 123.
283 Muscheler, Rn. 396; Wacke, in: MünchKommBGB, § 3 LPartG, Rn. 3.
284 Muscheler, Rn. 396.

vor dem 01.01.2005 angefochten haben. Schwieriger stellt sich die Situation dar, wenn die Partner in dem guten Glauben einer rechtswirksamen Lebenspartnerschaft gelebt haben und die Rechtsunwirksamkeit nicht zu beurteilen vermögen. In diesem Fall müssen die Beteiligten eine zivilrechtliche Feststellungsklage erheben. Eine öffentlich-rechtliche Namensfeststellung nach § 8 NamÄndG kommt nicht in Betracht[285]. Nach Abschluss des gerichtlichen Verfahrens besteht sowohl für die Beteiligten als auch für den Rechtsverkehr Klarheit hinsichtlich des Lebenspartnerschaftsnamens. Dann müssen die Beteiligten den geänderten Namen in behördlichen Unterlagen wieder umschreiben lassen, damit diese mit der tatsächlichen Rechtslage übereinstimmen. Fraglich ist in diesem Zusammenhang, welche Nachweise die jeweilige Behörde verlangen wird, um eine Namensänderung vorzunehmen. Nach dem Vorgenannten dürfte es insoweit ausreichen, wenn der die Namensänderung begehrende Beteiligte einen Verstoß gegen § 1 LPartG während der Begründung oder eine später erfolgte Anfechtung nachweisen kann, indem die Umstände der Unwirksamkeit dargelegt und glaubhaft gemacht werden. Insoweit könnte auf die Abgabe einer eidesstattlichen Versicherung zurückgegriffen werden in entsprechender Anwendung des § 5 Abs. 3 PStG. Sofern die Beteiligten eine Feststellungsklage erhoben haben, würde das rechtskräftige Urteil zum Nachweis, dass ein Lebenspartnerschaftsname nicht wirksam vereinbart wurde, genügen.

*d) Lebenspartnerschaftsname und Kinder*

Problematisch stellt sich die Situation dar, wenn Kinder in der Lebenspartnerschaft vorhanden sind. Diese können entweder von einem sorgeberechtigten Lebenspartner in die Rechtsbeziehung eingebracht oder von einem Lebenspartner adoptiert werden. Ferner ist denkbar, dass bei einer Lebenspartnerschaft zwischen zwei Frauen durch heterosexuellen Kontakt oder künstliche Befruchtung ein Kind in die Rechtbeziehung eingebracht wird. Nach der Novelle des LPartG besteht nunmehr die Möglichkeit, gemäß § 9 Abs. 5 LPartG eine Einbenennung

---

285 So liegen Zweifel an dem richtigen Namen i.S.d. § 8 NamÄndG vor, wenn zwischen den Beteiligten lediglich unterschiedliche Auffassungen über die Anwendung einer bekannten Rechtsnorm besteht, während die zur Namensermittlung erforderlichen Tatsachen unumstritten feststehen oder durch Beweiserhebung ermittelt werden können. § 8 NamÄndG ist daher nicht anzuwenden, wenn lediglich Zweifel am Eintritt eines den Personenstand ändernden Ereignisses bestehen, an das sich von Gesetzes wegen eine bestimmte Namensfolge knüpft, vgl. Loos, S. 138. So liegt der Fall hier, denn bei Zweifeln über die Rechtmäßigkeit des Lebenspartnerschaftsnamens besteht keine Unklarheit über die Tatsachen, sondern die Beteiligten sind sich über die rechtlichen Auswirkungen ihres möglicherweise unwirksamen Begründungsaktes im Ungewissen. Die Probleme liegen hier auf der Rechtsanwendungsebene.

durchzuführen, um Namensgleichheit in der Familie herzustellen. Dadurch stellt sich die Frage, wie sich eine durchgeführte Einbenennung im Falle einer unwirksamen Lebenspartnerschaft auf den Kindesnamen auswirkt. § 9 Abs. 5 LPartG beruht auf der Annahme, dass der sorgeberechtigte Elternteil und dessen Lebenspartner eine wirksame Rechtsbeziehung führen. Dies ergibt sich aus dem Wortlaut des § 9 Abs. 5 LPartG und dem Sinn und Zweck der Vorschrift, da Namensgleichheit in der Stieffamilie herrschen soll[286]. Eine Stieffamilie im Rechtssinne existiert für das Kind jedoch ausschließlich bei wirksamer Lebenspartnerschaft. Diese besteht im vorliegenden Fall gerade nicht. Folglich fehlte ein Rechtsgrund für die Einbenennung. Als Konsequenz daraus verliert auch das Kind rückwirkend den Lebenspartnerschaftsnamen[287]. Auf die Regelungen des NamÄndG und die dadurch ermöglichten nachträglichen Namensänderungen kommt es vorliegend nicht an, da es bereits an einer wirksamen Einbenennung mangelt. Auch die in einer unwirksamen Lebenspartnerschaft lebenden Kinder tragen daher ab dem Zeitpunkt, in dem die Unwirksamkeit bekannt wird, wieder ihren vormaligen Namen.

#### *e) Ergebnis*

Im Namensrecht entstehen durch die Unwirksamkeit einer Lebenspartnerschaft keine Rückabwicklungsschwierigkeiten. Das tatsächliche Tragen eines anderen Namens kann nicht rückabgewickelt werden.

### *2. Haftungsmaßstab*

#### *a) Allgemeines*

Ein Rückabwicklungsproblem mag das Haftungsprivileg aus § 4 LPartG im Falle anfänglicher Unwirksamkeit der Lebenspartnerschaft darstellen. Es fehlen dann grundsätzlich die rechtlichen Voraussetzungen für ein Eingreifen des Haftungsprivilegs aus § 4 LPartG, so dass sich die vermeintlichen Lebenspartner für die gegenseitig erfolgten Schädigungen auf Schadensersatz in Anspruch nehmen könnten.

Das Haftungsprivileg hat seine besondere Bedeutung darin, dass aufgrund des typischerweise engen räumlichen Zusammenlebens die Wahrscheinlichkeit der gegenseitigen Beschädigung oder Zerstörung von Rechtsgüter des Partners groß

---

286 Wellenhofer-Klein, NJW 2005, 705, 706.
287 Muscheler, Rn. 396.

ist. So kann beispielsweise ein vermeintlicher Lebenspartner beim Aufstellen eines neuen Großbildschirmfernsehers aus Unachtsamkeit eine kostbare Vase, die sein Partner erst kürzlich ersteigert und nun auf einem Regal platziert hatte, umstoßen und dadurch zerstören. Außerdem ist denkbar, dass die vermeintlichen Lebenspartner gemeinsam eine Schrankwand aufbauen und ein Beteiligter so ungeschickt mit einem Regal hantiert, dass er dieses seinem Partner auf den Kopf fallen lässt, wodurch dieser eine Gehirnerschütterung erleidet. In diesen Fällen stünden dem Geschädigten Schadensersatz- und Schmerzensgeldansprüche zu, wenn es sich dabei um gewöhnliche Zwei-Personen-Verhältnisse handelte. Bei wirksamer Lebenspartnerschaft wäre eine Inanspruchnahme wegen § 4 LPartG i.V.m. § 277 BGB ausgeschlossen. Aufgrund der Unwirksamkeit der eingetragenen Lebenspartnerschaft könnten diese Haftungsverhältnisse allerdings ein Rückabwicklungsproblem darstellen. Es ist zu fragen, inwieweit sich Schädiger und Verletzter in Anspruch nehmen können.

*b) Analoge Anwendung des § 4 LPartG*

Die grundsätzliche Möglichkeit einer jederzeit durchführbaren Inanspruchnahme des schädigenden Partners darf nicht darüber hinweg täuschen, dass es sich bei der vermeintlichen Lebenspartnerschaft zugleich um eine enge, personale Beziehung handelt, die durch ein hohes Maß an persönlicher Rücksichtnahme und Verantwortung gekennzeichnet ist. Die Beteiligten gehen also – wenn auch fälschlicherweise – davon aus, dass sie in einer Schicksals- und Risikogemeinschaft leben, in der nicht jede Kleinigkeit gegeneinander geltend gemacht werden soll[288]. Auch wenn durch eine fehlerhafte Begründung keine wirksame eingetragene Lebenspartnerschaft entstehen konnte oder eine zunächst wirksame Lebenspartnerschaft später rückwirkend angefochten wird und somit keine in § 2 LPartG normierte Verantwortungs- und Fürsorgegemeinschaft entstanden ist[289], könnte es dennoch unangemessen sein, das tatsächliche Verhalten der Lebenspartner und die Sachlage der gelebten Partnerschaft gänzlich unberücksichtigt zu lassen. Die tatsächlichen Umstände sind insoweit vergleichbar mit einer nichtehelichen Lebensgemeinschaft. Letztere ist ebenfalls geprägt durch eine enge persönliche Verbundenheit der Partner zueinander, ohne jedoch den Regelungen der Ehe zu

288 Wellenhofer-Klein, Rn. 164, nennt diese Motive für eine wirksame eingetragene Lebenspartnerschaft. Aber auch die Beteiligten einer unwirksamen Lebenspartnerschaft gehen von einer rechtswirksamen Beziehung aus und werden sich demzufolge an das Gebot der gegenseitigen Rücksichtnahme und Fürsorge halten, was auch einen Verzicht auf eine jederzeitige Geltendmachung eines Schadensersatzanspruchs beinhaltet.

289 Rauscher, Rn. 747; Wellenhofer-Klein, Rn. 81; v. Koppenfels-Spies, FPR 2003, 5, 6.

unterfallen. So wird bei nichtehelichen Lebensgemeinschaften eine Haftungsbegrenzung analog § 1359 BGB auf Vorsatz und grobe Fahrlässigkeit angenommen[290]. Es erscheint daher zumindest denkbar, das Haftungsprivileg des § 4 LPartG analog auf unwirksame eingetragene Lebenspartnerschaften anzuwenden[291].

Dafür ist zu fragen, ob die Norm an den Status der Lebenspartnerschaft anknüpft und damit nicht analogiefähig ist oder ob es sich um eine Regelung handelt, die bloß dem tatsächlichen Zusammenleben innerhalb der Lebenspartnerschaft gerecht werden soll. § 4 LPartG knüpft nicht unmittelbar an den rechtlichen Status als Lebenspartner an, sondern trägt dem Umstand Rechnung, dass die Partner typischerweise in einem engen räumlichen Verhältnis leben und deshalb die Gefahr größer ist, Rechtsgüter des anderen zu verletzen. Eine Analogie ist daher grundsätzlich denkbar.

Jedoch müssten die Voraussetzungen für eine analoge Anwendung überhaupt gegeben sein[292]. Zwischen einer wirksamen und einer unwirksamen eingetragenen Lebenspartnerschaft besteht eine gleichartige Interessenlage hinsichtlich der Haftungsvoraussetzungen. Die daran Beteiligten haben auch ein Interesse daran, ihre eigene Haftung möglichst weitreichend und für den anderen Partner noch zumutbar einzuschränken. Dies kann durch eine Haftungsprivilegierung auf grobe Fahrlässigkeit und Vorsatz erreicht werden. Ferner besteht bei beiden Formen der Lebensgestaltung keine rechtliche Verbindung zwischen den Partnern. Somit scheint eine Übertragung des Haftungsprivilegs des § 4 LPartG auf unwirksame Lebenspartnerschaften ebenso denkbar wie eine Übertragung des ehelichen Haftungsprivilegs des § 1359 BGB auf nichteheliche Lebensgemeinschaften. Fraglich ist jedoch, ob auch eine planwidrige Regelungslücke als zweite Voraussetzung einer Analogie gegeben ist. Der Gesetzgeber müsste also, wenn er den Fall einer unwirksamen eingetragenen Lebenspartnerschaft bedacht hätte, eine Regelung für diesen Fall getroffen haben. Das Schweigen des Gesetzes darf also nicht gewollt sein, sondern muss auf einem Übersehen dieses regelungsbedürftigen Komplexes beruhen.

---

290 Palandt/Brudermüller, Einl. § 1297, Rn. 25, m.w.N.

291 Muscheler, Rn. 239; Wacke, in: MünchKommBGB, § 4 LPartG, Rn. 1.

292 Wacke, in: MünchKommBGB, § 4 LPartG, Rn. 1, befürwortet eine analoge Anwendung des § 4 LPartG auch auf nicht registrierte Lebenspartnerschaften. Bei diesem Privileg handele es sich um ein in § 277 BGB zum Ausdruck kommendes Prinzip der Haftungserleichterung für persönliche Gemeinschaftsverhältnisse. Wacke zieht daraus den Schluss, dass auch nicht registrierte Partner sich darauf berufen können. Insoweit würde es also keinen Unterschied machen, ob die Beteiligten von vornherein keine Lebenspartnerschaft eingehen wollten oder eine zunächst eingegangene Lebenspartnerschaft sich als rückwirkend unwirksam darstellt.

Das Schweigen des Gesetzgebers an dieser Stelle ist ambivalent. Zwar hat er im LPartG für den Fall der Unwirksamkeit keine Regelung getroffen und es könnte daraus geschlossen werden, dass es eben kein Haftungsprivileg geben soll. Indes hat der Gesetzgeber auch keine gesetzliche Regelung für nichteheliche Lebensgemeinschaften getroffen, obgleich diese Form des menschlichen Zusammenlebens seit langer Zeit bekannt und gesellschaftlich akzeptiert ist. Und auch die analoge Anwendung des § 1359 BGB auf nichteheliche Lebensgemeinschaften ist allgemein anerkannt.

Wenn es schon bei der nichtehelichen Lebensgemeinschaft eine entsprechende Anwendung des ehelichen Haftungsprivilegs gibt, dann muss es erst recht eine Anwendung des lebenspartnerschaftlichen Haftungsprivilegs auf unwirksame Lebenspartnerschaften geben. Hierfür spricht, dass sich die Beteiligten einer unwirksamen Lebenspartnerschaft im Gegensatz zu den Partnern einer nichtehelichen Lebensgemeinschaft gesetzlichen Regelungen unterstellen und ihr Zusammenleben rechtlich absichern wollten. Wenn man nun den unwirksamen Lebenspartnerschaften den Rückgriff auf das Haftungsprivileg versagte, würde dies zu dem paradoxen Ergebnis führen, dass zwar nichteheliche Lebensgemeinschaften ein eherechtliches Haftungsprivileg beanspruchen könnten, nicht jedoch unwirksame Lebenspartnerschaften, die eine rechtliche Anerkennung ihrer Beziehung gewünscht haben und eine Rechtsbeziehung anstrebten, die mit der Ehe vielfach vergleichbar ist. Sie würden dann weniger Schutz genießen. Dies wäre unverständlich vor dem Hintergrund, dass der Gesetzgeber mit der Novelle des LPartG eine weitgehende Angleichung der Lebenspartnerschaft an die Ehe vorgenommen hat und damit deutlich geworden ist, dass auch das gleichgeschlechtliche Zusammenleben als schützenswert einzustufen ist.

#### *c) Ergebnis*

Im Fall der Unwirksamkeit kommt eine analoge Anwendung des § 4 LPartG in Betracht. Dadurch genießen auch die Beteiligten einer rechtsunwirksamen Lebenspartnerschaft dieses Haftungsprivileg, Rückabwicklungsschwierigkeiten entstehen mithin nicht.

### *3. Lebenspartnerschaftsunterhalt*

#### *a) Allgemeines*

Es stellt sich bei der unwirksamen Lebenspartnerschaft die Frage, wie bereits erbrachte Leistungen, die als Unterhalt zur Aufrechterhaltung der Partnerschaft gedacht waren, zu behandeln sind. Derartige Leistungen lassen sich grundsätzlich unterteilen in finanzielle Leistungen einerseits und Dienstleistungen wie beispielsweise die Führung des Haushalts andererseits[293]. Dies ergibt sich aus der Verweisung in § 5 Satz 2 LPartG auf § 1360 Satz 2 BGB. Es kann zwischen den Partnern vereinbart werden, dass die Lebenspartner die Unterhaltsleistungen zu der Partnerschaft in der Weise erbringen, dass ein Teil erwerbstätig ist und der andere den Haushalt führt. In einer Doppelverdienerpartnerschaft obliegt es beiden Partnern, gleichermaßen zum Partnerschaftsunterhalt beizutragen und die Haushaltsführung zu erledigen[294]. Dieser Typus der Lebenspartnerschaft war vom Gesetzgeber wohl als Regelfall eingestuft worden, da in einer Lebenspartnerschaft meist beide Partner einer Erwerbstätigkeit nachgehen können[295]. Hingegen ist in einer Zuverdienerpartnerschaft lediglich ein Partner voll berufstätig, während der andere den Haushalt führt und noch eine Teilzeitbeschäftigung ausübt. Zuletzt ist als gemeinsame Gestaltungsmöglichkeit der Lebensgemeinschaft hinsichtlich der Unterhaltsleistungen die Alleinverdienerpartnerschaft denkbar. Diese ist dadurch gekennzeichnet, dass ein Lebenspartner erwerbstätig ist und den gesamten finanziellen Bedarf der Partner deckt, während der andere ausschließlich zur Haushaltsführung tätig ist.

Die Art und Weise der Unterhaltsleistung ist vielfältig und eine nähere Ausgestaltung obliegt den Partnern. Zu den einzelnen Unterhaltsleistungen zählen zunächst die Kosten einer angemessenen Haushaltsführung. Dies sind im Einzelnen die Aufwendungen für den Wohnraum, Anschaffung und Erhaltung der Wohnungseinrichtung, Nahrung, Kleidung, Kosten für Hausangestellte und Heizung[296]. Unter Umständen fallen darunter auch Luxusartikel, wenn dies dem Lebensstandard entspricht[297]. Außerdem umfassen die Unterhaltsleistungen auch die Kosten für individuelle, persönliche Bedürfnisse. So fallen darunter die Teilnahme am politischen, kulturellen und religiösen Leben, sowie eine Aus- und Weiterbildung in beruflicher Hinsicht. Auch die Haushaltsführung ist Unterhaltsleistung, dies ergibt sich nunmehr aus dem Verweis in § 5 Satz 2 auf § 1360 Satz 2 BGB. Ferner sind die Ausgaben zur Pflege von Liebhabereien in angemesse-

---

293 Es ist jedoch zu berücksichtigen, dass die Lebenspartner gemäß § 2 LPartG nicht zur Führung eines gemeinsamen Haushalts verpflichtet sind. Bei zwei Haushalten ist dann davon auszugehen, dass jeder Partner seinen eigenen führt.

294 Hk-LPartG/Kemper, § 5, Rn. 9.

295 Büttner, FamRZ 2001, 1105, 1106.

296 Vgl. dazu Wacke, in: MünchKommBGB, § 1360 a BGB, Rn. 1 ff; Palandt/Brudermüller, § 1360 a, Rn. 2 ff. Die dortigen Regelungen beziehen sich zwar auf den Ehegattenunterhalt, jedoch sind diese Vorschriften gemäß § 5 Satz 2 LPartG entsprechend heranzuziehen, so dass die für Ehepartner geltenden Unterhaltsleistungen und solche der Lebenspartner identisch sind.

297 Hk-LPartG/Kemper, § 5, Rn. 18.

nem Umfang als Unterhalt anzusehen[298]. Eine ärztliche Behandlung, wenn sie medizinisch indiziert ist, kann ebenso vom Unterhaltsanspruch umfasst sein[299]. Ein Taschengeldanspruch kann von dem Lebenspartner beansprucht werden, der über kein oder lediglich ein geringes Einkommen verfügt[300]. Im Eherecht wird dabei ein Anspruch in Höhe von 5-7 % des Nettoeinkommens des Unterhaltspflichtigen als Taschengeld angenommen[301]. Dieses steht dem Berechtigten zur freien Verfügung zu[302]. Außerdem kommt als Unterhaltsleistung ein Prozesskostenvorschuss in Betracht. Dieser ist zu gewähren bei Rechtsstreitigkeiten, die die persönlichen Angelegenheiten betreffen sowie für die Verteidigung in einem gegen den Lebenspartner gerichteten Strafverfahren[303]. Die Gesamtheit der Unterhaltsleistungen verfolgt dabei den Zweck, die Lebenspartnerschaft aufrechtzuerhalten und dem Anliegen des § 2 LPartG nach gegenseitiger Fürsorge und Unterstützung nachzukommen.

In einer unwirksamen Lebenspartnerschaft hätten sich die Beteiligten Unterhaltsleistungen nicht erbringen müssen. Rückabwicklungsprobleme könnten dann gemäß der oben beispielhaft aufgezählten Unterhaltsleistungen zunächst aus gezahltem Geld resultieren, durch welches der Lebensstandard sowie die Bedürfnisse des täglichen Lebens gesichert werden sollten. Ferner könnten Rückabwicklungsprobleme entstehen durch tatsächliches Handeln, wie beispielsweise die Führung des Haushalts sowie Mitarbeit im Unternehmen des Partners.

*b) Beiträge zum laufenden Lebensunterhalt*

Zunächst ist ein Blick auf die Unterhaltsleistungen zu werfen, die der Aufrechterhaltung der unwirksamen Lebenspartnerschaft von Tag zu Tag gedient, sich mithin in der Erfüllung laufender Unterhaltsbedürfnisse erschöpft haben. Hiervon sind insbesondere Dienstleistungen im Haushalt wie Haushaltsführung sowie finanzielle oder gegenständliche Unterhaltsbeiträge wie die Zahlung von Kostgeld, Miete oder das Wohnenlassen des Partners im eigenen Hause umfasst.

*aa) Ausgleich im Eherecht*

Im Eherecht wird für laufende Unterhaltsbeiträge kein Ausgleichsanspruch gewährt. Dies folgt unmittelbar aus § 1360 b BGB. Danach ist für den Fall, dass ein

298 BGH NJW 1983, 1113.
299 Vgl. dazu. Hk-LPartG/Kemper, § 5, Rn. 19.
300 Wellenhofer-Klein, Rn. 129; Büttner, FamRZ 2001, 1105, 1106.
301 BGH FamRZ 1998, 609.
302 Palandt/Brudermüller, § 1360 a, Rn. 4.
303 Hk-LPartG/Kemper, § 5, Rn. 22.

Ehegatte zum Unterhalt der Familie einen höheren Beitrag leistet als ihm obliegt, im Zweifel davon auszugehen, dass ein Ersatz hierfür nicht beabsichtigt ist. Die Norm umfasst damit Leistungen, die das geschuldete Unterhaltsmaß übersteigen, aber sich noch als Beitrag zum Familienunterhalt darstellen. Wenn schon überobligatorische Leistungen nicht ausgeglichen werden, dann muss dies erst recht für gewöhnliche laufende Leistungen zum Unterhalt gelten. Der Zweck der Regelung besteht darin, den Ehefrieden zu erhalten. Dieser könnte nachhaltig erschüttert werden, wenn ein Ehegatte innerhalb der Beziehung Ausgleich für Unterhaltsbeiträge verlangte. Bei freiwilliger Mehrleistung entspreche der Erstattungsverzicht der Lebenserfahrung[304]. Eine Erstattung kommt mithin nicht in Betracht.

*bb) Kein Ausgleich bei nichtehelichen Lebensgemeinschaften*

Bei nichtehelichen Lebensgemeinschaften wird ein Ausgleichsanspruch für laufende Leistungen zum Unterhalt ebenfalls versagt. Es gilt hier der Grundsatz der Nichtausgleichung[305]. Danach stehen bei einer nichtehelichen Lebensgemeinschaft die persönlichen Beziehungen derart im Vordergrund, dass sie auch das die Gemeinschaft betreffende vermögensmäßige Handeln der Partner bestimmen und daher nicht nur in persönlicher, sondern auch in wirtschaftlicher Hinsicht keine Rechtsgemeinschaft besteht. Der Grund für die Nichtausgleichung ist, dass die Leistungen ihren primären Unterhaltszweck in vollem Umfang erreicht haben und deshalb nicht rückwirkend als zwecklos erachtet werden können. Die Partnerschaft wurde schließlich durch die erbrachten Unterhaltsleistungen aufrechterhalten. Dabei ist unerheblich, ob die Unterhaltsbeiträge objektiv gleichwertig waren oder nicht. So lässt sich im Nachhinein kaum feststellen, welcher Partner in welchem Umfang zum gemeinsamen Unterhalt beigetragen hat und welche objektiven Kriterien den Wert des jeweiligen Beitrages bestimmen können. Selbst wenn es zu Mehrleistungen des einen oder anderen Partners gekommen sein sollte, wurde der bezweckte Erfolg erreicht, denn die wirtschaftliche Grundlage für die Verwirklichung der personalen Beziehung wurde geschaffen und erhalten. Es ist dann unerheblich, ob die laufenden Leistungen aus Barmitteln oder mit Kredi-

---

304 Palandt/Brudermüller, § 1360 b, Rn. 2.

305 Für die nichteheliche Lebensgemeinschaft entspricht dieser Grundsatz der herrschenden Meinung, vgl. BGH FamRZ 2005, 1151, 1152; FamRZ 2004, 94; FuR 2001, 366; FamRZ 1996, 1473; OLG Frankfurt/M. NJW 1971, 470; OLG München FamRZ 1980, 239; OLG Düsseldorf FamRZ 1981, 770; OLG Frankfurt/M. FamRZ 1981, 253; OLG Karlsruhe NJW 1994, 948; OLG Hamm 2003, 530; Schlüter/Belling, FamRZ 1986, 405, 405; Wacke, in: MünchKommBGB, nach § 1302, Rn. 49 f; Hausmann/Hohloch, S. 233.

ten finanziert wurden[306]. Unterhaltsleistungen werden bei nichtehelichen Lebensgemeinschaften nicht ausgeglichen.

*cc) Ausgleich bei unwirksamer Lebenspartnerschaft*

Es stellt sich nunmehr die Frage, wie erbrachte Unterhaltsleistungen zwischen den Beteiligten einer unwirksamen Lebenspartnerschaft zu behandeln sind. Eine direkte Anwendung des § 1360 b BGB durch die Verweisung in § 5 Satz 2 LPartG kommt nicht in Betracht, denn § 5 Satz 2 LPartG gilt ausschließlich bei wirksamen Lebenspartnerschaften. Dies ergibt sich sowohl aus dem Wortlaut des § 5 LPartG als auch aus dem Sinnzusammenhang, denn gesetzliche Unterhaltspflichten bestehen nur bei wirksamen Rechtsbeziehungen und mithin können auch die damit zusammenhängenden Vorschriften nur bei Rechtswirksamkeit eingreifen.

Möglicherweise kommt jedoch eine entsprechende Anwendung des § 1360 b BGB auf unwirksame Lebenspartnerschaften in Betracht. Einzelne lebenspartnerschaftliche Vorschriften auf unwirksame Lebenspartnerschaften anzuwenden, ist weder aus verfassungsrechtlichen noch aus methodischen Gründen grundsätzlich ausgeschlossen[307]. Entscheidend kommt es darauf an, ob § 5 LPartG an die Lebenspartnerschaft im Sinne einer umfassenden, auf Lebenszeit angelegten Rechts- und Pflichtengemeinschaft anknüpft oder nur die Konsequenzen aus der für Lebenspartnerschaften zwar charakteristischen jedoch nicht auf Lebenspartnerschaften beschränkten besonderen persönlichen Verbundenheit in einer Lebensgemeinschaft zieht[308]. Nur im zweiten Fall kann eine analoge Anwendung von Normen erfolgen, da die Rechtsfolge dann nicht an die Statusbeziehung, sondern an tatsächliche Umstände anknüpft. Die Unterhaltsregelungen im Eherecht sowie im Recht der eingetragenen Lebenspartnerschaften sind eine spezielle Ausformung dieser statusrechtlichen Beziehungen. Lediglich diese beiden Institute sollen in den Genuss der genannten Regelungen kommen, unabhängig von den tatsächlichen Umständen[309]. Die Unterhaltsregelungen des Eherechts und der §§ 5 ff. LPartG greifen ein, sobald das Statusverhältnis begründet ist, weitere

306 LG Essen, NJW-RR 1990, 837; Staudinger/Strätz, Anh. zu § 1297 BGB, Rn. 93.

307 Für die nichteheliche Lebensgemeinschaft wird eine analoge Anwendung von Eherechtsnormen in engen Grenzen eben aus diesem Grund befürwortet von Wacke, in: MünchKommBGB, § 1302, Rn. 12; Hausmann/Hohloch, S. 235, m.w.N.

308 So Hausmann/Hohloch, S. 235 für den Vergleich zwischen Ehe und nichtehelicher Lebensgemeinschaft.

309 Bei nichtehelichen Lebensgemeinschaften kommt die Anwendung eherechtlicher Unterhaltsbestimmungen weder direkt noch analog in Betracht, vgl. nur Palandt/Brudermüller, Einl. v. § 1297, Rn. 19.

Umstände sind hierfür nicht erforderlich. Sofern jedoch kein wirksames Statusverhältnis vorliegt, können die genannten Bestimmungen keine Anwendung finden, auch wenn eine besondere persönliche Verbundenheit bestehen mag. Eine Vermögensabwicklung nach Beendigung der Beziehung über die Unterhaltsregeln ist den Instituten Ehe sowie eingetragene Lebenspartnerschaft vorbehalten. Die entsprechende Anwendung des § 5 Satz 2 BGB mit dem Verweis auf § 1360 b Satz 2 BGB kommt demnach nicht in Betracht.

Ferner ist denkbar, den Grundsatz der Nichtausgleichung bei nichtehelichen Lebensgemeinschaften auf die Beteiligten einer unwirksamen Lebenspartnerschaft zu übertragen. Dies könnte hier jedoch deshalb unangemessen sein, weil die Beteiligten einer unwirksamen Lebenspartnerschaft ihre Rechtsbeziehung regelmäßig für wirksam halten[310]. Aus diesem Grunde stehen bei vermeintlichen Lebenspartnern nicht allein die persönlichen Beziehungen im Vordergrund wie bei nichtehelichen Lebensgemeinschaften, so dass auch das vermögensmäßige Handeln der Beteiligten nicht nur aufgrund der engen persönlichen Beziehung erfolgt. Vielmehr werden die Beteiligten auch von der gesetzlichen Unterhaltspflicht des § 5 LPartG ausgehen, wenn sie sich Unterhaltsleistungen erbringen. Insoweit fühlen sie sich durch das LPartG zu Leistungen gegenüber dem vermeintlichen Lebenspartner auch gesetzlich verpflichtet. Der entscheidende Unterschied zwischen Partnern nichtehelicher Lebensgemeinschaften und unwirksamen Lebenspartnerschaften besteht also darin, dass Letztgenannte auch eine Rechtsbeziehung zueinander begründen wollten.

Da jedoch tatsächlich kein Rechtsgrund für die Unterhaltsleistungen bestand, könnten die §§ 812 ff. BGB zum Ausgleich der erbrachten Leistungen angewandt werden. Hierbei ist zwischen den einzelnen Alternativen des § 812 BGB zu differenzieren. Soweit eine Kondiktion wegen Zweckverfehlung nach § 812 Abs. 1 Satz 2 Alt. 2 BGB bei der nichtehelichen Lebensgemeinschaft abgelehnt wird, da die Unterhaltsleistungen ihren Zweck, nämlich die Fortführung der Partnerschaft, erreicht haben, kann dieses Argument auf unwirksame Lebenspartnerschaften übertragen werden. Zwar obliegt die genaue Ausgestaltung der Unterhaltsbeiträge den Partnern, aber es ist davon auszugehen, dass stets beide Beteiligten einen irgendwie gearteten Beitrag zum Fortbestand ihrer vermeintlichen Lebenspartnerschaft erbracht haben. Denn beiden Partnern war an einer Aufrechterhaltung und Fortsetzung ihrer „Lebenspartnerschaft“ gelegen. Die jeweiligen Leistungen haben ihren Zweck, nämlich die Schaffung der gemeinsamen Lebensgrundlage, er-

310 Hiervon sind freilich die Fälle ausgenommen, in denen die Beteiligten Kenntnis der drohenden Unwirksamkeit haben, etwa weil sie eine Scheinlebenspartnerschaft eingegangen sind oder ihnen Unwirksamkeitsgründe nach § 1 LPartG bei Begründung ihrer Partnerschaft bekannt sind.

füllt. Insoweit kann im Rahmen der Abwicklung einer unwirksamen Lebenspartnerschaft eine Rückforderung von Leistungen nicht darauf gestützt werden, dass der Zweck der Leistung verfehlt worden sei.

Es könnte dennoch an einen bereicherungsrechtlichen Anspruch des Leistenden aus § 812 Abs. 1 BGB auf Ausgleich seiner Unterhaltsleistungen gedacht werden, da ein Rechtsgrund für jene Leistungen nach § 812 Abs. 1 Satz 1 BGB gefehlt haben oder – im Falle der Anfechtung einer wirksamen Lebenspartnerschaft – später weggefallen sein könnte nach § 812 Abs. 1 Satz 2 Alt. 1 BGB. Für einen bereicherungsrechtlichen Anspruch müsste zunächst eine Leistung vorgelegen haben. Darunter ist jede bewusste und zweckgerichtete Vermehrung fremden Vermögens zu verstehen[311]. Während der Zeit, in der die Lebenspartner übereinstimmend von dem Vorliegen einer rechtswirksamen Beziehung ausgingen, erfüllten sie die aus den §§ 5 ff. LPartG resultierenden Unterhaltspflichten und mehrten dadurch das Vermögen des Partners. Dies bedeutet, dass jeder Partner durch seine Arbeit und mit seinem Vermögen zum Unterhalt der Beziehung beitragen musste[312]. Die oben genannten Leistungen erfolgten bewusst und – neben dem persönlichen Moment auch – Zweck gerichtet, da die Partner damit ihren durch §§ 5 ff. LPartG vermeintlich auferlegten Verpflichtungen nachkommen wollten. Es handelt sich somit bei den im Rahmen einer unwirksamen Lebenspartnerschaft erbrachten Unterhaltsleistungen um Leistungen im Sinne des § 812 Abs. 1 Satz 1 BGB.

Ferner müsste der bereicherte Lebenspartner durch die Leistung des anderen etwas erlangt haben, das einen Vermögensvorteil darstellt. Hier kommen beispielsweise Rechtserwerb, Erlangung einer vorteilhaften Rechtsstellung, Befreiung von Verpflichtungen und Lasten in Betracht[313]. Ferner ist an vermögenswerte Leistung wie Geldzahlung für die Bedürfnisse des täglichen Lebens, die Einräumung von Mitbesitz[314] an der gemeinsamen Wohnung und an den Gegenständen des gemeinsamen Hausrats zu denken[315].

Weiterhin ist für einen Anspruch aus Bereicherungsrecht erforderlich, dass ein Mangel des rechtlichen Grundes für die Leistung vorliegt, da nur solche Leistungen rückgängig gemacht werden sollen, die fehlgeschlagen sind, was anhand des Leistungszwecks zu ermitteln ist[316]. Als der Leistung anhaftender Mangel kommt hier das Fehlen einer gültigen Lebenspartnerschaft in Betracht. Bei einem

---

311 BGHZ 40, 272, 277; 58, 184, 188.
312 Dethloff, NJW 2001, 2598, 2600.
313 Palandt/Sprau, § 812, Rn. 17.
314 Die bloße Nutzungsmöglichkeit hingegen ist nicht als eine erlangte Rechtsposition anzusehen.
315 Schwab, FamRZ 2001, 385, 391.
316 Brox/Walker, SBT, § 37 III.

Verstoß gegen § 1 LPartG während der Begründung vor der zuständigen Behörde liegt anfängliche Unwirksamkeit vor, so dass von Beginn an kein Rechtsgrund für die erbrachten Leistungen bestand[317]. Dies gilt auch bei später erfolgender rückwirkender Anfechtung einer wirksamen Lebenspartnerschaft. Die Tatbestandsvoraussetzungen des § 812 Abs. 1 Satz 1 BGB liegen also sowohl bei einem Begründungsmangel wegen Verstoßes gegen § 1 LPartG, als auch bei einer später erfolgten rückwirkenden Anfechtung vor.

Der Bereicherungsanspruch könnte allerdings ausgeschlossen sein gemäß § 814 Alt. 1 BGB, sofern der leistende Partner gewusst hat, dass er zur Leistung nicht verpflichtet war[318]. Die ratio dieser Vorschrift liegt in dem Verbot widersprüchlichen Verhaltens, da kein Leistender zurückverlangen kann, was er zuvor geleistet hat[319]. Dies wäre vorliegend der Fall bei Lebenspartnern, wenn sie in Kenntnis der Nichtschuld geleistet hätten. Voraussetzung hierfür ist, dass der Leistende positive Kenntnis der Nichtschuld hat[320], allerdings ist nicht ausreichend, wenn der Leistende lediglich Kenntnis der Tatsachen hat, aus denen sich die Nichtschuld ergibt[321]. Die laienhafte Wertung muss ergeben haben, dass eine Verpflichtung zur Leistung nicht bestand[322]. Der Empfänger muss also gemessen an der Überzeugung eines objektiv Denkenden aus den ihm bekannten Tatsachen den Schluss auf die Rechtsgrundlosigkeit ziehen. Irrtümer oder Zweifel des Leistenden an der Rechtslage schließen die Anwendung des § 814 BGB selbst dann aus, wenn der Irrtum verschuldet gewesen ist[323]. Sofern also die Beteiligten keine Kenntnis von der Unwirksamkeit ihrer Lebenspartnerschaft hatten und sich die Unterhaltsbeiträge im Vertrauen auf eine wirksame Rechtsbeziehung leisteten, kommt ein Kondiktionsausschluss nach § 814 Alt. 1 BGB nicht in Betracht.

Ein Ausschluss nach § 814 Alt. 2 BGB liegt ebenso nicht vor, denn einzig denkbare Fallgruppe ist hier die Unterhalts- und Unterstützungszahlung an verarmte Angehörige, denen gegenüber keine rechtliche Pflicht zur Unterhaltsleistung besteht, oder wenn Unterhalt gewährt wurde, der über die bestehende Pflicht

---

317 Erman/Kaiser, § 1 LPartG, Rn. 12; Wellenhofer-Klein, Rn. 86; Meyer/Mittelstädt, S. 35; v. Koppenfels-Spies, FPR 2003, 6; a.A. Battes, FuR 2002, 54; Muscheler, Rn. 207.

318 Der Ausschluss kommt freilich nur in Betracht, wenn man das Fehlen eines Rechtsgrundes von Anfang an annimmt. Sofern bei einer später erfolgenden Anfechtung die Lebenspartnerschaft bis zum Zeitpunkt der Anfechtung als wirksam angesehen wird, kann § 814 BGB keine Anwendung finden, vgl. Palandt/Sprau, § 814, Rn. 2.

319 BGHZ 73, 202, 205; Lieb, in: MünchKommBGB, § 814, Rn. 8.

320 Esser/Weyers, § 49 I 2; Palandt/Sprau, § 814, Rn. 3.

321 BGHZ 52, 39, 46.

322 Staudinger/Lorenz, § 814, Rn. 3.

323 RGZ 59, 351, 354; 122, 355, 358; Larenz/Canaris, SBT, § 68 III 1 b.

zum Unterhalt hinausgeht[324]. Dabei ist es jedoch Voraussetzung, dass das angenommene Verwandtschaftsverhältnis tatsächlich bestanden hat[325]. Aufgrund der Unwirksamkeit der Lebenspartnerschaft standen sich die Beteiligten bei den Leistungen jedoch gegenüber wie unbeteiligte Dritte. Diesen gegenüber besteht keine sittliche Pflicht zur Unterstützung[326]. Ein Kondiktionsausschluss wegen einer Pflicht- oder Anstandsleistung liegt nicht vor, so dass § 814 Alt. 2 BGB einer Rückforderung nicht entgegensteht.

Allerdings könnten die Ansprüche an § 818 Abs. 3 BGB scheitern. Ein Bereicherungsanspruch soll nicht zu einer Vermögensminderung über den Betrag der Bereicherung hinaus führen[327]. Daher ist ein Bereicherungsanspruch ausgeschlossen, wenn der Lebenspartner nicht mehr bereichert ist. Eine Entreicherung ist anzunehmen, wenn der erlangte Vermögenswert sich nicht mehr im Vermögen des Bereicherten befindet und dort auch keinen mit ihm vergleichbaren Wert hinterlassen hat[328]. Ist er gutgläubig für die laufende Lebenshaltung verbraucht, so tritt hier Entreicherung gemäß § 818 Abs. 3 BGB ein[329]. Bei den Leistungen, die das übliche Maß des Unterhalts nicht überschreiten und zur Aufrechterhaltung der Partnerschaft von Tag zu Tag dienen, wird regelmäßig Entreicherung vorliegen. Diese Unterhaltsbeiträge wie beispielsweise Zahlung der Miete, Nahrungsmittel, Kleidung und Ausgaben für kulturelles Leben waren für das tägliche Leben bestimmt und sind sogleich auch dafür ausgegeben worden, ohne einen bleibenden Vermögenswert bei dem einen oder anderen Partner zu hinterlassen. Sofern die Beteiligten nicht bösgläubig waren und die verschärfte Haftung nach § 819 BGB eingetreten ist, kann sich der in Anspruch Genommene stets auf Entreicherung berufen. Mithin müssen sich die Beteiligten einer unwirksamen Lebenspartnerschaft die erbrachten Unterhaltsbeiträge nicht nach §§ 812 ff. BGB ersetzen.

### *c) Ergebnis*

Nach alledem können die Beteiligten einer unwirksamen Lebenspartnerschaft gegenseitig erbrachte Leistungen, die der Erhaltung der Beziehung von Tag zu Tag dienen sollten und als Unterhaltsleistungen zu qualifizieren sind, nicht gegenseitig herausverlangen oder hierfür Wertersatz begehren. Rückabwicklungsprobleme können aus derartigen Leistungen regelmäßig nicht entstehen.

---

324 RGZ 63, 38, 42; 104, 246, 249.
325 Staudinger/Lorenz, § 814, Rn. 9.
326 Staudinger/Lorenz, § 814, Rn. 9.
327 BGHZ 1, 75, 81.
328 Brox/Walker, SBT, § 39 II 1; Palandt/Sprau, § 818, Rn. 28.
329 Lüderitz/Dethloff, § 6 Rn. 113; BGH FamRZ 1998, 951.

### *4. Wertvolle Zuwendungen*

#### *a) Allgemeines*

Erbringen sich die Partner Leistungen, die deutlich über den gewöhnlichen Unterhaltsrahmen hinausgehen und nicht mehr allein der Aufrechterhaltung der täglichen Partnerschaft dienen, stellt sich die Frage, ob hierfür Ansprüche auf Rückgewähr oder Wertersatz bestehen. Derartige Zuwendungen werden regelmäßig ohne vereinbartes Entgelt erfolgen und gerade deshalb gemacht werden, weil sich die Partner miteinander verbunden fühlen.

Als solche Zuwendungen kommen etwa erhebliche Arbeitsleistungen bei der Errichtung eines Hauses auf einem Grundstück in Betracht, das im Alleineigentum des Partners steht. Ferner ist denkbar, dass ein Partner über Jahre hinweg unentgeltlich im Unternehmen des anderen mitarbeitet und damit erheblich zur Wertschöpfung beiträgt oder dem Partner wertvolle Zuwendungen macht wie einen Pkw. Außerdem ist zu denken an die Übertragung von Immobilien oder Wertpapieren oder die Einräumung einer Mitberechtigung an einem Bankkonto. Schließlich können dies auch Tilgungszahlungen für einen Kredit des Partners sein, der vor der gemeinsamen Zeit aufgenommen wurde und ausschließlich dem anderen Partner zu dienen bestimmt ist. Es handelt sich dabei um Leistungen, die die Vermögenssituation des Zuwendungsempfängers deutlich verbessern. Ein Rückanwicklungsproblem könnte somit hinsichtlich erbrachter Geldleistungen, wertvoller Geschenke oder auch hinsichtlich erbrachter Arbeitsleistung bestehen.

#### *b) Ausgleichsansprüche im Eherecht*

Im Eherecht sind für die Rückabwicklung vorgenannter Leistungen die Normen des Zugewinnausgleichs nach §§ 1372 ff. BGB vorrangig, sofern die Ehepartner im Güterstand der Zugewinngemeinschaft gelebt haben[330]. Ein Ausgleich über die Grundsätze vom Wegfall der Geschäftsgrundlage ist daneben nur in eng begrenzten Ausnahmefällen anerkannt[331].

Haben die Ehepartner hingegen Gütertrennung vereinbart, wird auf die Grundsätze vom Wegfall der Geschäftsgrundlage zurückgegriffen, um unbillige Benachteiligungen eines Ehegatten zu verhindern[332]. Gehen die erbrachten Leistungen über die im Rahmen der Unterhaltspflicht oder der Verpflichtung zur ehe-

---

330 Zum Vorrang des Zugewinnausgleichs vor einem auf § 313 BGB gestützten Anspruch siehe BGHZ 65, 320, 324; 68, 299, 302; 82, 227, 232; 115, 132, 135; OLG München FamRZ 2002, 394; Soergel/Lange, § 1372, Rn. 8, m.w.N.

331 BGHZ 84, 361, 369; BGH NJW 1994, 2546; FamRZ 1997, 933; 2003, 230.

332 Staudinger/Strätz. § 812, Rn. 100.

lichen Lebensgemeinschaft geschuldeten Beiträge deutlich hinaus, so lege das Verhalten der Ehegatten die Annahme eines stillschweigend geschlossenen familienrechtlichen Vertrages über die Art und Weise der Kooperation nahe, dessen Geschäftsgrundlage durch das Scheitern der Ehe entfalle[333]. Die Zuwendung muss dabei um der Ehe willen erbracht worden sein und einen Beitrag zur Verwirklichung und Ausgestaltung, Erhaltung oder Sicherung der ehelichen Lebensgemeinschaft geleistet haben. Dabei muss der Leistende die Erwartung gehegt haben, dass die ehelichen Lebensverhältnisse Bestand haben und er innerhalb dieser Gemeinschaft am Vermögenswert und dessen Früchten weiter teilhaben werde[334]. Die Rechtsfolge des Wegfalls der Geschäftsgrundlage ist ein Ausgleichsanspruch bezüglich der beim anderen Ehepartner eingetretenen und noch vorhandenen Vermögensmehrung.

*c) Ausgleichsansprüche bei nichtehelicher Lebensgemeinschaft*

Demgegenüber herrscht bei nichtehelichen Lebensgemeinschaften Zurückhaltung, was die Zubilligung von Ausgleichsansprüchen nach Beendigung der Gemeinschaft angeht. Leistungen, mit denen die Partner das gemeinsame Leben ermöglichen und fördern wollen, sollen bei der Trennung nicht ausgeglichen werden. Es gilt hier der Grundsatz der Nichtausgleichung. In eng begrenzten Ausnahmefällen kann jedoch die Absicht gemeinsamer Wertschöpfung vorliegen oder ein gemeinschaftlicher Vermögenseinsatz zur Bereicherung nur des einen Partners geführt haben. Dann sind Ausgleichsansprüche denkbar, die je nach Gegebenheit des Einzelfalls neben dem Gesellschafts- oder Bereicherungsrecht auch aus dem Wegfall der Geschäftsgrundlage resultieren können[335].

*d) Ausgleichansprüche bei unwirksamer Lebenspartnerschaft*

Fraglich ist indes, ob und wie überobligatorische Leistungen zwischen Beteiligten unwirksamer Lebenspartnerschaften ausgeglichen werden können[336].

333 BGHZ 84, 361, 367; 127, 48, 51.
334 BGH FamRZ 1999, 1582.
335 Eine umfassende Darstellung hierzu findet sich bei Hausmann/Hohloch, S. 235 ff. Im Einzelnen ist im Bereich der Ausgleichsansprüche bei nichtehelichen Lebensgemeinschaften vieles umstritten. Eine umfangreiche Darstellung der Problematik würde an dieser Stelle jedoch nicht Ziel führend sein. Soweit die Lösungsansätze für die Abwicklung einer unwirksamen Lebenspartnerschaft relevant sind, wird in den entsprechenden Abschnitten näher darauf eingegangen.
336 Hinsichtlich des Güterstandes ist seit dem 01.01.2005 die Zugewinngemeinschaft der gesetzliche Güterstand. Siehe zu den Vermögensständen für Altfälle: Rieger, FamRZ 2001, 1497 ff.

### *aa) Analoge Anwendung der §§ 5 ff. LPartG*

Zunächst ist das Augenmerk auf die unterhalts- und güterrechtlichen Bestimmungen der §§ 5 ff. LPartG zu richten, die hier eventuell analog angewandt werden können[337]. Einzelne lebenspartnerschaftliche Vorschriften auf unwirksame Lebenspartnerschaften anzuwenden ist, wie wiederholt festgestellt wurde, weder aus verfassungsrechtlichen noch aus methodischen Gründen grundsätzlich ausgeschlossen[338]. Entscheidend kommt es darauf an, ob die §§ 5 ff. LPartG an die Lebenspartnerschaft im Sinne einer umfassenden, auf Lebenszeit angelegten Rechts- und Pflichtengemeinschaft anknüpfen oder nur die Konsequenzen aus der für Lebenspartnerschaften zwar charakteristischen jedoch nicht auf Lebenspartnerschaften beschränkten besonderen persönlichen Verbundenheit in einer Lebensgemeinschaft ziehen[339]. Nur im zweiten Fall kann eine analoge Anwendung von Normen erfolgen, da die Rechtsfolge dann nicht an die Statusbeziehung, sondern an tatsächliche Umstände – die auch bei unwirksamen Lebenspartnerschaften vorliegen können – anknüpft. Eine entsprechende Anwendung der §§ 5 ff. LPartG wäre wünschenswert, um ähnlich wie im Eherecht eine Gesamtabwicklung über den Zugewinnausgleich durchzuführen, der auch überobligatorische Leistungen erfassen würde.

Wie jedoch bereits zum Problemkreis des Unterhaltsrechts festgestellt, knüpfen die §§ 5 ff. LPartG nicht nur an eine tatsächliche Lebensgemeinschaft an, sondern gerade an den Status, den die Beteiligten typischerweise haben. So sollen ausschließlich Ehepartner und Lebenspartner in den Genuss einer Gesamtvermögensabwicklung nach Beendigung ihrer Beziehung kommen. Der Gesetzgeber hat ausschließlich diese beiden Institute mit dem Zugewinnausgleich versehen, da dem rechtlichen Status hier der Vorrang vor dem faktischen Element des Zusammenlebens gebührt[340]. Diese reinen Statuswirkungen wie Unterhaltspflicht und Güterrecht treten mit Begründung des Status' ein, ohne dass es insoweit einer besonderen Erklärung oder eines weiteren Tatbestands bedarf. Hierin besteht der Unterschied zu den Regelungen, die auf die faktische Lebensführung

337 Eine direkte Anwendung der §§ 5 ff. LPartG kommt nicht Betracht, denn die Normen setzen eine rechtswirksame Lebenspartnerschaft voraus. Insoweit besteht hinsichtlich des Ausgleichs von wertvollen Zuwendungen kein Unterschied zu der Problematik des Unterhaltsausgleichs. Auf die Ausführungen dazu kann an dieser Stelle verwiesen werden, vgl. Kapitel 4 I 3.

338 für die nichteheliche Lebensgemeinschaft wird eine analoge Anwendung von Eherechtsnormen in engen Grenzen eben aus diesem Grund befürwortet von Wacke, in: MünchKommBGB, § 1302, Rn. 12; Hausmann/Hohloch, S. 235, m.w.N.

339 So Hausmann/Hohloch, S. 235 für den Vergleich zwischen Ehe und nichtehelicher Lebensgemeinschaft.

340 Hausmann/Hohloch, S. 435.

abstellen[341]. Bei diesen wird gerade durch das Zusammenleben der Tatbestand geschaffen, an den die Rechtsfolgen anknüpfen. Darauf kommt es bei Unterhaltsregelung und dem Zugewinnausgleich nicht an, da diese allein auf den Status abstellen.

Obwohl eine gleichwertige Interessenlage auch bei unwirksamen Lebenspartnerschaften gegeben wäre, mangelt es insoweit an einer planwidrigen Regelungslücke. Ein Ausgleich kommt demnach nicht über die analoge Anwendung der §§ 5 ff. LPartG über den Güterstand in Betracht. Auch eine entsprechende Anwendung des § 1318 BGB ist ausweislich der bisherigen Untersuchung für Wertersatz oder Ausgleich von überobligatorischen Leistungen nicht möglich[342].

### *bb) Ausdrückliche vertragliche Regelung*

Möglicherweise können wertvolle Zuwendungen nach schuldrechtlichen Grundsätzen abgewickelt werden. Es ist denkbar, dass die Partner die vermögensrechtlichen Konsequenzen einer Auflösung ihrer Lebensgemeinschaft in einem ausdrücklichen Vertrag geregelt haben[343]. Dies kann in der Weise geschehen, dass bestimmte Einzelleistungen oder ganze Teilbereiche des Zusammenwirkens aus dem Austauschverhältnis der Partnerschaft herausgelöst und zum Gegenstand einer eigenständigen schuldvertraglichen Zweckverfolgung gemacht werden[344]. Die Privatautonomie ist in einer Lebenspartnerschaft nicht eingeschränkt und den Partnern steht es frei, ihre Bedürfnisse durch ausdrückliche Verträge zu regeln. § 7 LPartG steht dem nicht entgegen, da dieser zum einen nur die güterrechtlichen Verhältnisse und nicht darüber hinausgehende Ansprüche betrifft und zum anderen im Falle einer unwirksamen Lebenspartnerschaft gerade nicht anwendbar ist. Mithin können die Beteiligten beispielsweise ihre geschäftliche Zusammenarbeit gemäß §§ 705 ff. BGB auf gesellschaftsvertragliche oder nach §§ 611 ff. BGB auf arbeitsvertragliche Grundlage stellen. So kann etwa ein Partner im Unternehmen des anderen als Arbeitnehmer angestellt sein oder die Partner sind Gesellschafter einer aus ihnen bestehenden Gesellschaft, ferner können größere Geldbeträge unter den Partnern als Darlehen gemäß §§ 488 ff. BGB zugewandt werden.

---

341 Als solche analog anzuwendenden Normen, die allein auf das faktische Zusammenleben abstellen, kommen etwa in Betracht: §§ 4, 8 LPartG.

342 Siehe bereits Kapitel 3 II 1.

343 Staudinger/Strätz, Anh. zu §§ 1297 ff. BGB, Rn. 44, zur nichtehelichen Lebensgemeinschaft.

344 Hausmann/Hohloch, S. 238, der diese Möglichkeit für Partner einer nichtehelichen Lebensgemeinschaft nennt.

In diesen Fällen haben die Beteiligten die Möglichkeit, die auftretenden Rückabwicklungsprobleme, wie beispielsweise Vergütung für geleistete Arbeit, Aufteilung des Gesellschaftsvermögens oder Rückzahlung des Darlehens, nach den einschlägigen Regelungen des BGB vorzunehmen. Dann unterscheidet sich eine unwirksame Lebenspartnerschaft nicht von einem gewöhnlichen Rechtsverhältnis zwischen Dritten.

Freilich ist es eine Frage des Einzelfalls, ob und in welchem Umfang die Beteiligten ihr Zusammenleben ausdrücklich vertraglich geregelt haben. Sofern jedoch Verträge abgeschlossen wurden, sind diese vorrangig für die Rückabwicklung der einzelnen Ansprüche heranzuziehen.

*cc) §§ 730 ff. BGB analog*

Haben die Partner keine ausdrückliche schuldrechtliche Vereinbarung über die Rückabwicklung von deutlich über dem Unterhalt liegenden Leistungen getroffen, stellt sich die Frage, ob die Anwendung gesellschaftsrechtlicher Grundsätze in Betracht kommt.

Ein Blick auf Rechtsprechung und Schrifttum zur nichtehelichen Lebensgemeinschaft zeigt, dass eine Gesamtabrechnung aller jemals erbrachten Leistungen nach den §§ 730 ff. BGB abgelehnt wird[345]. So sei es in einer eheähnlichen Lebensgemeinschaft „aufgrund der persönlichen Beziehungen, die auch das wirtschaftliche Handeln der Partner zu bestimmen pflegen, nicht ungewöhnlich, dass sie sich bei der Schaffung von Werten gegenseitig unterstützen, ohne sich dafür eigene Vorteile zu erwarten“[346]. Es könne sich allerdings die Frage stellen, ob im Hinblick auf einen bestimmten Vermögenswert ein gemeinschaftlicher Wert geschaffen werden sollte[347]. Insoweit wird eine Ausnahme vom Grundsatz der Nichtausgleichung zugelassen. Einzelleistungen können demnach gemäß §§ 730 ff. BGB beurteilt werden. Als Voraussetzung ist nach dem BGH zu fordern, dass die Partner mit der Leistung die Absicht verfolgt haben, mit dem Erwerb des Vermögensgegenstandes einen gemeinschaftlichen Wert zu schaffen, der von ihnen für die Dauer der Partnerschaft nicht nur gemeinsam benutzt werden würde, sondern ihnen nach ihren Vorstellungen auch gemeinsam gehören sollte[348]. Erforderlich sei deshalb, dass die Partner entweder in der Absicht, einen gemeinschaftlichen wirtschaftlichen Wert zu schaffen, einen Vermögensgegens-

345 BGHZ 77, 55, 58; BGH NJW 1992, 907; BGH FamRZ 1993, 940; BGH FamRZ 1997, 1533.

346 BGHZ 77, 55, 58; BGH NJW 1992, 907; BGH FamRZ 1997, 1533.

347 BGH NJW 1983, 2375.

348 BGHZ 77, 55, 56; BGH NJW-RR 1996, 1473; BGH WM 2000, 522; OLG Schleswig FamRZ 2002, 97.

tand erworben oder durch beiderseitige Arbeit und finanzielle Beiträge ein gewerbliches Unternehmen aufgebaut und betrieben hätten[349].

Soweit sich die Absicht der gemeinsamen Wertschöpfung nicht aus getroffenen Absprachen zweifelsfrei ergibt, kann sie durch substantielle Beiträge zum Erwerb indiziert sein. Welche Beiträge die Annahme nahe legen, dass die Partner wirtschaftlich gemeinschaftliche Vermögenswerte bilden wollten, hängt insbesondere von der Art des geschaffenen Vermögenswertes und den finanziellen Verhältnissen der Partner ab[350]. Jedenfalls bei Vermögenswerten von erheblicher wirtschaftlicher Bedeutung können wesentliche Beiträge des Partners, der nicht Eigentümer ist, im Rahmen einer Gesamtwürdigung auf eine Absicht gemeinsamer Wertschöpfung schließen lassen[351]. Bei der Erfolgsbeteiligung am Gewinn eines gemeinsam betriebenen Unternehmens sind Art und Umfang der geleisteten Mitarbeit zu beurteilen. Diese muss über nebensächliche und untergeordnete Verrichtungen hinausgegangen und über einen längeren Zeitraum erbracht worden sein. Ferner muss es sich um selbständige und gleichwertige Dienste gehandelt haben, die den Schluss erlauben, dass sich der mitarbeitende Partner als Mitunternehmer gefühlt hat[352]. Es ist zu fordern, dass ein Partner für die Gesellschaft und deren wirtschaftlichen Erfolg einen wesentlichen Beitrag erbracht hat[353].

Ähnlich stellt sich die Situation dar bei Ausgleichsansprüchen für ein auf den Namen nur eines Partners erworbenen oder auf dem Grundstück eines Partners gebauten Wohnhauses. In diesem Fall spricht vor allem die Leistung direkter Finanzierungsbeiträge dafür, dass der Geld gebende Partner wirtschaftlich Miteigentümer des Hauses werden möchte[354]. Auch eine gesamtschuldnerische Mitverpflichtung zur Finanzierung kann ein Indiz für die gewollte gemeinsame Wertschöpfung sein[355]. Das Ziel der gemeinsamen Wertschöpfung kann sich fer-

349 In der Literatur wird vereinzelt eine weiterreichende gesellschaftliche Lösung vertreten. So seien die Merkmale einer BGB-Gesellschaft bereits dann erfüllt, wenn die Partner zum Zwecke der Erfüllung ihrer materiellen Lebensbedürfnisse gemeinsam wirtschaften, Wacke, in: MünchKommBGB, nach § 1302, Rn. 18 ff. Diese Ansicht ist aber abzulehnen, da dann praktisch jedes gewöhnliche Zusammenleben zweier Personen eine BGB-Gesellschaft wäre, sofern nur irgendwie gemeinsames Vermögen geschaffen worden wäre.

350 Palandt/Sprau, § 705, Rn. 46; BGH NJW 1992, 906; BGH NJW 1996,2727.

351 BGH FamRZ 1993, 940; BGH NJW-RR 1996, 1473; BGH FamRZ 1997, 1533.

352 Zur Ehegatteninnengesellschaft BGHZ 8, 249, 255; 142, 137, 145; OLG Düsseldorf FamRZ 1999, 229.

353 BGHZ 142, 137, 145.

354 BGH NJW 1992, 906; BGH NJW-RR 1996, 1473.

355 Hausmann/Hohloch, S. 274.

ner aus Absprachen[356] sowie aus Äußerung des Eigentümers gegenüber Dritten[357] ergeben.

Es ist fraglich, inwieweit sich diese Grundsätze auf unwirksame Lebenspartnerschaften übertragen lassen. Der grundlegende Unterschied zwischen einer nichtehelichen Lebensgemeinschaft und einer unwirksamen Lebenspartnerschaft besteht darin, dass die Partner einer nichtehelichen Lebensgemeinschaft ihre Beziehung nicht einem verbindlichen Rechtsrahmen unterwerfen wollten, anderenfalls hätten sie eine Ehe eingehen können. Demgegenüber wollten die Beteiligten einer unwirksamen Lebenspartnerschaft gerade die Regelungen des LPartG und damit grundsätzlich auch einen Vermögensausgleich und haben auf das Eingreifen der §§ 6 ff. LPartG vertraut[358]. Es ist daher die Frage aufzuwerfen, ob die gesellschaftsrechtlichen Ausgleichsregelungen als „Minus" gegenüber den Regelungen des LPartG für Personen anzusehen sind, die sich grundsätzlich den Normen des LPartG unterwerfen wollten. Es finden sich im Katalog der §§ 2 ff. LPartG Rechtswirkungen, die dem engen persönlichen Band der Partner gerecht werden und zugleich Pflichten normieren[359]. Wenn sich die Partner einer unwirksamen Lebenspartnerschaft diesen Regelungen unterworfen hätten, könnte angenommen werden, dass sie sich „erst recht" den Normen des Gesellschaftsrechts unterworfen hätten. Denn diese bilden eine weitaus geringere Einschränkung in persönlicher Hinsicht als die Regelungen des LPartG und bedeuten mithin ein „Minus" hinsichtlich der persönlichen Verbundenheit, die sich freilich auch in den einzelnen Zuwendungen zur Fortsetzung der Beziehung manifestiert hat. Eine Vielzahl von Leistungen wird regelmäßig im Hinblick auf die gesetzlichen Ausgleichsregelungen wie dem Zugewinnausgleich erbracht worden sein. Insofern ist die Anwendung gesellschaftsrechtlicher Ausgleichsansprüche auf unwirksame Lebenspartnerschaften zu befürworten.

Besondere Probleme dürfte jedoch der Nachweis der von den Partnern geforderten Absicht gemeinsamer Wertschöpfung bringen. Die Frage des wirtschaftlichen Eigentums wird erst dann relevant, wenn die Beziehung zerbricht und einem Partner das bisherige Besitz- und Nutzungsrecht entzogen wird. Diese Situation wird jedoch im Zeitpunkt des Erwerbs regelmäßig nicht bedacht, so dass es an einer auch nur tatsächlichen realen Willensübereinstimmung über die Zuordnung des wirtschaftlichen Eigentums fehlen dürfte. Mithin obliegt den Gerichten die

356 BGHZ 45, 258, 261.

357 BGHZ 84, 388, 390.

358 Es sei denn, die Beteiligten haben einen Lebenspartnerschaftsvertrag nach § 7 LPartG geschlossen. Dann stehen ihnen freilich individuelle Vereinbarungen offen, die von dem Grundsatz des Zugewinnausgleichs abweichen können.

359 Beispielsweise das Haftungsprivileg, die Unterhaltspflicht sowie die Eigentumsvermutung.

Aufgabe, die Absicht der gemeinsamen Wertschöpfung auf der Grundlage eines hypothetischen Willens festzustellen. Hierzu müssen sie sich in die Lage verständiger, vorausschauender und redlich denkender Partner versetzen und aus deren Sicht entscheiden, ob nach den Sachverhaltsumständen eine wirtschaftliche Beteiligung eines dinglich nicht berechtigten Partners gewollt war oder nicht[360].

Hat ein Partner mit seinen Beiträgen dann bewusst und gezielt das gemeinsame Vermögen vermehrt, so ist der Weg für eine richterliche Rechtsfortbildung in Analogie zum Gesellschaftsrecht frei, denn dessen Regelungen sind auf gewollte gemeinschaftliche Wertschöpfung ausgerichtet[361].

Falls jedoch eine wertvolle Zuwendung an den Partner vorgenommen wurde, die nicht auf der Absicht gemeinsamer Wertschöpfung beruhte, sondern ausschließlich das Vermögen des Partners mehren sollte, kommt eine entsprechende Anwendung der §§ 730 ff. BGB nicht in Betracht.

Rückabwicklungsschwierigkeiten bestehen also bei wertvollen Zuwendungen nicht, sofern die Absicht gemeinsamer Wertschöpfung vorlag, da in diesem Fall die §§ 730 ff. BGB entsprechend angewandt werden können.

### *dd) §§ 516 ff. BGB*

Möglicherweise könnte für wertvolle Zuwendungen in Einzelfällen die Anwendung der §§ 516 ff. BGB in Betracht kommen. Dazu müsste es sich bei den Beiträgen um Schenkungen im Sinne der §§ 516 ff. BGB handeln.

Im Eherecht wird eine unbenannte Zuwendung unter Ehegatten vom BGH nicht als Schenkung angesehen, da es an der Unentgeltlichkeit fehle. Zwar sei die Zuwendung objektiv unentgeltlich, da der Leistende dafür keine konkrete Gegenleistung erwarte[362]. Allerdings habe sie die Geschäftsgrundlage, dass für die Leistung eine Verpflichtung eingegangen oder eine Leistung bewirkt werde, die nicht geldwerter oder vermögensrechtlicher Art sei, sondern auch in der Zuwendung unter Ehegatten und der Vorstellung oder Erwartung liegen könne, dass die eheliche Lebensgemeinschaft Bestand habe. Mithin fehle es subjektiv an der Unentgeltlichkeit der Zuwendung[363]. Die Übertragung wertvoller Vermögenswerte rechtfertige mangels feststellbarer entgegenstehender Absprachen der Ehegatten

---

360 Hausmann/Hohloch, der die Problematik anhand der nichtehelichen Lebensgemeinschaft erläutert, S. 270.

361 OLG Frankfurt/M. FamRZ 1984, 1014; OLG Hamm NJW 1986, 729. Diese allein fremdnützigen Leistungen können nur mit Hilfe des Bereicherungsrechts oder der Lehre vom Wegfall der Geschäftsgrundlage ausgeglichen werden.

362 Jaeger, in: Johannsen/Henrich, § 1372, Rn. 5a, BGH, FamRZ 1992, 302.

363 Staudinger/Strätz, § 812, Rn. 100.

die Vermutung, dass sie der Verwirklichung der ehelichen Lebensgemeinschaft dienen solle und damit als ehebezogene Zuwendung anzusehen sei[364].

Bei unwirksamen Lebenspartnerschaften wird hinsichtlich hochwertiger Güter, die dem Partner zugewendet werden, nicht davon auszugehen sein, dass sie gänzlich ohne die Erwartung einer Gegenleistung erbracht werden. Vielmehr wird der Leistende regelmäßig aufgrund der vermeintlichen Lebenspartnerschaft und wegen der engen personalen Bindung in der Annahme leisten, die Beziehung werde fortgeführt. Damit wird die Erwartung einhergehen, der Partner werde den Empfang der wertvollen Zuwendung auf andere Weise honorieren. Zwar wird zum Zeitpunkt der Leistung keine konkrete Gegenleistung erwartet werden, allerdings wird von den Partnern die Zuwendung nicht als subjektiv unentgeltlich beurteilt werden. Insoweit ist das Argument, das mangels subjektiver Unentgeltlichkeit bei Ehegatten eine Schenkung verneint, auch auf unwirksame Lebenspartnerschaften übertragbar.

Das Abgrenzungskriterium zwischen Schenkung und unbenannter Zuwendung ist damit die Einigung der Partner. Die Einigung über die Unentgeltlichkeit der Zuwendung bedeutet, dass die Schenkung ein bewusst und gewollt einseitig begünstigendes Rechtsgeschäft aus Freigiebigkeit des Zuwendenden ist, ohne dass der beiderseitige Vertragswille auf der Verfolgung gemeinsamer Zwecke aufbaut[365]. Das Merkmal der unbenannten Zuwendung besteht hingegen darin, dass sie nach den gemeinsamen Vorstellungen der Partner oder jedenfalls den dem Empfänger bekannten Vorstellungen des Zuwendenden und nach der damit einhergehenden Zweckrichtung dazu bestimmt ist, der Ausgestaltung oder Sicherung der ehelichen Lebensgemeinschaft zu dienen[366]. Der Zweckgedanke überlagert die Zuwendung und steht im Gegensatz zu der den Empfänger einseitig begünstigenden Schenkungsabrede[367].

Bei wertvollen Zuwendungen unter vermeintlichen Lebenspartnern wird regelmäßig nicht von subjektiver Unentgeltlichkeit auszugehen sein, denn die Partner verbinden damit typischerweise die Erwartung, dass die Beziehung fortgeführt werde und sie im späteren Verlauf eine emotionale Gegenleistung erhalten. Das Schenkungsrecht bietet daher grundsätzlich keine Möglichkeit der Rückabwicklung von unbenannten Zuwendungen. Dies mag im Einzelfall anders sein, etwa bei Geburtstagsgeschenken oder wenn der Partner mit seiner Leistung keinen Zweck verbunden hat, sich die Beteiligten über die Unentgeltlichkeit einig waren und die Schenkung sodann notariell beurkundet wird[368]. Im Rahmen einer

364 BGH FamRZ 1994, 503; 1997, 933.
365 BGH FamRZ 1990, 603; 1995, 1061.
366 BGH FamRZ 1990, 601.
367 BGH FamRZ 1992, 294; 1997, 933.
368 Palandt/Weidenkaff, § 516, Rn. 10 zur Zuwendungsproblematik unter Ehegatten.

durchschnittlichen Partnerschaft dürften notarielle Schenkungsverträge oder Zuwendungen, die auf beiden Seiten subjektiv unentgeltlich sein sollten, eher die Ausnahme darstellen. Es kann wohl davon ausgegangen werden, dass die überwiegende Zahl der Partner wertvolle Leistungen aufgrund emotionaler Verbundenheit und aufgrund des Vertrauens in eine wie auch immer geartete Gegenleistung erbringt.

*ee) Wegfall der Geschäftsgrundlage*

Eine Rückforderung von unbenannten Zuwendungen kommt eventuell wegen Wegfalls der Geschäftsgrundlage in Betracht.

Im Eherecht wurde für überobligatorische Leistungen der Begriff der unbenannten Zuwendung entwickelt. Eine solche liegt vor, wenn ein Ehegatte dem anderen einen Vermögenswert um der Ehe willen und als Beitrag zur Verwirklichung und Ausgestaltung, Erhaltung oder Sicherung der ehelichen Lebensgemeinschaft zukommen lässt, wobei er die Vorstellung oder Erwartung hegt, dass die eheliche Lebensgemeinschaft Bestand haben und er innerhalb dieser Gemeinschaft am Vermögenswert und dessen Früchten weiter teilhaben werde[369]. Rechtsgrund einer solchen unbenannten Zuwendung ist ein im Gesetz nicht geregelter Vertrag, der generell auf den Zweck ausgerichtet ist, die eheliche Lebensgemeinschaft individuell auszugestalten oder zu sichern[370]. Im Scheitern der Ehe kann dann ein Wegfall der für die familienrechtliche Zuwendung maßgeblichen Geschäftsgrundlage liegen.

Ein Vergleich mit der Anwendung des Wegfalls der Geschäftsgrundlage bei nichtehelichen Lebensgemeinschaften zeigt, dass in der Rechtsprechung ein Ausgleich über den Wegfall der Geschäftsgrundlage weitgehend abgelehnt wird. Danach stehe der Grundsatz, dass die Partner einer gescheiterten nichtehelichen Lebensgemeinschaft ihre persönlichen und wirtschaftlichen Leistungen nicht gegeneinander aufrechnen können, auch der Annahme entgegen, das Scheitern der Gemeinschaft lasse die Geschäftsgrundlage für bisherige Leistungen entfallen[371]. Als Argument wird genannt, dass derjenige, der keine rechtliche Dauerbindung eingehen wolle, auch das Risiko übernehme, wirtschaftliche Leistungen ersetzt verlangen zu können[372]. Rechtliche Bindungen und rechtlich verbindliche Ge-

---

369 BGH FamRZ 1997, 933; BGH FamRZ 2004, 1874.

370 BGH FamRZ 1982, 910; 1987, 45; 1990, 856.

371 BGH NJW-RR 1996, 1474; BGH NJW 1997, 3371; BGH NJW 2004, 59.

372 BGH FamRZ 1983, 349. Freilich wird ein Ausgleichsanspruch vereinzelt zugesprochen. Das OLG Frankfurt/M. ZEV 1999, 404 konnte gesellschaftsrechtliche Grundsätze nicht anwenden, hielt jedoch die gegebene Vermögensverteilung für unbillig.

schäfte seien in aller Regel nicht gewollt, sondern die Ausnahme. Es fehle mithin an rechtswirksamen Geschäften, deren Grundlage mit Auflösung der Gemeinschaft entfallen könnte[373].

Auch die Literatur steht der Anwendung des Wegfalls der Geschäftsgrundlage auf nichteheliche Lebensgemeinschaften skeptisch gegenüber. Hier wird ebenfalls auf die geringe Stabilität der Partnerschaften verwiesen. Es sei den Partnern die jederzeit mögliche Beendigung der Gemeinschaft bewusst und gerade deshalb könne deren Fortbestand nicht die Geschäftsgrundlage bilden für Zuwendungen oder Dienstleistungen, die während des Zusammenlebens erbracht wurden[374]. Allerdings wird der Geschäftsgrundlagenlehre vereinzelt auch der Vorzug vor einer bereicherungsrechtlichen Rückabwicklung eingeräumt. Begründet wird dies mit den flexiblere Ergebnissen, die sich über den Wegfall der Geschäftsgrundlage erzielen ließen[375]. Die Leistung, die nicht unterhaltsrechtlich geschuldet sei, könne von einem personalen Element ebenso überlagert werden wie bei der Ehe. Wenn ein Partner dem anderen eine Zuwendung mache, dann geschehe dies geradezu selbstverständlich in der Erwartung, die Gemeinschaft habe Bestand[376]. Es sei geboten, für derartige Zuwendungen dasselbe Maß an Anpassung oder Rückforderung möglich zu machen wie im Falle von Ehegatten, die in Gütertrennung leben[377].

Fraglich ist, ob die Geschäftsgrundlagenlehre auf unwirksame Lebenspartnerschaften anwendbar ist. Hier müsste ein konkludenter Vertrag sui generis als Rechtsgrund für unbenannte Zuwendungen in Betracht kommen, der die Rechtsgrundlage bildet und später entfällt. Als Grundlage der hochwertigen Zuwendungen dient aus Sicht der Partner nicht nur das Bestehen einer Rechtsgemeinschaft, sondern gerade die persönliche Beziehung. Typischerweise soll durch derartige Zuwendungen die Zuneigung und die Exklusivität der Beziehung dokumentiert werden. Insofern nehmen die Beteiligten den Bestand einer Partnerschaft zum Anlass, ihrem Partner einen Vermögensvorteil zuzuwenden, den sie keiner anderen Person zuwenden würden.

Eine solche Zuwendung liegt vor, wenn ein Partner dem anderen einen Vermögenswert um der Partnerschaft willen und als Beitrag zur Verwirklichung und Ausgestaltung, Erhaltung oder Sicherung der Beziehung zukommen lässt, wobei

---

Ebenso OLG Karlsruhe FamRZ1994, 377, das bei dem Leistenden ein Vertrauen auf den Fortbestand der Partnerschaft annahm.

373 BGH FamRZ 1983, 1214; OLG Aachen NJW-RR 1988, 451.

374 Weinreich, FuR 1999, 356, 359; Hausmann/Hohloch, S. 322, Staudinger/Strätz, Anh. zu §§ 1297 ff., Rn. 123 f.

375 Staudinger/Lorenz, § 812, Rn. 101; Palandt/Brudermüller, Einl. § 1297, Rn. 35.

376 Rauscher, Rn. 737.

377 Rauscher, Rn. 737.

er die Vorstellung oder Erwartung hegt, dass die Partnerschaft Bestand haben und er innerhalb dieser Gemeinschaft am Vermögenswert und dessen Früchten weiter teilhaben werde[378]. Diese Geschäftsgrundlage ist die beim Abschluss eines Vertrages zutage getretene, dem anderen Teil erkennbar gewordene und von ihm nicht beanstandete Vorstellung der einen Partei oder die gemeinsame Vorstellungen beider Parteien von dem Vorhandensein oder dem künftigen Eintritt bestimmter Umstände, sofern der Geschäftswille der Parteien auf diesen Vorstellungen aufbaut[379]. Die Partner schließen bei der Übertragung wertvoller Vermögensgegenstände demnach einen familienrechtlichen Vertrag sui generis. Dieser stillschweigend geschlossene Vertrag ermöglicht einen Ausgleich, wenn Billigkeit und Einzelfallgerechtigkeit einen Ausgleich gebieten.

Die Argumentation der Unverbindlichkeit, mit der die Geschäftsgrundlagenlehre bei der nichtehelichen Lebensgemeinschaft abgelehnt wird, kann bei unwirksamen Lebenspartnerschaften nicht überzeugen. Die Partner gehen hier von einer stabilen Rechtsbeziehung aus, sie sehen in ihrer Partnerschaft die Grundlage für die erbrachten Leistungen und müssen gerade nicht mit der jederzeit möglichen Auflösung ihrer Beziehung rechnen. Vielmehr haben sie im Vertrauen auf ihre Dauerbindung und das Bestehen eines rechtlich verbindlichen Rahmens durch das LPartG gehandelt.

Die Beteiligten einer unwirksamen Lebenspartnerschaft schließen zwar keinen obligatorischen Vertrag ab, so dass eine Erzwingbarkeit der Leistungen nicht gegeben ist. Gleichwohl können die Beiträge nicht als gänzlich unverbindlich eingestuft werden, denn für den Empfänger soll eine Befugnis zum Behalten der Leistung begründet werden[380]. Bei Leistungen, die keinen Gemeinschaftsbezug und ausschließlich das Vermögen eines Partners vermehrt haben, kann dem Handeln der Partner eine rechtsgeschäftliche Qualifikation zuerkannt werden, die die Geschäftsgrundlage der Leistung bildet.

Die vermeintlichen Lebenspartner, die einander wertvolle Zuwendungen machen, betreten zwar nicht die Ebene eines obligatorischen Vertrages. Ein solcher ist grundsätzlich die Lebenspartnerschaft, diese ist vorliegend jedoch gerade unwirksam. Auch ist davon auszugehen, dass allein die engen persönlichen Beziehungen keine einklagbaren Vertragspflichten begründen. Schließlich handelt es sich dabei lediglich um tatsächliche Umstände, die für sich genommen keine Rechtspflicht begründen können. Die mangelnde Erzwingbarkeit der versproche-

---

378 BGH, FamRZ 1997, 933; BGHZ 142, 137; BGH, FamRZ 2004, 1874; jeweils zur Definition der unbenannten Zuwendung im Eherecht.

379 Palandt/Heinrichs, § 313, Rn. 3.

380 Hausmann/Hohloch, S. 323, begründet damit bei nichtehelichen Lebensgemeinschaften den Ausschluss des Bereicherungsrechts, da eine zumindest stillschweigende Rechtsgrundabrede vorliege.

nen Leistungen bedeutet jedoch nicht zugleich die rechtliche Irrelevanz der freiwillig vollzogenen Zuwendungsgeschäfte. Vielmehr wird davon auszugehen sein, dass diese jedenfalls insoweit rechtsverbindlich sind, als sie eine Befugnis des Empfängers zum Behalten der Leistung begründen[381]. Die Annahme solcher stillschweigend getroffener Rechtsgrundabreden liefert eine dogmatische Grundlage, aufgrund der der Empfänger zum Behalten der Leistung berechtigt ist. Die Anerkennung der für den Vertragsschluss bestimmenden Motive einer Partei als Geschäftsgrundlage hängt nicht davon ab, ob der Gesetzgeber diese Motive als besonders schützenswert erachtet. Maßgeblich ist allein, ob der Zuwendende im Zeitpunkt der Zuwendung auf die Fortdauer der Gemeinschaft tatsächlich vertraut hat und dies für den Empfänger auch erkennbar war[382]. Die wertvollen Zuwendungen sind mithin auch unter Beteiligten einer von Anfang an unwirksamen Lebenspartnerschaft zumindest insoweit Rechtsgeschäfte, als dem Partner eine Behaltensberechtigung an dem zugewandten Gegenstand eingeräumt wird, die jedoch aufgrund späterer Trennung entfallen kann. Bei wertvollen Zuwendungen wird der Leistende vom Empfänger nicht eine sofortige und genau spezifizierte Gegenleistung erwarten, sondern sich mit Rücksicht auf das persönliche Vertrauensverhältnis damit zufrieden geben, dass sich langfristig ein gewisses Gleichgewicht der beiderseitigen Beiträge einstellen wird. Darüber hinaus erwartet der Vorleistende nicht unbedingt eine wirtschaftlich gleichwertige Gegenleistung, sondern wird sich regelmäßig damit begnügen, dass seine Zuwendung durch in Geld nicht messbare immaterielle Leistungen des Empfängers honoriert wird[383].

Ein Fehlschlagen dieser Erwartungen kann sodann einen Ausgleichsanspruch begründen, sofern ein Festhalten an der dann gegebenen Vermögensverteilung schlechthin unzumutbar ist[384]. Ein Ausgleich nach Treu und Glauben setzt dabei voraus, dass aufgrund der Unwirksamkeit die Symmetrie der beiderseitigen Leistungen erheblich gestört ist. Im Eherecht wird ein Ausgleich für unbenannten Zuwendungen davon abhängig gemacht, dass infolge des Scheiterns der Ehe die

---

381 Hausmann/Hohloch, S. 323 zur ähnlich gelagerten Problematik bei nichtehelichen Lebensgemeinschaften.

382 Hausmann/Hohloch, S. 325 zu der Frage, inwieweit bei nichtehelichen Lebensgemeinschaften der Wegfall der Geschäftsgrundlage anwendbar ist, da diese auf den Bestand ihrer Partnerschaft in keiner Weise vertrauen dürften. Bei unwirksamer Lebenspartnerschaft kann dieser Einwand jedoch nicht gelten, da diese regelmäßig von einer wirksamen Rechtsbeziehung ausgehen und demnach grundsätzlich auf eine Fortdauer vertrauen können.

383 Hausmann/Hohloch, S. 328 zur Anwendung der Geschäftsgrundlagenlehre auf nichteheliche Lebenspartnerschaften.

384 BGHZ 84, 368; BGH NJW 1987, 43; 1992, 239, jeweils zu unbenannten Zuwendungen im Eherecht. Das Kriterium der Zumutbarkeit ist jedoch auch auf unwirksame Lebenspartnerschaften zu übertragen.

Aufrechterhaltung des durch einseitige Zuwendung eines Ehegatten geschaffenen Vermögensstandes – unter Berücksichtigung der Dauer der Ehe, der Vermögens- und Einkommensverhältnisse der geschiedenen Eheleute sowie von Art und Umfang der erbrachten Leistungen und der Höhe der hierdurch bedingten und noch vorhandenen Vermögensmehrung – für den zuwendenden Ehegatten unzumutbar ist, weil er ohne eigene Vermögensmehrung Leistungen erbracht hat, deren Früchte allein dem anderen Ehegatten verblieben sind[385]. Diese Anforderung lässt sich auch auf unwirksame Lebenspartnerschaften übertragen. Um dies feststellen zu können, müssen die während des Zusammenlebens erbrachten Leistungen überschlägig verglichen werden.

Fraglich ist indes, wie ein Ausgleich der wertvollen Zuwendung zu erfolgen hat. Ein Ausgleich für wertvolle Zuwendungen über die Grundsätze vom Wegfall der Geschäftsgrundlage setzt voraus, dass die Leistungen beim Scheitern der Beziehung in Gestalt einer messbaren Vermögensmehrung beim anderen Ehegatten noch vorhanden sind. Weiter müssen die konkreten Umstände des Einzelfalls berücksichtigt werden wie die Dauer der Beziehung, das Alter der Beteiligten, Art und Umfang der erbrachten Leistungen, die Höhe der dadurch verursachten Vermögensmehrung, die Höhe der vom Leistenden selbst daraus gezogenen Vorteile sowie die Höhe der vom anderen Partner zum selben Zwecke erbrachten Beiträge[386]. Ein Ausgleich kann dann zuerkannt werden, wenn die Aufrechterhaltung der bestehenden Vermögenslage für den Partner, der die hochwertigen Leistungen ohne eigene Vermögensmehrung erbracht hat, unzumutbar ist[387]. Was den Partnern nach Kenntnis der Unwirksamkeit ihrer Partnerschaft jeweils zumutbar ist, lässt sich nur anhand des ursprünglichen Zwecks der Zuwendung oder der Arbeitsleistung beurteilen[388]. Für erbrachte Leistungen beispielsweise im Unternehmen des Partners ist keine Bezahlung zu leisten, sondern es hat eine angemessene Beteiligung an dem gemeinsam Erarbeiteten zu erfolgen. Bei Arbeitsleistungen im Betrieb des Partners wird die Höhe begrenzt durch die Kosten einer fremden Arbeitskraft, die der in seinem Vermögen geförderte Ehegatte erspart hat[389]. Ferner hat der Ausgleich die Funktion, den Wegfall der dauernden Mitnutzung der Leistungsergebnisse etwa bei einer übertragenen Immobilie für die Zukunft angemessen zu entschädigen. Der Ausgleich kann neben der grundsätz-

---

385 BGH FamRZ 1988, 481; BGH WM 1989, 888; BGH NJW 1992, 239; 1997, 2748.

386 Jaeger, in: Johannsen/Henrich, § 1414, Rn. 24.

387 BGH FamRZ 1995, 1147; 1995, 1149; 1997, 933.

388 OLG Düsseldorf FamRZ 1995, 1147.

389 Johannsen/Henrich, § 1414, Rn. 24, der den Maßstab für einen Ausgleich bei Ehegatten angibt. Sinn und Interessenlage des Ausgleichs sind jedoch identisch mit der Situation bei unwirksamen Lebenspartnerschaften, so dass eine Anwendung dieser Grundsätze angemessen erscheint.

lich möglichen Rückabwicklung auch auf einen Ausgleichsanspruch in Geld oder Rückgewähr gegen Ausgleichszahlung gerichtet sein, wenn die Leistung teilweise dem Vermögensausgleich diente[390]. Die Geschäftsgrundlagenlehre bietet damit eine einzelfallbezogene Ausgleichsmöglichkeit, die von Rückgewähr der empfangenen Leistung bis zur Ausgleichszahlung eine flexible Rechtsfolgenseite bereitstellt. Zumutbarkeits- und Billigkeitserwägungen führen hier zu interessengerechten Ergebnissen.

Mithin bietet die Lehre vom Wegfall der Geschäftsgrundlage einen gangbaren Weg zum Ausgleich unbenannter Zuwendungen bei unwirksamen Lebenspartnerschaften.

#### *e) Ergebnis*

Wertvolle Zuwendungen können über ausdrücklich geschlossene schuldrechtliche Verträge rückabgewickelt werden, sofern die Partner solche ausdrücklich geschlossen haben. Ferner kommen unter der Voraussetzung, dass ein bleibender Wert geschaffen werden sollte, gesellschaftsrechtliche Grundsätze in entsprechender Anwendung in Betracht. Außerdem stellt die Geschäftsgrundlagenlehre aufgrund des stillschweigend geschlossenen familienrechtlichen Vertrages den angemessenen Ausgleich erbrachter Zuwendungen dar. Rückabwicklungsschwierigkeiten entstehen somit auch bei wertvollen Zuwendungen nicht.

### *5. Eigentumsvermutung*

#### *a) Allgemeines*

Als weitere Rechtsfolge einer Lebenspartnerschaft normiert § 8 Abs. 1 LPartG eine Eigentumsvermutung zugunsten der Gläubiger eines Lebenspartners[391]. Die Eigentumsvermutung des § 8 Abs. 1 LPartG greift ausschließlich bei wirksamen eingetragenen Lebenspartnerschaften ein[392]. Hingegen hätten sich bei unwirksamer Lebenspartnerschaft Gläubiger und Vollstreckungsorgane in der Vergangenheit auf die Eigentumsvermutung und die Besitzvermutung der § 8 Abs. 1 LPartG i.V.m. § 739 Abs. 2 ZPO gestützt und damit eine weitreichende Erleichterung ihrer Vollstreckungsverfahren erhalten, da durch die gesetzliche Regelung eine

---

390 Rauscher, Rn. 492.
391 Kaiser, JZ 2001, 617, 620.
392 Siehe hierzu Hk-LPartG/Kemper, § 8, Rn. 1 ff.

Beweisumkehr zu Gunsten des Gläubigers einsetzt, die vom Schuldner entkräftet werden müsste[393].

Voraussetzung einer Vollstreckung ist neben dem Titel, der Klausel sowie der Zustellung auch der Gewahrsam des Schuldners, so dass die Gewahrsamsvermutung des § 739 ZPO auch auf Lebenspartnerschaften ausgeweitet werden musste[394]. Die letztgenannte Norm fordert ebenfalls, dass im Zeitpunkt der Pfändung schon beziehungsweise noch eine wirksame Lebenspartnerschaft besteht[395]. Fehlt diese, so kann die unwiderlegbare Besitzvermutung des § 739 ZPO nicht eingreifen. Dennoch ist hier davon auszugehen, dass alle Beteiligten übereinstimmend vom Vorliegen der privilegierenden Voraussetzungen ausgingen und erst später das Fehlen der Tatbestandsvoraussetzungen bekannt wird.

Es ist zu fragen, ob Rückabwicklungsschwierigkeiten entstehen, wenn die an der Vollstreckung Beteiligten die Unwirksamkeit der Lebenspartnerschaft nicht kannten. In einer typischen Problemkonstellation leben die Partner in einer häuslichen Gemeinschaft und ein Beteiligter ist Alleineigentümer beispielsweise einer wertvollen Gemäldesammlung. Sein Partner ist zum Beispiel Schuldner aus einem Darlehensvertrag mit einem Dritten. Dieser Dritte erwirbt einen Titel gegen den schuldenden Partner, da dieser das Darlehen nicht zurückgezahlt hat. Im Auftrage des Dritten erscheint sodann der Gerichtsvollzieher bei den vermeintlichen Lebenspartnern und möchte aus dem Titel vollstrecken. Alle Beteiligten glauben zu diesem Zeitpunkt, dass eine wirksame Lebenspartnerschaft vorliegt. Deshalb beruft sich der Gerichtsvollzieher auf § 8 Abs. 1 LPartG i.V.m. § 739 ZPO und pfändet die Gemäldesammlung des Partners. Im weiteren Verlauf erhebt dieser eine Drittwiderspruchsklage nach § 771 ZPO, er kann jedoch nicht beweisen, dass er die Gemäldesammlung vor oder während der Partnerschaft zu Alleineigentum erworben hat. Der Gerichtsvollzieher verwertet die Sammlung im Wege der Versteigerung und kehrt den Erlös an den Gläubiger aus. Wird nun die Unwirksamkeit der Lebenspartnerschaft bekannt, ist fraglich, welche Rechte dem Partner als vormaligem Eigentümer zustehen und welche Rückabwicklungsschwierigkeiten daraus resultieren.

Die Problemlage ist abhängig von dem Stadium der Vollstreckung. Sofern der Gerichtsvollzieher den Gegenstand noch in Besitz hat, kommt eine Drittwiderspruchsklage nach § 771 ZPO in Betracht. Sollte der gepfändete Gegenstand bereits veräußert worden sein, ist über Bereicherungsansprüche gegenüber dem Gläubiger, eventuell auch über Ansprüche aus unerlaubter Handlung nachzudenken, wenn der Gläubiger Kenntnis der Unwirksamkeit hatte. Ferner kommen

393 Hierzu Wellenhofer-Klein, Rn. 154.
394 Hierzu Muscheler, Rn. 83.
395 Münzberg, in: Stein/Jonas, § 739, Rn. 11.

Amtshaftungsansprüche gegen den Gerichtsvollzieher in Betracht, falls dieser von der Unwirksamkeit der Lebenspartnerschaft wusste[396].

Nach dem Bekanntwerden der Unwirksamkeit müsste mithin versucht werden, den Verlust des nicht schuldenden Partners durch Herausgabe- oder Geldersatzsansprüche zu kompensieren. Rückabwicklungsschwierigkeiten würden hier zum einen darin liegen, das Eigentum des Partners zu beweisen, was in der Praxis nicht immer gelingen dürfte. Denn gerade bei Dingen des täglichen Lebens wird in einer Partnerschaft nicht strikt zwischen den Eigentumssphären der Partner getrennt und der Nachweis der Eigentümerstellung kann dann Probleme bereiten[397]. Allerdings kann bei unwirksamer Lebenspartnerschaft der § 8 Abs. 1 LPartG gerade keine Wirkung entfalten, so dass sich der nicht schuldende Partner auf die Eigentumsvermutung des § 1006 Abs. 1 BGB berufen könnte. Diese würde die Behauptungs- und Beweislast des Besitzers zu seinen Gunsten verkürzen[398]. Der nicht schuldende vermeintliche Lebenspartner müsste mithin nur den gegenwärtigen beziehungsweise früheren unmittelbaren Besitz als Tatsachenbasis der Vermutung nach § 1006 Abs. 1 BGB darlegen und beweisen. Eine Beweislastumkehr zugunsten der Gläubiger eines Partners im Sinne des § 8 Abs. 1 LPartG könnte dann gerade nicht eintreten. Vielmehr würde die Gläubiger eines vermeintlichen Lebenspartners die Darlegungs- und Beweislast treffen, dass der Schuldner Alleineigentum an den betreffenden beweglichen Sachen hat.

Der nicht schuldende Eigentümer hätte dennoch im Falle der bereits durchgeführten Verwertung den Prozessweg zu beschreiten, sofern er Geldersatz vom Gläubiger begehrt. Die Durchsetzung von bereicherungsrechtlichen oder deliktischen Ansprüchen ist freilich stets mit einem Prozessrisiko verbunden, das der Partner tragen müsste. Insofern ist fraglich, wie die bei einer vollzogenen unwirksamen Lebenspartnerschaft bereits durchgeführten Vollstreckungshandlungen zu beurteilen sind. Hier bietet sich ein Blick auf die Situation bei nichtehelichen Lebensgemeinschaften an.

### *b) Analoge Anwendung des § 1362 BGB bei nichtehelichen Lebensgemeinschaften*

Bei nichtehelichen Lebensgemeinschaften wird die analoge Anwendung der Eigentumsvermutung des § 1362 BGB diskutiert. Gegen eine analoge Anwendung spreche, dass das Bestehen einer Ehe leicht erkennbar sei, wohingegen eine

396 Dies wird freilich, ebenso wie die Kenntnis des Gläubigers von der Unwirksamkeit der Lebenspartnerschaft, äußerst selten gegeben sein.

397 Hier kann die Anlage eines Vermögensverzeichnisses Erleichterungen bringen, vgl. Wellenhofer-Klein, Rn. 154.

398 Palandt/Bassenge, § 1006, Rn. 1.

nichteheliche Lebensgemeinschaft nur schwer definierbar sei und es Schwierigkeiten bereite, ihr tatsächliches Vorliegen festzustellen. Der Gerichtsvollzieher sei bei der Pfändung auf einfache und leicht handhabbare Kriterien angewiesen, was bei einer nichtehelichen Lebensgemeinschaft nicht gewährleistet werden könne. Hier müsse der Gerichtsvollzieher sodann eine normative Entscheidung darüber treffen, ob die Gemeinschaft eng genug sei, um eine analoge Anwendung zu rechtfertigen[399].

Für eine entsprechende Anwendung wird vorgebracht, dass die nichteheliche Lebensgemeinschaft eine typische Erscheinungsform des sozialen Lebens sei und definiert werden könne als „eine Lebensgemeinschaft zwischen einem Mann und einer Frau, die auf Dauer angelegt ist, daneben keine weitere Lebensgemeinschaft gleicher Art zulässt und sich durch innere Bindungen auszeichnet, die ein gegenseitiges Einstehen der Partner füreinander begründen, also über die Beziehungen in einer reinen Haushalts- und Wirtschaftsgemeinschaft hinausgehen“[400]. Um eine solche Beziehung festzustellen, kämen eine Reihe von Indizien in Betracht wie etwa lange Dauer des Zusammenlebens, Versorgung von Kindern und Angehörigen im gemeinsamen Haushalt und die Befugnis, über Einkommen und Vermögensgegenstände des anderen Partners zu verfügen[401]. Der Gerichtsvollzieher sei daher in der Lage, die jeweilige Situation zutreffend zu beurteilen.

Gegen eine analoge Anwendung der Eigentumsvermutung wird weiter vorgetragen, eine Ausdehnung der §§ 1362 BGB, 739 ZPO stehe nur dem Gesetzgeber zu. Es fehle bereits an einer Regelungslücke, da der Gesetzgeber im Jahre 1957, als diese Norm mit dem Gleichberechtigungsgesetz ihre jetzige Fassung erhielt, die Regelung nur gegen Eheleute gerichtet habe, obwohl nichteheliche Lebensgemeinschaften zu dieser Zeit bereits bekannt gewesen seien[402]. Hiergegen wird eingewandt, dass zwar dem Gesetzgeber zur damaligen Zeit dieser soziale Tatbestand bekannt war, aber erst danach die Zahl der nichtehelichen Lebensgemeinschaften so deutlich angestiegen sei, dass erst nun eine Regelungsbedürftigkeit bestehe. Diese Entwicklung habe der Gesetzgeber nicht voraussehen können[403].

Weiter wird gegen eine analoge Anwendung der Eigentumsvermutung vorgebracht, dass die Gefahr der Vermögensverschiebungen bei unverheirateten Paaren wesentlich geringer sei. Der von § 1353 BGB vorausgesetzte Bindungswille bestehe bei solchen Partnerschaften gerade nicht, da die zeitliche und inhaltliche Begrenzung der Beziehung einer Vermehrung des persönlichen Eigentums der

399 OLG Köln, NJW 1989, 1738; Münzberg, in: Stein/Jonas, § 739, Rn. 11.
400 BVerfGE 87, 234, 263.
401 BVerfGE 87, 234, 263.
402 Brox, FamRZ 1981, 1125, 1128.
403 BGHZ 121, 116, 116.

Partner entgegenstehe[404]. Dem wird entgegengehalten, dass auch bei einer nichtehelichen Lebensgemeinschaft „aus einem Topf gewirtschaftet werde“[405]. Eine generelle Annahme, wonach in derartigen Partnerschaften die Vermögensmassen strenger getrennt seien, könne es nicht geben[406].

Darüber hinaus lässt sich eine analoge Anwendung der Eigentumsvermutung auf nichteheliche Lebensgemeinschaften auch mit den Wertentscheidungen des Grundgesetzes begründen. Die Gläubiger von Ehepartner sind aufgrund §§ 1362 BGB i.V.m. 739 ZPO besser gestellt als die Gläubiger von Partnern nichtehelicher Lebensgemeinschaften. Der schuldende Ehegatte ist stets der Eigentumsvermutung ausgesetzt, während der nichteheliche Lebenspartner eine solche Vermutung nicht zu fürchten braucht. Diese Ungleichbehandlung, die zu Lasten von Ehepartnern geht, verstößt gegen Art. 3 Abs. 1 sowie gegen Art 6 Abs. 1 GG, denn es ist kein sachlicher Grund für die Benachteiligung von Ehegatten ersichtlich[407].

Die Eigentumsvermutung des § 1362 BGB ist nach alledem auf Partner einer nichtehelichen Lebensgemeinschaft anzuwenden[408].

*c) Analoge Anwendung des § 8 LPartG auf unwirksame Lebenspartnerschaften*

Fraglich ist nun, ob entsprechend der Anwendung des § 1362 BGB auf nichteheliche Lebensgemeinschaften § 8 LPartG analog auf unwirksame Lebenspartnerschaften angewandt werden kann. Dies hängt davon ab, ob § 8 LPartG auf die Statusbeziehung Lebenspartnerschaft abstellt und keinen weiteren Tatbestand als die Eingehung einer solchen Rechtsgemeinschaft voraussetzt, oder ob es allein auf die tatsächlichen Umstände in einer solchen Partnerschaft, hier das enge räumliche Zusammenleben und die Schwierigkeit der Zuordnung einzelner Vermögensgegenstände, ankommt.

Sinn und Zweck der Eigentumsvermutung ist, dem Gläubiger die Vollstreckung zu ermöglichen, wenn sein Schuldner in einer häuslichen Gemeinschaft lebt, in der der Nachweis der Eigentums- und Gewahrsamsverhältnisse schwierig ist. Dann gilt zu seinen Gunsten die Vermutung, dass der Schuldner Eigentümer ist. Dies muss der nicht schuldende Partner entkräften. Es wird also bei der Eigentumsvermutung nicht auf den bloßen Status abgestellt, sondern es sind die tatsächlichen Umstände des räumlichen Zusammenlebens entscheidend für die Ent-

---

404 OLG Köln NJW 1989, 1737.

405 BVerfGE 9, 20, 32; 52, 11, 12; Wacke, in: MünchKommBGB, § 1362, Rn. 11.

406 LG Düsseldorf NJW 1992, 1706.

407 Thran, NJW 1995, 1458, 1463.

408 Palandt/Brudermüller, § 1362, Rn. 1; Thran, NJW 1995, 1458, 1464; Hausmann/Hohloch, S. 442; Diederichsen, FamRZ 1988, 889, 891.

stehung dieser Regelung. Mithin kommt eine analoge Anwendung des § 8 LPartG auf unwirksame Lebenspartnerschaften grundsätzlich in Betracht[409].

Es ist noch zu untersuchen, ob die Bedenken, die gegen eine analoge Anwendung des § 1362 BGB auf nichteheliche Lebensgemeinschaften genannt werden, auch einer entsprechenden Anwendung des § 8 LPartG auf unwirksame Lebenspartnerschaften entgegenstehen könnten. Zunächst ist dabei das Augenmerk zu richten auf die Situation, in der der Gerichtsvollzieher bei den vermeintlichen Lebenspartnern vollstrecken will. Im Gegensatz zur Situation bei nichtehelichen Lebensgemeinschaften und Ehepartnern müsste er im vorliegenden Fall keine Subsumtion durchführen, ob eine analoge Anwendung der Norm angemessen ist, da alle Beteiligten zum Zeitpunkt der Vollstreckung von einer wirksamen Lebenspartnerschaft ausgehen. Eine Abgrenzung nach Indizien, ob die vorliegende Partnerschaft eng genug und auf Dauer angelegt ist, muss also gerade nicht erfolgen.

Ferner kann eine Ausdehnung des § 8 LPartG auf unwirksame Lebenspartnerschaften auch nicht dem Gesetzgeber überlassen werden, da dieser bereits ausdrücklich darauf hingewiesen hat, dass eine behutsame Rechtsfortbildung des LPartG auf gleichgeschlechtliche Partner, die keine Lebenspartnerschaft führen, möglich sein müsse. Fraglich ist weiterhin, wie groß die Gefahr von Vermögensverschiebungen zu Lasten der Gläubiger ist. Wenn bei einer Lebenspartnerschaft eine häusliche Gemeinschaft geführt wird, besteht immer die Gefahr, dass die Vermögenssphären der Partner vermischt werden und diese „aus einem Topf wirtschaften". Die Vermischung dürfte im Regelfall sogar noch größer sein als bei nichtehelichen Lebensgemeinschaften, da die Beteiligten einer unwirksamen Lebenspartnerschaft keine Kenntnis von der Rechtsunwirksamkeit ihrer Partnerschaft hatten und eine auf Dauer angelegte Beziehung annahmen. Eine strikte Trennung und klare Zuordnung der Vermögenswerte werden die Partner einer vermeintlichen Lebenspartnerschaft typischerweise gerade nicht durchführen. Die Gefahr für den Gläubiger, seine Forderung im Wege der Zwangsvollstreckung nicht durchsetzen zu können, ist daher ebenso hoch wie bei einer wirksamen Lebenspartnerschaft.

Ferner könnte bei einer Ablehnung der analogen Anwendung ein Verstoß gegen Art. 3 Abs. 1 GG drohen[410]. Denn dann wären Lebenspartner der Eigentumsvermutung ausgesetzt, während diese für gleichgeschlechtliche Partnerschaften mit einem gemeinsamen Haushalt nicht gelten würde. Ein sachlicher Grund für diese Ungleichbehandlung ist ebenso wenig ersichtlich wie zwischen Ehepartnern und Partnern einer nichtehelichen Lebensgemeinschaft. Doch selbst wenn es ei-

---

409 So auch Wacke, in: MünchKommBGB, § 8 LPartG, Rn. 1.
410 So auch Muscheler, Rn. 244.

nen Grund zur Differenzierung geben sollte, stünde das Grundgesetz einer Analogie nicht entgegen, da die Beseitigung der Benachteiligung von Lebenspartnern verfassungsrechtlich erwünscht wäre[411].

*d) Ergebnis*

Die Untersuchung hat gezeigt, dass eine analoge Anwendung des § 8 LPartG auf unwirksame Lebenspartnerschaften in Betracht kommt. Rückabwicklungsschwierigkeiten aufgrund unwirksamer Lebenspartnerschaft bestehen bei durchgeführter Zwangsvollstreckung nicht.

*6. Schlüsselgewalt*

*a) Allgemeines*

Bei einer unwirksamen Lebenspartnerschaft war eine wirksame rechtsgeschäftliche Mitverpflichtung des Partners nach § 8 Abs. 2 LPartG nicht möglich. Gleichwohl ist denkbar, dass die Beteiligten im Vertrauen auf eine gesetzliche Mitverpflichtung Rechtsgeschäfte abgeschlossen haben.

Fraglich ist indes, welche Rückabwicklungsschwierigkeiten sich aus einer fehlenden Mitverpflichtung ergeben können. Von dem Verweis in § 8 Abs. 2 LPartG auf § 1357 BGB sind Rechtsgeschäfte erfasst, die zur angemessenen Deckung des Lebensbedarfs erforderlich sind. Dies sind solche Geschäfte, die üblicherweise ohne vorherige Absprache der Lebenspartner untereinander vorgenommen werden wie beispielsweise Haushaltsgeschäfte über Lebensmittel oder Kleidung, Erwerb von Einrichtungsgegenständen, Verträge mit Handwerkern oder Behandlungsverträge mit Ärzten[412]. Dabei müssen beide Partner die von einem versprochene Leistung erbringen und können die von dem Dritten versprochene Leistung verlangen. Dies betrifft nicht nur die Hauptleistung, sondern auch Sekundärpflichten und im Zusammenhang mit dem Geschäft stehende vertragli-

---

411 Thran, NJW 1995, 1458, 1463, nennt diesen Gedanken für eine entsprechende Anwendung des § 1362 BGB auf Partner einer nichtehelichen Lebensgemeinschaft. Doch auch bei unwirksamen Lebenspartnerschaften kann dieser Argumentation gefolgt werden, denn der Gesetzgeber wollte die Rechtsstellung gleichgeschlechtlicher Partnerschaften insgesamt stärken und dann kann es nicht in seinem Interesse liegen, gerade diese Partnerschaftsform gegenüber unverbindlichen Partnerschaften zu benachteiligen.

412 Hk-LPartG/Kemper, § 8, Rn. 16.

che und vorvertragliche Pflichtverletzungen. Die Lebenspartner sind daher beide Gläubiger nach § 432 BGB[413] oder Gesamtschuldner nach §§ 421 ff. BGB[414].

Bei unwirksamer Lebenspartnerschaft konnten diese Rechtsfolgen gerade nicht eintreten, so dass ausschließlich der handelnde Partner als Vertragspartei anzusehen ist. Gleichwohl ist denkbar, dass der nicht schuldende Partner vom Gläubiger in Anspruch genommen wurde und daraufhin geleistet hat. Beispielsweise begleicht ein Partner die Rechnung eines vom anderen gerufenen Handwerkers oder er wird vom behandelnden Arzt des Partners in Anspruch genommen, woraufhin dieser seine vermeintliche Schuld tilgt. Typischerweise wird es sich bei dem Rückabwicklungsproblem der Schlüsselgewalt um Geldzahlungen handeln, die ein Partner in dem Vertrauen auf seine Mitverpflichtung geleistet hat. Dies ergibt sich aus dem rechtsgeschäftlichen Charakter der Handlungen, die zur angemessenen Deckung des Lebensbedarfs getätigt werden.

*b) Analoge Anwendung der §§ 1357 BGB, 8 Abs. 2 LPartG*

Bei der Frage, ob und wie eine Inanspruchnahme bei einem vom Partner abgeschlossenen Rechtsgeschäft zu behandeln ist, bietet sich wiederum ein Blick auf die Regelung in der nichtehelichen Lebensgemeinschaft an. Dort wird eine analoge Anwendung des § 1357 BGB ganz überwiegend abgelehnt[415]. Als Begründung wird darauf verwiesen, dass die Regelung schon im Eherecht nicht mehr die historisch gewünschte Funktion erfülle, den jeweils haushaltsführenden Teil aufzuwerten[416], sondern mittlerweile dazu führe, dass auch der ärmere Ehegatte für alle Geschäfte des reicheren hafte und dass den Gläubigern eines Ehegatten nun ohne ihren Wunsch ein zweiter Schuldner zur Verfügung stehe[417]. Die Ablehnung der analogen Anwendung auf nichteheliche Lebensgemeinschaften wird dann auch damit begründet, dass einer verfehlten Vorschrift nicht ein zusätzlicher Anwendungsbereich eröffnet werden soll[418].

---

413 Hk-LPartG/Kemper, § 8, Rn. 20. Dies ist allerdings streitig, da beim Abschluss alltäglicher Bedarfsdeckungsgeschäfte der vertragsschließende Lebenspartner nicht nur sich selbst, sondern auch seinen Partner mit verpflichtet. Der Schwerpunkt der Schlüsselgewalt besteht also darin, dem Vertragspartner ein Wahlrecht zwischen zwei Schuldnern zu verschaffen, so dass jedenfalls Gesamtschuldnerschaft angenommen werden kann, Wellenhofer-Klein, Rn. 156. Eine Gesamtgläubigerschaft kann daraus nicht zwangsläufig geschlossen werden.

414 Hk-LPartG/Kemper, § 8, Rn. 20.

415 Erman/Heckelmann, vor § 1353, Rn. 14; Soergel/Lange, NehelLG, Rn. 20; Wacke, in: MünchKommBGB, nach § 1302, Rn. 23.

416 BT-Drucks. 7/650, S. 98.

417 Erman/Heckelmann, § 1357, Rn. 4.

418 Hausmann/Hohloch, S. 438.

Fraglich ist nunmehr, ob § 8 Abs. 2 LPartG auf unwirksame Lebenspartnerschaften analog angewandt werden kann. Dabei ist zunächst die Frage zu stellen, ob die fragliche Norm an den Status Lebenspartnerschaft anknüpft oder lediglich dem tatsächlichen Umstand eines engen Zusammenlebens der Partner Rechnung trägt. Nur im zweiten Fall kommt eine analoge Anwendung in Betracht.

Vorliegend soll die Schlüsselgewalt ein gemeinsames Wirtschaften gewährleisten und beiden Lebenspartnern die Möglichkeit geben, eigenverantwortlich Rechtsgeschäfte abzuschließen. Der Anknüpfungspunkt ist dabei das Bestehen einer Rechtsgemeinschaft, in der eine wechselseitige Verpflichtung in Betracht kommt. Nicht entscheidend ist dabei der Umstand des Tatsächlichen. Die Norm § 8 Abs. 2 LPartG greift auch ein, wenn die Partner nicht gemeinsam im Rechtsverkehr in Erscheinung treten. Allerdings dürfen die Partner nicht dauerhaft gewollt getrennt leben[419]. § 8 Abs. 2 LPartG knüpft lediglich an den bestehenden Status als Lebenspartner an und stellt nicht auf die besondere Situation des tatsächlichen Lebens ab. Eine entsprechende Anwendung auf die unwirksame Lebenspartnerschaft kommt daher nicht in Betracht[420].

### *c) Rechtsgeschäftliche Vollmacht*

Das Problem einer eventuell durchzuführenden Rückabwicklung entsteht nicht, wenn trotz der Unwirksamkeit der Lebenspartnerschaft eine wirksame Mitverpflichtung des Partners gegeben ist. Diese könnte durch eine vom Partner erteilte Vollmacht entstehen. Dazu müssten die Voraussetzungen der §§ 164 ff. BGB vorliegen[421]. Die Beteiligten einer unwirksamen eingetragenen Lebenspartnerschaft werden jedoch üblicherweise auf die Wirksamkeit ihrer Lebenspartnerschaft vertrauen und demzufolge auch von einer gesetzlichen Mitverpflichtung als Regelfall ausgehen. Ein Bedürfnis nach Erteilung von rechtsgeschäftlichen Vollmachten wird daher regelmäßig nicht bestehen und es ist eine Frage des Einzelfalls, ob diese dennoch vorliegen. Sofern eine ausdrückliche Vollmacht vorliegen sollte, ist der Partner für das jeweilige Rechtsgeschäft wirksam verpflichtet worden. Ein Rückabwicklungsproblem hinsichtlich erbrachter Leistungen besteht dann nicht.

---

419 Getrenntes Leben zum Beispiel wegen beruflichem Aufenthalt an einem anderen Ort steht der Anwendung von § 8 LPartG nicht entgegen.

420 Freilich bestehen auch gegen § 8 Abs. 2 LPartG dieselben Vorbehalte wie gegen § 1357 BGB, da der Verweis auch bei gleichgeschlechtlichen Partnern als verfehlt angesehen wird, hierzu Muscheler, Rn. 252.

421 So auch Muscheler, Rn. 252.

*d) Anscheins- oder Duldungsvollmacht*

Fraglich ist jedoch, ob im Falle einer Inanspruchnahme durch den Gläubiger die Grundsätze über Duldungs- und Anscheinsvollmachten eingreifen können. Diese Institute kommen nur dann zur Anwendung, wenn keine Vollmacht erteilt wurde. Ferner ist erforderlich, dass der Vertragspartner nach Treu und Glauben mit Rücksicht auf die Verkehrssitte aus dem äußeren Geschehen auf eine Bevollmächtigung schließen kann[422]. Bei der Duldungsvollmacht ist weiterhin zu fragen, ob der Vertretene den Rechtsschein einer Bevollmächtigung in zumutbarer Weise gesetzt hat,[423] was anzunehmen ist, wenn der Vertretene das Verhalten des für ihn Handelnden kennt und es duldet[424]. Dabei kann jedoch nicht jedes Dulden sogleich als Bevollmächtigung angesehen werden, sondern es ist ein objektiver Anknüpfungspunkt zu fordern[425].

Freilich ist davon auszugehen, dass ein vermeintlicher Lebenspartner die von seinem Partner getätigten Rechtsgeschäfte regelmäßig dulden wird, da er ohnehin von einer gesetzlichen Mitverpflichtung ausgeht. Problematisch ist insoweit lediglich, ob der Gläubiger Kenntnis von der Duldung hatte. Diese muss vorliegen, da ansonsten kein Anknüpfungspunkt für das Vertrauen des Gläubigers in eine Vollmacht besteht.

Bei der Anscheinsvollmacht ist stattdessen gefordert, dass der Vertretene das Verhalten des für ihn Handelnden nicht kennt, dieser es jedoch bei pflichtgemäßer Sorgfalt erkennen und verhindern könnte[426]. Es liegt also ein nachlässiges Verhalten des Vertretenen vor[427]. Auch dieser Fall dürfte in der Praxis selten vorkommen, da sich die Partner regelmäßig durch § 8 Abs. 2 LPartG als ermächtigt ansehen werden. Ferner ist auch hier erforderlich, dass der Dritte von einer Duldung ausging und also Kenntnis von der Existenz des Partners hatte. In beiden Fällen muss außerdem der Vertragspartner auf Bestehen einer Vollmacht vertraut und darf keine Kenntnis der tatsächlich fehlenden Vollmacht haben.

Das Vorliegen dieser Voraussetzungen ist in jedem Einzelfall gesondert zu prüfen, da jede Partnerschaft ihre besondere Prägung aufweist. So ist fraglich, ob schon das bloße Zusammenleben zweier Personen des gleichen Geschlechts einen entsprechenden Rechtsschein begründen kann[428]. Allein aus dem Zusammen-

---

422 Brox/Walker, AT, Rn. 563, m.w.N.

423 Hierzu Brox/Walker, AT, Rn. 564.

424 BGHZ 102, 64; BGH NJW 2002, 2327.

425 Bork, Rn.1556; zu weiteren Einzelheiten: Schramm, in: MünchKommBGB, § 167, Rn. 45, m.w.N.

426 BGH LM Nr. 3, 4, 15, 17 zu § 167 BGB; BGH NJW 1998, 1855.

427 Hierzu Schramm, in: MünchKommBGB, § 167, Rn. 58, m.w.N.

428 Ablehnend Muscheler, Rn. 263.

leben kann sicher nicht auf eine Bevollmächtigung geschlossen werden, da es sich um eine verfestigte Form des Zusammenlebens handeln müsste. Es wäre hier verfehlt, die Beteiligten jeglicher Gemeinschaften wie beispielsweise reiner Wohngemeinschaften als gegenseitig bevollmächtigt anzusehen oder Rechtsscheinsvollmachten zuzulassen. Dies würde die Privatautonomie der in einer Gemeinschaft Lebenden unangemessen stark einschränken, da sich diese einer Vielzahl von Gläubigern ausgesetzt sehen könnten, mit denen sie zu keiner Zeit in rechtsgeschäftlichen Beziehungen standen. Freilich ist dies gerade das Anliegen der Duldungs- und Anscheinsvollmachten, aber der Anwendungsbereich dieser Instrumente darf nicht zu einem unverhältnismäßigen Gläubigerschutz durch zwangsläufige Bereitstellung eines zweiten Schuldners ausgeweitet werden.

Vielmehr bietet es sich an, anhand von Indizien festzustellen, ob eine verfestigte Partnerschaft angenommen werden kann. Hierfür kann auf die Tatbestandsmerkmale zurückgegriffen werden, anhand derer das Vorliegen einer nichtehelichen Lebensgemeinschaft definiert werden kann. So könnten Rechtsscheinsvollmachten angenommen werden bei Lebensgemeinschaften, die auf Dauer angelegt sind, daneben keine weiteren Lebensgemeinschaften gleicher Art zulassen und sich durch innere Bindungen auszeichnen, die ein gegenseitiges Einstehen der Partner füreinander begründen, also über die Beziehungen in einer reinen Haushalts- und Wirtschaftsgemeinschaft hinausgehen. Als Indizien dafür kommen in Betracht die lange Dauer des Zusammenlebens, die Versorgung von Kindern oder Angehörigen im gemeinsamen Haushalt und die Befugnis, über Einkommen und Vermögensgegenstände des anderen Partners zu verfügen[429].

Sobald diese Indizien erfüllt sind, kann auch eine Anscheins- oder Duldungsvollmacht dahingehend angenommen werden, dass der Handelnde auch zugleich seinen Partner verpflichten wollte und durfte, denn in diesen Fällen ist das Vertrauen des Rechtsverkehrs auf eine bestehende Bevollmächtigung schutzwürdig.

#### *e) Leistender Partner als Putativschuldner*

Falls keine Anscheins- oder Duldungsvollmacht vorliegt, ist fraglich, ob die §§ 812 ff. BGB zur Anwendung kommen können, um erbrachte Leistungen eines Partners rückabzuwickeln. Die Problematik entsteht, sobald der nicht wirksam mit verpflichtete Partner von dem Dritten in dem Glauben, es sei eine Mitverpflichtung entstanden, in Anspruch genommen wird und der in Anspruch genommene Partner auf seine tatsächlich nicht bestehende Schuld leistet. Es erfolgt

429 BVerfGE 87, 234, 263 für die Indizien bei einer nichtehelichen Lebensgemeinschaft. Diese können allerdings vergleichend herangezogen werden, um das Vorliegen einer verfestigten Partnerschaft festzustellen.

also eine Zahlung des vermeintlichen Lebenspartners auf eine objektiv fremde Schuld in der Annahme, selbst Schuldner zu sein. Dann ist fraglich, wie die erbrachten Leistungen zwischen den Beteiligten zu behandeln sind. Vorliegend ist davon auszugehen, dass sowohl der Gläubiger als auch der leistende mutmaßliche Lebenspartner sich beide über das Bestehen der Verpflichtung irren[430]. So erfolgt eine Inanspruchnahme durch den Gläubiger, weil dieser den vermeintlichen Lebenspartner als mit verpflichteten Gesamtschuldner ansieht und es erfolgt die Leistung seitens des Partners, da dieser sich selbst als wirksam mit verpflichtet ansieht. Bei dem leistenden Partner wird es dann regelmäßig an dem Willen mangeln, eine fremde Verpflichtung nach § 267 BGB zu tilgen, vielmehr möchte er eine eigene Schuld tilgen. In einem solchen Fall ist der leistende Partner als Putativschuldner anzusehen und könnte demzufolge einen Bereicherungsanspruch gegen den Gläubiger aus § 812 Abs. 1 Satz 1 BGB haben, da tatsächlich keinerlei Rechtsgrund für die Zahlung bestand und die sonstigen Voraussetzungen der condictio indebiti in der Zahlung fremder Schulden vorliegen, sofern sich beide Seiten übereinstimmend irren und ein Leistungsverhältnis daher nur zwischen dem Gläubiger und dem Partner besteht[431]. Der vermeintliche Lebenspartner als Putativschuldner hat keinen Bereicherungsanspruch gegen seinen Partner als den wahren Schuldner, da es insoweit an einer Vermögensverschiebung zwischen beiden fehlt[432]. Der wahre Schuldner erlangt allein durch die Leistung des Partners noch keine Befreiung, denn die Partner waren bei unwirksamer Lebenspartnerschaft gerade keine Gesamtschuldner. Der Leistende hat demzufolge einen Bereicherungsanspruch direkt gegen den Gläubiger. Dies entspricht auch dem bereicherungsrechtlichen Grundsatz, dass Bereicherungsansprüche nur innerhalb der jeweiligen Leistungsbeziehung abzuwickeln sind.

Falls die Partnerschaft über lange Zeit gelebt wurde, könnte es allerdings praktische Hindernisse bei der Auffindung des ursprünglichen Gläubigers geben, um diesem gegenüber einen Bereicherungsanspruch geltend zu machen. Dieser ist den Partnern nach Jahren vollzogener Partnerschaft im Zweifel nicht mehr bekannt oder nicht erreichbar, wodurch eine bereicherungsrechtliche Rückabwicklung im Zweipersonenverhältnis zwischen Gläubiger und leistendem Partner deutlich erschwert oder sogar unmöglich wäre. Die Konsequenz daraus wäre, dass der Leistende keine Möglichkeit hätte, die Leistung beim Gläubiger zu kondizieren.

430 BGH NJW 1974, 1132.

431 Unstreitig, grundlegend dazu RGZ 44, 136, 143; 87, 246, 251; Erman/Westermann, § 812, Rn. 31.

432 Palandt/Sprau, § 812, Rn. 59 m.w.N. zum Problem der Leistung durch Putativschuldner.

*f) Nachträgliche Tilgungsbestimmung*

Aufgrund der praktischen Probleme, die bei der Suche nach dem richtigen Gläubiger entstehen können, ist fraglich, ob der irrtümlich leistende Partner als Putativschuldner eine dem § 267 BGB entsprechende Lage herbeiführen, er also nachträglich seine Leistung der Schuld seines Partners zuordnen kann[433]. Diese nachträgliche Tilgungsbestimmung hätte zur Folge, dass die Verpflichtung des tatsächlich schuldenden Partners durch die Leistung des anderen erloschen und der wahre Schuldner dadurch von seiner Verpflichtung befreit wäre[434]. Gleichzeitig wäre der Bereicherungsanspruch des leistenden Partners gegen den tatsächlich schuldenden Partner eröffnet[435]. Für diese Wahlmöglichkeit des Putativschuldners sprechen zunächst Gründe der Praktikabilität, da nicht der Leistende seinen Bereicherungsanspruch gegenüber dem Gläubiger geltend machen muss, sondern es wäre durch die nachträgliche Tilgungsbestimmung lediglich noch ein Rückgriff gegen den schuldenden Partner erforderlich, der die Leistung ohnehin hätte erbringen müssen. Ferner entspricht die Sachlage der Situation, wenn eine Tilgungsbestimmung vor der Leistung des nicht schuldenden Partners von diesem getroffen worden wäre[436]. Die Folge ist dann vergleichbar mit der Erfüllung einer fremden Schuld gemäß § 267 BGB, so dass der Kondiktionsanspruch wegen Bereicherung in sonstiger Weise gegen den Schuldner gerichtet werden könnte[437].

Gegen die Möglichkeit einer nachträglichen Tilgungsbestimmung sprechen jedoch erhebliche Bedenken, da die berechtigen Interessen des tatsächlich schuldenden Partners verletzt sein könnten[438]. So ist denkbar, dass die Forderung des Gläubigers zwischenzeitlich verjährt ist oder eine Aufrechnungslage bestanden hat, die durch eine nachträgliche Tilgungsbestimmung zunichte gemacht werden könnte[439]. Ferner kann sich eine weitere Schranke der nachträglichen Tilgungsbestimmung ergeben aus § 267 Abs. 2 BGB, wonach eine Drittzahlung am gemeinsamen Widerstand von Gläubiger und Schuldner scheitert. Bei einer nachträglichen Tilgungsbestimmung könnte der vermeintliche Lebenspartner dieses Widerspruchsrecht umgehen und hätte somit eine weiterreichende Befugnis als

433 Erman/Westermann, § 812, Rn. 32.

434 Eine nachträgliche Tilgungsbestimmung befürwortend: RGRK/Heimann-Trosien, § 812, Rn. 31; Palandt/Sprau, § 812, Rn. 59; grundsätzlich zustimmend auch Larenz/Canaris, SBT, § 67 II 1.

435 BGH NJW 1986, 2700.

436 So RGRK/Heimann-Trosien, § 812, Rn. 31,m.w.N.

437 BGH NJW 1964, 1899; Palandt/Sprau, § 812, Rn. 59.

438 Esser/Weyers, § 48 II 6 a; Medicus, Rn. 951; Erman/Westermann, § 812, Rn. 32; Lieb, in: MünchKommBGB, § 812, Rn. 76.

439 Staudinger/Lorenz, § 812, Rn. 60, m.w.N.

ein die Leistung bewirkender Drittschuldner im Rahmen des § 267 BGB[440]. Im Ergebnis ist daher festzustellen, dass eine Wahlmöglichkeit des vermeintlichen Lebenspartners und damit eine nachträgliche Tilgungsbestimmung in jedem Einzellfall gesondert auf ihre Zumutbarkeit für den Schuldner betrachten werden muss. Die Folge einer grundsätzlich anwendbaren nachträglichen Tilgungsbestimmung wäre, dass sich als Parteien des Bereicherungsanspruchs nunmehr lediglich die vormaligen vermeintlichen Lebenspartner gegenüber stehen. Es erscheint grundsätzlich praktikabel, die nachträgliche Tilgungsbestimmung im Rahmen der unwirksamen Lebenspartnerschaft zuzulassen und dadurch den Bereicherungsanspruch des leistenden Partners gegen den wahren Schuldner zu ermöglichen.

Allerdings ist fraglich, ob die getätigten Rechtsgeschäfte im Rahmen der vermeintlichen Schlüsselgewalt sowie das Problem der nachträglichen Tilgungsbestimmung überhaupt eine besondere Relevanz für eine Rückabwicklung zwischen den Partnern besitzen. So ist zu beachten, dass die angesprochenen Rechtsgeschäfte durchgeführt wurden, um eine angemessene Deckung des Lebensbedarfs in der Partnerschaft zu erreichen. Bei diesen Rechtsgeschäften dürfte es sich im Regelfall um solche handeln, die das tägliche Leben der Partner aufrechterhalten und auch beiden Partnern zugute kommen sollten. Es dürfte sich also in erster Linie um Unterhaltsleistungen handeln, die der Gemeinschaft dienten oder um Unterhaltsleistungen, die zwar für einen Partner bestimmt waren, aber doch von beiden genutzt wurden und beiden zugute kamen. Es kann dann keine Rolle spielen, ob ein Partner diese Leistung selber erbracht hat oder bei Abschluss des Rechtsgeschäfts seinen Partner vermeintlich mit verpflichtet und dieser auf dessen mutmaßliche Schuld geleistet hat. Für derartige Leistungen kann nach den bisherigen Untersuchungen zur Rückabwicklung von Unterhaltsbeiträgen gerade kein Ausgleich verlangt werden. Vielmehr haben diese Leistungen ihren Zweck, nämlich die Aufrechterhaltung und Fortführung der Gemeinschaft, erreicht und sind damit verbraucht. Der empfangende vermeintliche Lebenspartner ist insoweit entreichert.

Bei nachträglicher Tilgungsbestimmung läuft der Leistende Gefahr, einen Unterhaltsanspruch kondizieren zu wollen, der nicht ausgleichsfähig ist. Der Partner würde dann keinerlei Ausgleich erhalten. Daher ist es für ihn sinnvoll, sich an den ursprünglichen Gläubiger zu halten, um diesem gegenüber den Bereicherungsanspruch gelten zu machen.

---

440 Staudinger/Lorenz, § 812, Rn. 60.

*g) Ergebnis*

Die im Rahmen der Schlüsselgewalt getätigten Rechtsgeschäfte können im Einzelfall über ausdrückliche Vollmachten sowie Anscheins- oder Duldungsvollmachten als rechtswirksam auch gegenüber dem Leistenden angesehen werden. Sofern diese auf Indizien basierenden Vollmachten nicht angenommen werden können, muss der leistende Partner seine Leistung im Verhältnis zum Gläubiger über das Bereicherungsrecht abwickeln. Zwar kommt eine nachträgliche Tilgungsbestimmung bei unwirksamer Lebenspartnerschaft in Betracht, allerdings kann hierfür zwischen den Partnern regelmäßig kein Ausgleich verlangt werden, soweit die Rechtsgeschäfte zur Deckung des angemessenen Lebensbedarfs den Unterhaltsleistungen entsprechen. Auch hier treten keine Rückabwicklungsschwierigkeiten auf.

Im Fallbeispiel 2. konnte aufgrund der Unwirksamkeit der Lebenspartnerschaft keine gesetzliche Mitverpflichtung nach § 8 Abs. 2 LPartG stattfinden. Daher ist es eine Frage des genauen Umstände, ob Tanja hier im Rahmen einer Anscheins- oder Duldungsvollmacht gleichwohl mit verpflichtet wurde. Sofern dies nicht der Fall ist, kann sie nicht für die Rechtsgeschäfte der Sabine in Anspruch genommen werden.

*7. Verfügungsbeschränkungen*

*a) Allgemeines*

Bei einer unwirksamen Lebenspartnerschaft können die durch § 6 Satz 2 LPartG i.V.m. § 1364-1390 BGB normierten Beschränkungen im rechtsgeschäftlichen Bereich mangels Vorliegens der Tatbestandsvoraussetzungen des LPartG nicht eintreten. Daher unterlag der handelnde Lebenspartner unwissentlich nicht den Beschränkungen hinsichtlich der Gesamtvermögensgeschäfte, sondern konnte unabhängig von seinem vermeintlichen Lebenspartner Verpflichtungs- und Verfügungsgeschäfte abschließen.

Als ein solches Rechtsgeschäft kommt etwa die Veräußerung eines Hausgrundstücks an einen Dritten in Betracht, das im Alleineigentum eines Partners steht und nahezu dessen gesamtes Vermögens ausmacht. Der Veräußernde fühlt sich an das Zustimmungserfordernis gebunden und setzt seinen Partner davon in Kenntnis, um von diesem die Genehmigung zu erhalten. Ferner könnte ein Partner sein Aktienpaket, das den überwiegenden Teil seines Vermögens ausmacht, an einen Dritten verschenken. Auch hier fühlte sich der Schenker an die Zustimmung seines Partners gebunden. Nach Bekanntwerden der Unwirksamkeit stellt sich die Frage, wie die von einem Partner beabsichtigten Rechtsgeschäfte zu beurteilen und ob diese einer Rückabwicklung zugänglich sind. In den oben genannten Beispielen waren dies ein Grundstückskaufvertrag sowie eine Schenkung.

Da der Einwilligungs- oder Genehmigungsvorbehalt bei unwirksamer Lebenspartnerschaft nicht eingreift, sind alle bis dahin „schwebend unwirksamen" Rechtsgeschäfte grundsätzlich als voll wirksam anzusehen. Der Vertragsschließende unterlag tatsächlich zu keiner Zeit einem Zustimmungserfordernis seines Partners. Kein Rückabwicklungsproblem entsteht, wenn der vermeintliche Lebenspartner dem Gesamtvermögensgeschäft zugestimmt hat. Dann gingen bereits während des Vollzugs der Partnerschaft alle Beteiligten von einem wirksamen Rechtsgeschäft aus und haben dieses durchgeführt. Nach Bekanntwerden der Unwirksamkeit der Lebenspartnerschaft besteht dann kein Bedürfnis nach erneuter rechtlicher Überprüfung des Rechtsgeschäfts, denn die Sach- und Rechtslage entspricht dem Rechtsbindungswillen der Beteiligten.

*b) Verweigerte Zustimmung*

Problematisch ist hingegen der Fall, dass ein Lebenspartner ein zustimmungsbedürftiges Rechtsgeschäft mit einem Dritten abschließen will in der unzutreffenden Auffassung, einem Zustimmungsbedürfnis zu unterliegen, sein Lebenspartner allerdings die vermeintlich erforderliche Zustimmung dazu verweigert hat. Dann würden die Beteiligten das Rechtsgeschäft für unwirksam erachten, obwohl aufgrund der Unwirksamkeit der Lebenspartnerschaft tatsächlich keinerlei Zustimmung erforderlich war und daher der Partner unbeschränkt verfügen konnte.

Eine analoge Anwendung von § 6 Satz 2 LPartG i.V.m. § 1365 BGB ist nicht möglich, da es sich um Normen aus dem lebenspartnerschaftlichen Güterrecht handelt und diese ausweislich der bisherigen Prüfung nicht an die tatsächlichen Umstände in einer Partnerschaft, sondern ausschließlich auf den Status als Lebenspartner abstellen. In einem solchen Fall kommt dem Tatsächlichen keine Bedeutung zu, das Güterrecht ist ausschließlich an eine Rechtsbeziehung geknüpft. Für das rechtliche Schicksal der Gesamtvermögensgeschäfte kommen nun im Wesentlichen zwei Vorgehensweisen in Betracht. So ist an eine Neuvornahme des Rechtsgeschäfts zu denken und es kommt eine Heilung des zunächst als unwirksam beurteilten Rechtsgeschäfts in Betracht. Die Neuvornahme hat dabei freilich den Nachteil, dass der vermeintliche Lebenspartner und der Dritte erneut alle für das Rechtsgeschäft erforderlichen Handlungen vornehmen müssten. Sie stehen sich dabei gegenüber, als hätten sie zu keinem Zeitpunkt eine rechtsgeschäftliche Beziehung zueinander gehabt. Dass es also zu einer Neuvornahme kommt, dürfte regelmäßig unrealistisch sein, da der ursprüngliche Vertragspartner das Interesse verloren haben dürfte, wenn die Partnerschaft über längere Zeit vollzogen wurde und dann zwischen Scheitern der Erstvornahme mangels Zustimmung des vermeintlichen Lebenspartners und Kenntnis der Unwirksamkeit ein größerer Zeitraum verstrichen ist. Es besteht in einem solchen Fall keine geschäftliche Grundlage mehr zwischen den Parteien, so dass sie sich als „neue" Vertragsparteien gegenüberstehen. Die vor geraumer Zeit zwischen den Parteien vereinbarten Vertragsbedingungen können bei einer Neuvornahme des Rechtsgeschäfts keine Geltung mehr beanspruchen. Insofern wäre es für die Beteiligten vorteilhaft, wenn die bislang getätigten Verpflichtungs- und Verfügungsgeschäfte als wirksam betrachtet werden könnten.

*c) Rechtsgedanke des § 108 Abs. 3 BGB*

Zu erörtern ist nunmehr, ob und gegebenenfalls wie die Wirksamkeit ohne Neuvornahme herbeigeführt werden kann und ob einer Heilung zeitliche Grenzen gesetzt sind. Die vorliegende Situation gleicht dem Abschluss eines Verpflichtungs- und Verfügungsgeschäfts durch einen beschränkt Geschäftsfähigen[441]. Dieses ist gemäß § 108 Abs. 1 BGB bis zur Genehmigung des gesetzlichen Vertreters schwebend unwirksam. Eine Genehmigung kann gemäß § 108 Abs. 3 BGB von dem Minderjährigen selbst erteilt werden, wenn dieser unbeschränkt geschäftsfähig geworden ist. Dann tritt seine Genehmigung an die Stelle der Genehmigung des Vertreters. Eben diese Lösung bietet eine Möglichkeit für die Beteiligten eines Gesamtvermögensgeschäfts, den Erfolg des Verpflichtungs- oder Verfügungsgeschäfts dennoch herbeizuführen, indem der vormals in einer vermeintlichen Lebenspartnerschaft lebende Partner das schwebend unwirksame Rechtsgeschäft selbst „genehmigt", nachdem die Unwirksamkeit der Lebenspartnerschaft bekannt geworden ist und der Partner seine vermeintlich eingeschränkte Verwaltungs- und Verfügungsbefugnis wieder erlangt hat.

Der Verfügende besaß stets seine uneingeschränkte Verfügungsmacht, da mangels rechtswirksamer Lebenspartnerschaft keine Beschränkung des § 6 Satz 2 LPartG i.V.m. §§ 1364-1390 BGB vorlag. Ein Gesamtvermögensgeschäft hätte demzufolge jederzeit ohne Zustimmung des anderen Partners vorgenommen werden können. Dann muss es dem vertragsschließenden Partner erst recht möglich sein, ein vermeintlich schwebend unwirksames Rechtsgeschäft selbst zu genehmigen, um dessen Rechtswirksamkeit herzustellen. Freilich gilt dies ausschließlich für den Fall, dass die Genehmigung noch erteilt werden kann und eine Frist zur Genehmigung noch nicht abgelaufen ist. Davon werden nur Fälle umfasst

441 Künzl, FamRZ 1988, 452, 456, der Gesamtvermögensgeschäfte eines Ehepartners untersucht. Die Problematik ist mit der vorliegenden vergleichbar.

sein, bei denen die Kenntnis der Unwirksamkeit zeitnah zum Abschluss des Gesamtvermögensgeschäfts eintritt. Anderenfalls kann der Vertragspartner schon aufgrund der §§ 145 ff. BGB nicht mehr an sein Angebot gebunden sein.

*d) Ergebnis*

Sofern ein Partner während des Vollzugs seine „Zustimmung" erteilt hat, entstehen keine Rückabwicklungsschwierigkeiten, das Rechtsgeschäft ist dann bereits während vermeintlicher Lebenspartnerschaft wirksam abgeschlossen. Falls eine Zustimmung vom Partner verweigert wurde, muss das Rechtsgeschäft nach Kenntnis von der Unwirksamkeit erneut vorgenommen werden. Sofern hingegen der Vertragsschluss trotz fehlender Zustimmung in zeitlicher Nähe zum Bekanntwerden der Unwirksamkeit erfolgte, kommt eine Heilung des Rechtsgeschäfts mit dem Rechtsgedanken des § 108 Abs. 3 BGB in Betracht. Rückabwicklungsschwierigkeiten bestehen insoweit nicht.

*8. Sorgerecht*

*a) Allgemeines*

Bei unwirksamer Lebenspartnerschaft konnten die Regelungen über das Sorgerecht aus § 9 LPartG nicht eingreifen. Der vermeintliche Lebenspartner könnte als Vertragspartner Rechtsgeschäfte für das Kind entweder allein oder gemeinsam mit seinem Partner abgeschlossen haben in der fehlerhaften Auffassung, hierzu gemäß § 9 LPartG ermächtigt zu sein. Als solche Rechtsgeschäfte, die zum Wohle des Kindes vorgenommen wurden, kommen beispielsweise die Anmeldung im Kindergarten, der Abschluss eines Behandlungsvertrages beim Kinderarzt oder auch der Kauf von Kleidung und Spielzeug für das Kind in Betracht. Aufgrund der Unwirksamkeit der Lebenspartnerschaft hatte der mutmaßliche Lebenspartner für diese Rechtsgeschäfte jedenfalls keine gesetzliche Vertretungsmacht. Nachdem die Unwirksamkeit der Lebenspartnerschaft bekannt geworden ist, stellt sich die Frage, ob und wie die im Rahmen des Sorgerechts vorgenommenen Rechtsgeschäfte rückabgewickelt werden müssen.

*b) Vergleich mit Scheinvaterschaft*

Zum Vergleich könnte hier die Situation nach Vaterschaftsanfechtung durch den Scheinvater herangezogen werden. Sowohl Scheinvater als auch vermeintlicher Lebenspartner hielten sich für gesetzlich vertretungsberechtigt, obgleich sie dies tatsächlich nicht waren. Ebenso wie bei unwirksamer Lebenspartnerschaft war beim Scheinvater zu keiner Zeit eine wirksame gesetzliche Vertretung möglich, denn nach dem der Anfechtungsklage stattgebenden Urteil entfällt die Vaterschaft rückwirkend bis zur Geburt[442]. Ebenso verliert das Kind alle von dem Scheinvater hergeleiteten Rechte. Rechtsgeschäfte, die von dem Scheinvater für das Kind getätigt wurden, bleiben mit unterschiedlichen Begründungen, die nachfolgend skizziert werden, rechtswirksam.

Freilich gibt es neben dem rechtsgeschäftlichen Handeln im Rahmen des Sorgerechts auch die tatsächliche Sorge. Zu dieser zählen die Pflege und Erziehung des Kindes, was in einer gleichgeschlechtlichen Partnerschaft von den Partnern üblicherweise gemeinschaftlich vorgenommen wird. Dieses tatsächliche Handeln, das der Persönlichkeitsentwicklung des Kindes dient, kann nicht ungeschehen gemacht werden, Rückabwicklungsschwierigkeiten treten daher insoweit nicht auf. Es entfallen rückwirkend lediglich sämtliche Rechtswirkungen[443]. Der Vergleich mit der Scheinvaterschaft ist mithin auf das rechtsgeschäftliche Handeln des vermeintlichen Lebenspartners zu beschränken.

#### *c) Gemeinsames Handeln*

Zunächst ist das Schicksal der Rechtsgeschäfte zu prüfen, die die vermeintlichen Lebenspartner gemeinschaftlich tätigen, wie beispielsweise die gemeinsame Anmeldung des Kindes im Kindergarten. Hier konnte zwar der vermeintliche Lebenspartner nicht wirksam rechtsgeschäftlich für das Kind handeln, jedoch war zugleich auch der sorgeberechtigte Elternteil anwesend. Die unwirksame Gesamtvertretung durch beide Partner schließt die wirksame Alleinvertretung durch den tatsächlich sorgeberechtigten Elternteil als „Minus" ein[444]. Auch die Akte der elterlichen Sorge, die der Scheinvater zusammen oder in Mitvertretungsmacht der Mutter vorgenommen hat, bleiben wirksam, denn das Kind war durch die Mutter, die bei unwirksamen Lebenspartnerschaften dem sorgeberechtigten Elternteil entspricht, wirksam vertreten[445]. Das aus dem Sorgerecht entspringende Vertretungsrecht konnte mithin der sorgeberechtigte Elternteil, der es innehat, jederzeit ohne Zustimmung oder Einvernehmen seines vermeintlichen Lebenspartners ausüben[446] und also sind die von den vermeintlichen Lebenspartnern gemeinsam vorgenommene Rechtsgeschäfte wirksam. Ein Rückabwicklungsprob-

---

442 Seidel, in: MünchKommBGB, § 1592, Rn. 54; Soergel/Gaul, § 1593, Rn. 34, m.w.N.
443 Lüderitz/Dethloff, § 10, Rn. 56.
444 Seidel, in: MünchKommBGB, § 1592, Rn. 54, Gernhuber/Coester-Waltjen, § 52, Rn. 132.
445 Gernhuber/Coester-Waltjen, § 52, Rn. 132.
446 Dies ergibt sich bereits aus § 1629 Abs. 1 Satz 3 BGB.

lem besteht mithin nicht bei Rechtsgeschäften, die von beiden Partnern vorgenommen wurden.

### d) *Alleiniges Handeln*

Die Situation stellt sich anders dar, wenn der das Sorgerecht aus § 9 LPartG vermeintlich innehabende Lebenspartner allein rechtsgeschäftlich für das Kind handelt, wie beispielsweise während des Abschlusses eines Behandlungsvertrages beim Kinderarzt, sofern allein der vermeintliche Lebenspartner mit dem Kind zum Arzt geht. Hier hat er das Sorgerecht in der irrigen Annahme ausgeübt, dazu berechtigt zu sein, obwohl dies von Anfang an nicht der Fall war.

Eventuell kann hier jedoch eine stillschweigende Bevollmächtigung durch den sorgeberechtigten Elternteil erfolgen. Nach § 9 Abs. 1 LPartG ist der Lebenspartner im Einvernehmen mit dem sorgeberechtigten Elternteil zur Mitentscheidung in Angelegenheiten des täglichen Lebens berufen. § 9 LPartG kann hier zwar keine Anwendung finden, da die Partnerschaft unwirksam ist. Es ist jedoch fraglich, welche Rechtsqualität das „Einvernehmen" hat, denn möglicherweise ist dieses abstrakt von der Rechtswirksamkeit der Lebenspartnerschaft als eine rechtsgeschäftliche Bevollmächtigung zu beurteilen und bietet sodann eine Vertretungsmacht unabhängig von der Unwirksamkeit der Partnerschaft.

Bei dem Einvernehmen könnte es sich um ein bloß faktisches Einigsein der Partner ohne Rechtsqualität und Bindungswirkung oder um eine einseitige, an den Partner zu richtende empfangsbedürftige Willenserklärung oder um einen echten Vertrag zwischen den Partnern handeln[447]. Es spricht viel dafür, in diesem Einvernehmen einen familienrechtlichen Vertrag mit Bindungswirkung zu sehen[448]. Zunächst deutet der mutmaßliche Wille der Lebenspartner darauf hin. Denn diese wollen freilich nicht für jedes einzelne Rechtsgeschäft ein Einvernehmen erzielen, sondern möchten die Vertretungsbefugnis für den Partner generell, sofern sie dem Wohle des Kindes dient. Weiter hat das Kind ein Interesse an stabilen sorgerechtlichen Befugnissen, was ebenfalls für eine dauerhafte Bindung im Rahmen des Einvernehmens spricht[449]. Dem Einvernehmen kann daher vertragsähnlicher Charakter zukommen, denn die Partner wollen zum Wohle des Kindes handeln und daher eine jederzeit mögliche Vertretung herbeiführen. Insofern kann daran gedacht werden, das Einvernehmen zur Vertretung unabhängig von der Rechtswirksamkeit der Lebenspartnerschaft zu sehen[450] und eine rechts-

---

447 Muscheler, Rn. 449.
448 Schwab, FamRZ 2001, 394; Weinreich, FuR 2001, 485; Burhoff, ZAP 2001, 956.
449 Muscheler, Rn. 450.
450 Anders Muscheler, Rn. 454, der eine wirksame Lebenspartnerschaft für das Einvernehmen fordert.

geschäftliche Bevollmächtigung des Partners anzunehmen, wenn der sorgeberechtigte Elternteil gegenüber seinem Partner erklärt, dieser könne in Zukunft Vertretungsgeschäfte für das Kind vornehmen. Sobald die vermeintlichen Lebenspartner Einzelheiten zur Durchführung des Sorgerechts vereinbart haben, kann mithin eine rechtsgeschäftliche Vertretungsmacht unterstellt werden, die unabhängig von der Wirksamkeit der Lebenspartnerschaft ist.

Sofern keine Vereinbarung zwischen den Partnern vorliegt, die als Einvernehmen qualifiziert werden könnte, ist an die Konstellation des Vertreters ohne Vertretungsmacht zu denken, so dass sich die rechtlichen Folgen der Vertretung nach §§ 177 ff. BGB richten[451]. Die rechtliche Beurteilung des Handelns hängt dann davon ab, ob es noch genehmigungsfähig ist und ob der allein Sorgeberechtigte es genehmigt[452]. Für diese Ansicht lässt sich anführen, dass es den allgemeinen Grundsätzen des Vertretungsrechts entspricht, dass bei einem Handeln ohne entsprechende Ermächtigung die Wirksamkeit von der Genehmigung des tatsächlich Berechtigten abhängt. Bei einem rechtsgeschäftlichen Handeln des vermeintlichen Lebenspartners ist allerdings regelmäßig von einer Bevollmächtigung durch das erzielte „Einvernehmen" auszugehen, erst subsidiär kommt eine stillschweigende Genehmigung der abgeschlossenen Rechtsgeschäfte in Betracht, beispielsweise wenn der Partner während einer Geschäftsreise nicht erreichbar ist und sein vermeintlicher Lebenspartner mit dem erkrankten Kind zum Arzt geht. Hier wird, wenn nicht bereits vorher ein Einvernehmen erzielt worden ist, jedenfalls eine stillschweigende Genehmigung durch den sorgeberechtigten Elternteil erfolgen.

Anders liegt der Fall, wenn der vermeintliche Lebenspartner allein handelt, weil sein Partner aus tatsächlichen Gründen sein Sorgerecht nicht ausüben kann[453]. Dann könnten die Grundsätze über Rechtsscheinsvollmachten, namentlich der Duldungs- oder Anscheinsvollmacht, angewendet werden. Diese haben als Tatbestandsvoraussetzung zunächst das Fehlen einer wirksamen Bevollmächtigung, wovon auszugehen ist, wenn die Lebenspartnerschaft unwirksam ist und auch keine rechtsgeschäftliche Vollmacht erteilt wurde. Ferner ist erforderlich, dass das äußere Geschehen auf eine Vollmacht schließen lässt[454]. Auch diese Voraussetzung wird regelmäßig erfüllt sein, wenn der Partner für das Kind handelt und er auftritt wie ein Vertreter des Geschäftsunfähigen oder beschränkt Geschäftsfähigen. Weitere Voraussetzung ist, dass der Rechtsschein einer Bevoll-

---

451 Palandt/Diederichsen, § 1599, Rn. 7; Staudinger/Rauscher, § 1599, Rn. 31.
452 Staudinger/Rauscher, § 1599, Rn. 31.
453 Beispielsweise wegen einer Haftstrafe, Todes oder Krankheit.
454 Brox/Walker, AT, Rn. 564, m.w.N.

mächtigung entsteht, weil der Vertretene entweder die Vertretung duldet[455], oder von der Vertretung keinerlei Kenntnis hat, diese jedoch bei ordnungsgemäßer Sorgfalt hätte[456]. Es sind also objektive Anhaltspunkte für das Vorliegen einer Vollmacht erforderlich. Dies wird in der Regel anzunehmen sein, wenn ein Volljähriger für einen erkennbar Geschäftsunfähigen oder beschränkt Geschäftsfähigen Rechtsgeschäfte abschließt. Der Elternteil wird das Vertreterhandeln des Partners regelmäßig dulden oder sich nicht um jedes durch den Partner für das Kind abgeschlossene Rechtsgeschäft kümmern oder aus tatsächlichen Gründen kümmern können[457], solange die getätigten Geschäfte dem Wohle des Kindes dienen. Es kann dann von einer Rechtsscheinsvollmacht gesprochen werden, die für das Kind abgeschlossenen Rechtsgeschäfte sind wirksam.

#### *e) Ergebnis*

Bei unwirksamer Lebenspartnerschaft besteht kein Rückabwicklungsbedürfnis hinsichtlich der Rechtsgeschäfte, die von dem vermeintlichen Lebenspartner im Rahmen des Sorgerechts abgeschlossen wurden. Diese sind entweder aufgrund ausdrücklicher Bevollmächtigung wegen erzielten Einvernehmens wirksam oder sie werden später stillschweigend genehmigt. Falls der sorgeberechtigte Elternteil an der Ausübung der Sorge gehindert sein sollte, kann die Vertretung durch den vermeintlichen Lebenspartner auf Rechtsscheinsgrundsätze gestützt werden. Auch hier bestehen keine Rückabwicklungsschwierigkeiten.

### *9. Erbrecht*

#### *a) Allgemeines*

Der Gesetzgeber des LPartG will dem überlebenden Partner aufgrund der engen persönlichen Bindungen während des Bestehens der Lebenspartnerschaft und wegen der in § 2 LPartG normierten gegenseitigen Fürsorge und Unterstützung einen angemessenen Anteil am Vermögen des Partners nach dessen Tod zukommen lassen[458]. Das Bestehen einer wirksamen eingetragenen Lebenspartnerschaft

---

455 Siehe zur Duldungsvollmacht Bork, Rn. 1556; Schramm, in: MünchKommBGB, § 167, Rn. 45, m.w.N.
456 BGH NJW 1998, 1855.
457 Dies gilt insbesondere, wenn der Partner aus tatsächlichen Gründen an der Ausübung des Sorgerechts verhindert ist, beispielsweise wegen Haft oder Krankheit.
458 BT-Drucks. 14/3751, S. 39.

ist dabei Anknüpfungspunkt für die in § 10 LPartG getroffenen erbrechtlichen Regelungen[459]. Im Falle der Unwirksamkeit konnten diese gerade nicht eintreten.

*b) Gesetzliches Erbrecht*

Problematische Rückabwicklungsfragen könnten sich stellen, wenn ein Beteiligter einer vermeintlichen Lebenspartnerschaft verstirbt und keine letztwillige Verfügung hinterlässt, weil er entweder gar nicht an die Möglichkeit einer Testamentserrichtung gedacht hat oder weil er das Eingreifen des gesetzlichen Erbrechts nach § 10 LPartG für angemessen hält.

*aa) Vermeintliches Erbrecht aus § 10 LPartG*

Da der Partner und die Angehörigen des Verstorbenen zunächst keine Kenntnis von der Unwirksamkeit der Lebenspartnerschaft haben, gehen alle Beteiligten im Erbfall vom Eingreifen des § 10 LPartG und dem Eintritt der gesetzlichen Erbfolge aus. Abhängig davon, welche Verwandten welchen Grades noch leben, wird sodann der Nachlass unter den Beteiligten verteilt, wobei der vermeintliche Lebenspartner ausweislich der Regelungen des § 10 LPartG typischerweise den größten Anteil erhalten wird[460]. Sofern dann die Unwirksamkeit der Lebenspartnerschaft bekannt wird, werden die Erben daran interessiert sein, den Nachlass vom vermeintlichen Lebenspartner heraus zu verlangen. Bis dahin wird der Partner den Nachlass regelmäßig als gutgläubiger Erbe in Besitz und diesen verwaltet haben. Beispielsweise wird er mit ererbtem Vermögen neue Gegenstände erworben oder Nachlassgegenstände verbraucht haben. Außerdem hat er möglicherweise andere Vorteile wie etwa Zinszahlungen aus Vermögen oder Einnahmen aus Vermietung oder Verpachtung mit Gegenständen des Nachlasses erzielt. Die tatsächlichen Erben haben sodann ein Interesse, auch diese Vorteile zu erlangen.

Die einzige zu fordernde Voraussetzung, um hier den Anspruch der Erben zu begründen, ist die Geltendmachung der Unwirksamkeit der Lebenspartnerschaft durch die Erben. Diese müssten sich also auf einen Verstoß gegen § 1 LPartG während der Eingehung der Lebenspartnerschaft oder eine vor dem 01.01.2005 durch einen Partner erklärte Anfechtung der Lebenspartnerschaft berufen. Dann steht einer Bewertung der Lebenspartnerschaft als unwirksam nichts entgegen, so dass das gesetzliche Erbrecht zugunsten der wirklichen Erben eingreift.

---

459 Erman/Kaiser, § 10, Rn. 9; Muscheler, Rn. 285; v. Dickhuth-Harrach, FamRZ 2001, 1660.

460 Die Ausgestaltung der Erbschaftsverhältnisse kann hierbei zahlreich sein und entzieht sich deshalb einer abschließenden Aufzählung. Grundsätzlich denkbar sind aber Alleinerbschaft des Partners sowie Erbengemeinschaft mit anderen Erben.

Für einen solchen Fall hat der Gesetzgeber die §§ 2018 ff. BGB geschaffen, die es dem Erben ermöglichen, Erbschaftsgegenstände von dem Erbschaftsbesitzer herauszuverlangen[461]. Dabei kommt es nicht darauf an, ob der Erbschaftsbesitzer gut- oder bösgläubig ist[462]. Der ehemalige Lebenspartner wäre demnach sowohl den Einzelansprüchen der Erben als auch dem Erbschaftsanspruch als Gesamtsanspruch ausgesetzt, mithin müsste er grundsätzlich sämtliche Nachlassgegenstände und dadurch erlangte Surrogate[463] herausgeben.

Entscheidend dürfte es bei der Herausgabepflicht der Nachlassgegenstände auf den Haftungsumfang des vermeintlichen Lebenspartners ankommen. Dieser richtet sich danach, ob der vermeintliche Lebenspartner gut- oder bösgläubig, verklagt oder unverklagt ist. Sofern der gutgläubige und unverklagte Erbschaftsbesitzer den Nachlass nicht mehr herausgeben kann, haftet er gem. § 2021 BGB nach den Vorschriften über die ungerechtfertige Bereicherung. Es handelt sich dabei um eine Rechtsfolgenverweisung, so dass allein die §§ 818 ff. BGB zu prüfen sind[464]. Der Anspruch aus § 2021 BGB geht demnach auf Wertersatz nach § 818 Abs. 2 BGB und erlischt gemäß § 818 Abs. 3 BGB mit dem Wegfall der Bereicherung[465], die beispielsweise vorliegt, wenn Nachlassgegenstände untergegangen oder verbraucht worden sind[466].

Da die Bereicherung nach wirtschaftlichen Gesichtspunkten zu beurteilen ist, muss noch geprüft werden, ob der Nachlassgegenstand einen bleibenden Wert im Vermögen des Erbschaftsbesitzers hinterlassen hat. Veräußert beispielsweise ein vermeintlicher Lebenspartner einen Nachlassgegenstand und erwirbt mit dem Verkaufserlös ein neues Auto, so ist er um diesen Wert bereichert, wenn er sich das Auto ohne die Nachlassveräußerung nicht gekauft hätte. Anders liegt der Fall jedoch, wenn durch einen Brand im Hause der Partner wertvolle Nachlassgegenstände wie etwa Gemälde oder Möbel vernichtet werden oder der überlebende Partner sich bei dem reichhaltigen Weinkeller seines verstorbenen Partners umfangreich bedient. In diesen Situationen sind Nachlassgegenstände untergegangen oder verbraucht und der Partner schuldet keinen Wertersatz, wenn ihm diese Gegenstände aufgrund eines vermeintlichen Erbrechts aus § 10 LPartG zustanden.

---

461 Dem Erben stehen neben dem Erbschaftsanspruch auch die Einzelansprüche zu. Dies sind die Besitzschutzansprüche, §§ 861, 862 i.V.m. § 857 BGB, der Anspruch aus früherem Besitz, § 1007 BGB, dingliche Ansprüche §§ 985, 1065, 1227 BGB, der Grundbuchberichtigungsanspruch, § 894, sowie die Ansprüche aus ungerechtfertigter Bereicherung, §§ 812 ff. BGB sowie unerlaubter Handlung, §§ 823 ff. BGB, vgl. Brox, ErbR, Rn. 597.

462 Eingehend zum Erbschaftsanspruch Brox, ErbR, Rn. 573 ff, m.w.N.

463 §§ 99, 100 BGB.

464 RGZ 139, 17, 22.

465 Brox, ErbR, Rn. 581.

466 Palandt/Edenhofer, § 2021, Rn. 2.

Sofern der Partner Verwendungen auf den Gegenstand gemacht hat, sind ihm diese gemäß § 2022 BGB zu ersetzen.

Der verklagte vermeintliche Lebenspartner als Erbschaftsbesitzer haftet hingegen verschärft gemäß § 2023 i.V.m. §§ 987 Abs. 2, 989 BGB nach dem Eintritt der Rechtshängigkeit nach den Vorschriften, die für das Verhältnis zwischen dem Eigentümer und dem unrechtmäßigen Besitzer von dem Eintritt der Rechtshängigkeit des Eigentumsanspruchs an gelten. Hier muss der überlebende Partner damit rechnen, einem Herausgabeanspruch hinsichtlich des Nachlasses ausgesetzt zu sein, so dass eine besondere Vorsicht im Umgang mit den Nachlassgegenständen von ihm gefordert werden kann[467]. Der bösgläubige Erbschaftsbesitzer ist im Haftungsumfang dem Erbschaftsbesitzer nach Rechtshängigkeit gleichgestellt gemäß § 2024 BGB. Bösgläubigkeit liegt vor, wenn der Besitzer positiv weiß oder es infolge grober Fahrlässigkeit unbekannt blieb, dass er nicht Erbe ist[468]. Der vermeintliche Lebenspartner ist dann bösgläubig, wenn er die Unwirksamkeit der Lebenspartnerschaft kennt oder jedenfalls die Unwirksamkeit sich ihm aufdrängt. Dann darf er sich nicht als gesetzlicher Erbe nach § 10 LPartG fühlen, sondern muss damit rechnen, dass die tatsächlichen Erben den Erbschaftsanspruch gegen ihn geltend machen und er zur Herausgabe der Nachlassgegenstände verurteilt werden könnte. Der Verkauf eines Wertgegenstandes aus dem Nachlass würde sodann eine Pflicht zum Wertersatz nach §§ 2024, 987 Abs. 2, 989 BGB auslösen. Der Wegfall der Bereicherung nach § 818 Abs. 3 BGB könnten dann nicht mehr geltend gemacht werden. Ob der vermeintliche Lebenspartner als Erbschaftsbesitzer gut- oder bösgläubig und verklagt oder unverklagt ist, kann nur im Einzelfall beurteilt werden. Die Rückabwicklung zwischen dem vermeintlichen Lebenspartner und den tatsächlichen Erben gleicht der Rückabwicklung zwischen Erben und einem sonstigen Erbschaftsbesitzer. Dass es sich bei dem Erbschaftsbesitzer um einen Partner einer unwirksamen Statusbeziehung handelt, hat insoweit keine Auswirkung auf die rechtliche Beurteilung.

Rückabwicklungsschwierigkeiten könnten mithin entstehen, wenn die tatsächlichen Erben den Nachlass, etwa Vermögenswerte oder besondere Wertgegenstände sowie durch den Nachlass erlangte Surrogate herausverlangen. Dann jedoch steht mit den §§ 2018 ff. BGB ein erbrechtlicher Herausgabeanspruch zur Verfügung, über den die erfolgten Vermögensverschiebungen rückabgewickelt werden können.

---

467 Palandt/Edenhofer, § 2023, Rn. 1.
468 Palandt/Edenhofer, § 2024, Rn. 1.

*bb) Von den Erben an vermeintlichen Lebenspartner geleisteter Unterhalt*

Ein weiteres Problemfeld, welches einen Rückforderungsanspruch der Erben begründen könnte, ist der von den Erben an den vermeintlichen Lebenspartner gezahlte Unterhalt. In § 10 Abs. 3 Satz 2 LPartG ist normiert, dass die Unterhaltsverpflichtung des § 16 LPartG in den Fällen gilt, in denen die Voraussetzungen für die Aufhebung einer Lebenspartnerschaft vorlagen oder diese beantragt war oder die Fortsetzung der Lebenspartnerschaft für den Antragsteller unzumutbar ist. Dann nämlich ist das gesetzliche Erbrecht des Lebenspartners ausgeschlossen, jedoch ist es ihm weiterhin möglich, Unterhaltsansprüche gemäß § 16 LPartG geltend zu machen, da ein Lebenspartner auch im Falle der Auflösung der Lebenspartnerschaft diesen Anspruch gegen seinen Partner hätte. Dies bedeutet: Kann ein Lebenspartner nach dem Erbfall seinen Unterhalt nicht selber sichern, so ist er, wenn sein Erbrecht nach § 10 Abs. 3 LPartG ausgeschlossen ist, auf Unterhaltsansprüche gegen die Erben angewiesen[469] und kann diese zu Unterhaltsleistungen verpflichten. Die Erben haben mithin für ihn Unterhalt zu leisten.

Damit wird ein neues Rechtsverhältnis begründet, nämlich die Leistungen von Unterhalt durch Erben. Diese waren aufgrund der Unwirksamkeit der Lebenspartnerschaft gesetzlich nicht zum Unterhalt verpflichtet. Es besteht ein Bedürfnis seitens der vermeintlich unterhaltspflichtigen Erben, ihre Leistungen einzustellen, beziehungsweise bereits erbrachte Leistungen zurückzufordern. Hierfür wäre nicht der oben genannte Erbschaftsanspruch des § 2018 BGB einschlägig, da die Unterhaltszahlungen nicht als Teil der Erbschaft entstanden sind. Vielmehr handelt es sich um Leistungen der Erben selbst. Diese könnten einen bereicherungsrechtlichen Anspruch gegen den vermeintlichen Lebenspartner haben. In Betracht kommt hier eine Kondiktion nach § 812 Abs. 1 Satz 1 BGB, denn eine Leistung als bewusste und zweckgerichtete Vermehrung fremden Vermögens lag mit den von den Erben erbrachten Unterhaltsleistungen an den vermeintlichen Lebenspartner vor. Dadurch hat der vermeintliche Lebenspartner auch etwas erlangt, denn die Unterhaltsleistungen sind in das Vermögen des Partners übergegangen. Weiterhin wurden die Unterhaltsbeiträge mangels wirksamer Lebenspartnerschaft auch ohne Rechtsgrund erbracht. Einen Rechtsgrund könnte § 10 Abs. 3 Satz 2 LPartG darstellen, der einen Anspruch des überlebenden Lebenspartners begründet. Bei Unwirksamkeit der Lebenspartnerschaft kann diese Norm jedoch nicht eingreifen, so dass das LPartG keine Rechtfertigung für die Vermögensverschiebung darstellt. Ein anderer Rechtsgrund ist auch nicht ersichtlich, daher wurde der Unterhalt insgesamt sine causa erbracht und die Angehörigen

---

469 §§ 10 Abs. 3 Satz 2 i.V.m. 16 LPartG.

hätten dem Grunde nach einen Anspruch gegen den vormaligen vermeintlichen Lebenspartner aus § 812 Abs. 1 Satz 1 BGB.

Fraglich ist, ob diesem Anspruch Ausschlussgründe entgegenstehen. § 814 BGB kann nicht angewandt werden, da die Leistenden regelmäßig keine Kenntnis von der Nichtschuld hatten, sondern gerade ihre vermeintlichen Unterhaltspflichten erfüllen wollten[470].

Allerdings könnte einem bereicherungsrechtlichen Anspruch der Entreicherungseinwand nach § 818 Abs. 3 BGB entgegenstehen. Entreicherung ist anzunehmen, wenn der erlangte Vermögenswert sich nicht mehr im Vermögen des Bereicherten befindet und dort auch keinen mit ihm vergleichbaren Vermögenswert hinterlassen hat[471]. Vorliegend wurde Unterhalt geleistet, der regelmäßig zur Aufrechterhaltung der täglichen Lebensbedürfnisse eingesetzt und sogleich verbraucht wird. So ist angesichts der Formulierung in § 16 LPartG „kann ein Lebenspartner nach der Aufhebung der Lebenspartnerschaft nicht selbst für seinen Unterhalt sorgen, so…“ davon auszugehen, dass der vermeintliche Lebenspartner nicht einmal in der Lage ist, sein tägliches Leben angemessen zu bestreiten. Mithin werden die von den Angehörigen erbrachten Beiträge regelmäßig sogleich für den Unterhalt eingesetzt werden. Ist der Unterhalt gutgläubig für die laufende Lebenshaltung verbraucht, tritt Entreicherung nach § 818 Abs. 3 BGB ein[472]. Freilich ist es eine Frage des Einzelfalls, ob der vermeintliche Lebenspartner den Unterhalt gutgläubig eingefordert und sodann verbraucht hat[473]. Eine Rückforderungsmöglichkeit besteht mithin nur, wenn der Partner bösgläubig war oder den geleisteten Unterhalt noch nicht verbraucht hat.

### *c) Gewillkürte Erbfolge*

Neben der gesetzlichen Erbfolge könnte die gewillkürte Erbfolge Rückabwicklungsprobleme verursachen, wenn ein vermeintlicher Lebenspartner eine letztwillige Verfügung in dem Glauben erstellt hat, er lebe in einer wirksamen Lebens-

---

470 Der Anspruch der Erben ist auch nicht gemäß § 814 Alt. 2 BGB ausgeschlossen. So könnten diese Zahlungen einzuordnen sein wie Unterhaltszahlungen oder sonstige Unterstützungen an Verwandte. Dann besteht regelmäßig eine sittliche Pflicht zur Leistung. Dies setzt aber voraus, dass ein Verwandtschaftsverhältnis überhaupt besteht, vgl. Staudinger-Lorenz, § 814, Rn. 9. Ein solches Verwandtschaftsverhältnis ist hier gerade nicht gegeben.

471 Brox/Walker, SBT, § 39 II 1.

472 Lüderitz/Dethloff, § 6, Rn. 113; BGH FamRZ 1998, 951.

473 Sollte der Empfänger bösgläubig, also in Kenntnis der Unwirksamkeit der Lebenspartnerschaft, den Unterhalt eingefordert haben, würde er nach §§ 818 Abs. 4, 819 BGB verschärft haften.

partnerschaft[474]. Anwendbar auf ein Testament sind die §§ 2229 ff. BGB, die nicht an einen bestimmten Status einer Person anknüpfen, sondern dieses Instrument jeder natürlichen Person eröffnen[475]. Die in dem Testament vorgenommenen Verfügungen gelten unabhängig von der Wirksamkeit einer Lebenspartnerschaft und so kann es zu Kombinationen zwischen gewillkürter und gesetzlicher Erbfolge kommen, die aus Sicht der vermeintlichen Lebenspartner zwar angemessen sind, sich jedoch im Falle der von den Erben geltend gemachten Unwirksamkeit der Lebenspartnerschaft als nachteilig erweisen könnten.

*aa) Pflichtteilsanspruch des vermeintlichen Lebenspartners*

Als eine solche Sachlage kommt der Ausschluss eines vermeintlichen Lebenspartners durch eine Verfügung von Todes wegen in Betracht[476]. Dieser Ausschluss kann auf verschiedenen Wegen erfolgen, beispielsweise durch eine ausdrückliche Enterbung oder keine Erwähnung im Testament desjenigen, der übergangen werden soll[477]. Ferner kann eine ausdrückliche Verweisung auf den Pflichtteil erfolgen oder es wird nur ein Vermächtnis zugewendet[478]. Dann greift im Erbfall grundsätzlich die Pflichtteilsregelung des § 10 Abs. 6 LPartG mit der Folge ein, dass der überlebende Lebenspartner den auf ihn entfallenden Pflichtteil von den übrigen Erben verlangen kann. Bis zu diesem Zeitpunkt sind alle Beteiligten übereinstimmend von einer wirksamen Lebenspartnerschaft und einem daraus resultierenden Pflichtteilsanspruch des überlebenden Lebenspartners ausgegangen.

Mangels wirksamer Lebenspartnerschaft konnte § 10 Abs. 6 LPartG jedoch nicht eingreifen. Sofern nun die Unwirksamkeit der Lebenspartnerschaft bekannt wird, entfällt rückwirkend auch der Anspruch des vormaligen Lebenspartners auf den Pflichtteil. Wenn ein Lebenspartner zu diesem Zeitpunkt bereits seinen Pflichtteil erhalten hat, ist ihm ein Vermögensvorteil entstanden, auf den er nach der Regelung des LPartG keinen Anspruch hatte. Schuldner des Pflichtteilsanspruchs ist gemäß § 2303 Abs. 1 Satz 1 BGB der Erbe. Dieser leistet den Pflichtteil aus dem Nachlass an den Pflichtteilsberechtigten, hier also den Lebenspartner. Der Erbe hätte als Pflichtteilsschuldner eine Leistung erbracht, für die kei-

474 Zu den verschiedenen Möglichkeiten der Testamentsgestaltung siehe Grziwotz, ZEV 2002, 55 ff; Leipold, ZEV 2001, 218 ff.
475 Freilich muss der Testierende überhaupt testierfähig sein, siehe hierzu Brox, ErbR, Rn. 89.
476 Die Gestaltung letztwilliger Verfügungen kann dabei entscheidend von der Höhe des jeweiligen Pflichtteils abhängen, Eue, FamRZ 2001, 1196, 1198.
477 Brox, ErbR, Rn. 544.
478 Brox, ErbR, Rn. 544.

nerlei Anlass bestand. Die Rückabwicklung solcher Leistungen müsste sich sodann über das Bereicherungsrecht vollziehen. Hier sind allerdings keine Unterschiede hinsichtlich der bereicherungsrechtlichen Behandlung gegenüber dem von den Erben an den vermeintlichen Lebenspartner erbrachten Unterhalt erkennbar, so dass insofern auf die obigen Ausführungen verwiesen werden kann.

Sofern der Erbe den Pflichtteilsanspruch erfüllt hat und der vermeintliche Lebenspartner das erlangte Etwas gutgläubig verbraucht oder ausgegeben und dabei keinen bleibenden Vermögenszuwachs erzielt hat, kann der Erbe nichts herausverlangen und ein Rückabwicklungsproblem entsteht nicht. Hat der vermeintliche Lebenspartner den Pflichtteil noch in seinem Vermögen, ist dieser an den Erben zurückzugewähren.

*bb) Kombinationen aus gewillkürter und gesetzlicher Erbfolge*

Ein weiteres Rückabwicklungsproblem könnte sich bei der Kombination von gesetzlicher und gewillkürter Erbfolge stellen, wenn der Erblasser sein Vermögen nur teilweise im Wege der letztwilligen Verfügung aufteilt und im Übrigen die gesetzliche Erbfolge eingreifen soll. So ist etwa denkbar, dass der vermeintliche Lebenspartner seine Gemäldesammlung an einen Neffen vermacht und den Pkw ein Bruder erhalten soll, während hinsichtlich der verbleibenden Vermögensgegenstände wie Immobilien, Wertpapieren und Bankkonten die gesetzliche Erbfolge angeordnet wird. In einem solchen Fall wäre der überlebende Partner gemäß § 10 Abs. 1, 2 LPartG zum gesetzlichen Erben berufen und würde seinen vermeintlichen Anteil am Nachlass erhalten. Sobald dann die Unwirksamkeit der Lebenspartnerschaft bekannt wird, ist die Problematik vergleichbar mit der ausschließlich gesetzlichen Erbfolge, so dass die Erben gegen den vermeintlichen Lebenspartner einen Anspruch aus §§ 2018 ff. BGB haben. Hinsichtlich der Geltendmachung dieses Anspruchs kann auf die obigen Ausführungen verwiesen werden. Insoweit ist unerheblich, ob ausschließlich die gesetzliche Erbfolge eingreift oder ob eine Kombination aus gesetzlicher und gewillkürter Erbfolge vorliegt.

*cc) Anfechtung der letztwilligen Verfügung*

Nach § 2078 BGB kann eine letztwillige Verfügung angefochten werden, soweit der Erblasser über den Inhalt seiner Erklärung im Irrtum war oder eine Erklärung dieses Inhalts überhaupt nicht abgeben wollte und anzunehmen ist, dass er die Erklärung bei Kenntnis der Sachlage nicht abgegeben hätte. Anfechtungsgegenstand ist dabei nicht das Testament als Ganzes, sondern lediglich einzelne im Testament enthaltene Verfügungen[479]. Dem Erblasser selbst steht kein Anfechtungsrecht zu, da er seine eigenen Verfügungen jederzeit widerrufen kann. Allerdings könnte eine Anfechtung durch die Erben in Betracht kommen, nachdem die Unwirksamkeit der Lebenspartnerschaft bekannt geworden ist und diese eine testamentarische Verfügung zugunsten des überlebenden vermeintlichen Lebenspartners zu Fall bringen möchten. Die Erben müssten dann darlegen und beweisen, dass der Erblasser bei der Errichtung des Testaments einem Irrtum unterlegen war, er also bei Kenntnis der Unwirksamkeit der Lebenspartnerschaft eine andere Verfügung vorgenommen hätte.

Bei der Frage der Anfechtbarkeit ist zunächst stets der Wille des Erblassers entscheidend, so dass eine Auslegung des Testaments Vorrang vor dessen Anfechtung hat[480]. Sofern die Auslegung dann keinen eindeutigen Willen des verstorbenen Partners ergibt, kann eine Anfechtung nur erfolgen, wenn ein Anfechtungsgrund vorliegt. Dieser könnte in einem Irrtum bei der Willensbildung zu sehen sein, wobei jeder Motivirrtum zur Anfechtung berechtigt. Denn bei einem Testament kommt es auf die Verkehrssicherheit nicht an und ein schutzwürdiger Geschäftspartner ist nicht vorhanden. Dabei ist es gleichgültig, ob der Erblasser sich über einen vergangenen, gegenwärtigen oder zukünftigen Umstand geirrt hat und auf welche Weise es zu dem Irrtum gekommen ist[481]. Irrtum und Nichtwissen sind dabei gleich zu behandeln[482]. Allerdings ist die Anfechtung nicht schrankenlos möglich, sondern sie ist auf schwerwiegende Gründe beschränkt, die den Erblasser unter Berücksichtigung seiner ihm eigenen Vorstellung mit Sicherheit dazu gebracht hätten, anders zu testieren[483].

So liegt der Fall hier, sofern der Erblasser die Unwirksamkeit seiner Lebenspartnerschaft nicht kannte und deshalb seine Vorstellung, in einer mangelfreien rechtswirksamen Lebenspartnerschaft zu leben, nicht mit der Wirklichkeit übereinstimmte. Der Irrtum kann sich dabei einerseits beziehen auf Unkenntnis des Verstoßes gegen § 1 LPartG, denn dann lag überhaupt keine Rechtsbeziehung zwischen den Partnern vor. Andererseits kann ein Irrtum vorliegen, wenn der Erblasser keine Kenntnis von einem Willensmangel bei Eingehung der Lebenspartnerschaft hat. Dann konnte er bis zum 01.01.2005 die Lebenspartnerschaft anfechten oder ab 01.01.2005 gemäß § 15 Abs. 2 Satz 2 LPartG die Aufhebung beantragen. Sowohl bei einem Verstoß gegen § 1 LPartG als auch bei einem Willensmangel während der Eingehung entspricht die Rechtslage möglicherweise nicht den Vorstellungen des Testierenden. Hier wäre einzelfallbezogen zu prüfen,

479 BGH NJW 1985, 2026; Palandt/Edenhofer, § 2078, Rn. 10.
480 Palandt/Edenhofer, § 2078, Rn. 1; Brox, ErbR, Rn. 231.
481 Brox, ErbR, Rn. 233; Palandt/Edenhofer, § 2078, Rn. 4.
482 BGHZ 4, 91, 95; BGH NJW 1963, 246; DB 1971, 1859.
483 BGH NJW-RR 1987, 1412.

ob neben der persönlichen Zuneigung zu seinem Partner auch das Bestehen einer Lebenspartnerschaft als Kriterium gedient hat, eine letztwillige Verfügung zugunsten des Partners zu fertigen. Bei der Begründung einer eingetragenen Lebenspartnerschaft dürfte bei den Beteiligten regelmäßig eine enge persönliche Verbindung vorliegen. Diese ist jedoch unabhängig von etwaigen Wirksamkeitshindernissen. Es kann wohl davon ausgegangen werden, dass höchstwahrscheinlich oder sogar erst recht dieselbe Verfügung getroffen worden wäre, wenn die Partner Kenntnis der Unwirksamkeit gehabt hätten.

Ob die Voraussetzung einer bestehenden wirksamen Lebenspartnerschaft das alleinige Motiv der letztwilligen Verfügung war, ist bei der Frage zu prüfen, ob der Irrtum kausal für die letztwillige Verfügung war. So verlangt das Gesetz, dass der Erblasser in Kenntnis der Sachlage die Erklärung nicht abgegeben haben würde, § 2078 Abs. 1 BGB. Dadurch wird deutlich, dass es dabei allein auf den Willen des Erblassers ankommt und nicht entscheidend ist, was ein vernünftiger Erblasser verfügt hätte[484]. Es ist also im Einzelfall zu prüfen, welche Verfügung der Erblasser ohne die irrige Vorstellung getroffen hätte[485]. Die Beweislast hierfür hat derjenige zu tragen, der sich auf den Irrtum des Erblassers beruft und die letztwillige Verfügung anficht[486]. Sollte der Nachweis des anderweitigen Verfügungswillens erbracht werden können, so hätte eine Anfechtung die rückwirkende Vernichtung der letztwilligen Verfügung zur Folge, § 142 Abs. 1 BGB, so dass die letztwillige Verfügung, die den vormaligen Lebenspartner zum Erben bestimmt hat, unwirksam ist. Sofern das Testament sonstige Verfügungen enthält, sind diese wirksam. Jedoch tritt im Übrigen die gesetzliche Erbfolge ein[487]. Dies hat für die Erbfolge nach einem verstorbenen vermeintlichen Lebenspartner die Konsequenz, dass bei einer unwirksamen Lebenspartnerschaft, die wegen Verstoßes gegen § 1 LPartG unwirksam ist, kein gesetzliches Erbrecht zugunsten des vermeintlichen Lebenspartners eingreift, da die Lebenspartnerschaft anfänglich unwirksam war.

Im Fallbeispiel 4. müsste Claudia den Nachweis erbringen, dass ihre Eltern bei Kenntnis der HIV-Infektion ein anderes Testament verfasst hätten. Dann könnte sie die jeweilige letztwillige Verfügung anfechten, der bis dahin gemäß der letztwilligen Verfügung unter den vermeintlichen Lebenspartnern aufgeteilte Nachlass wäre nach den vorgenannten Grundsätzen an Claudia herauszugeben.

---

484 Brox, ErbR, Rn. 236.

485 BGH FamRZ 61, 366; Palandt/Edenhofer, § 2078, Rn. 3.

486 Palandt/Edenhofer, § 2078, Rn. 11, m.w.N.

487 Palandt/Edenhofer, § 2078, Rn. 10.

*d) Ergebnis*

Vermögensverschiebungen, die aufgrund eines vermeintlichen gesetzlichen Erbrechts des Partners entstanden sind, können mittels des Erbschaftsanspruchs aus §§ 2018 ff. BGB rückabgewickelt werden. Sofern die Erben dem mutmaßlichen Lebenspartner Unterhalt gewährt haben, kann dieser gemäß § 812 Abs. 1 Satz 1 BGB kondiziert werden. Es ergeben sich keine Besonderheiten daraus, dass der vermeintliche Lebenspartner als Erbe Beteiligter einer unwirksamen Statusbeziehung war.

Rückabwicklungsschwierigkeiten durch angefochtene letztwillige Verfügungen entstehen, soweit das durch die Anfechtung eintretende gesetzliche Erbrecht nicht mit der Nachlassverteilung übereinstimmt, die unter den vermeintlichen Erben bereits durchgeführt wurde. Dann können die Erben den Erbschaftsanspruch nach §§ 2018 ff. BGB geltend machen. Auch aus der Anfechtung einer letztwilligen Verfügung ergeben sich keine Probleme, die nicht mittels des Erbschaftsanspruchs gelöst werden könnten.

*10. Strafrecht und Zeugnisverweigerungsrechte*

*a) Allgemeines*

Die Eingehung einer Lebenspartnerschaft entfaltet nicht nur Rechtswirkungen im Zivilrecht, sondern auch in anderen Rechtsgebieten. So wird im Strafrecht der Lebenspartner gemäß § 11 Abs. 1 Nr. 1 a StGB als Angehöriger definiert, was im Rahmen einer strafrechtlichen Beurteilung entlastende oder privilegierende Folgen haben kann[488]. Eine unwirksame Lebenspartnerschaft begründet allerdings keine Angehörigeneigenschaft nach § 11 Abs. 1 Nr. 1 lit. a. StGB. Die §§ 139 Abs. 3, 157 Abs. 1, 213, 258 Abs. 4 StGB sowie §§ 247, 263 Abs. 4, 266 Abs. 2, 294 StGB, die einen Täter als Angehörigen entlasten beziehungsweise privilegieren, konnten daher ebenfalls nicht zugunsten des vermeintlichen Lebenspartners als Täter angewendet werden[489]. Keine Auswirkung hat die Unwirksamkeit hin-

488 NK-StGB-Lemke, § 11, Rn. 5.

489 Es ist zu berücksichtigen, dass andere Formen des menschlichen Zusammenlebens außer in den in § 11 Abs. 1 Nr. 1 StGB genannten Formen keine Angehörigeneigenschaft begründen. Insbesondere gilt dies nach ganz herrschender Meinung für das nichteheliche Zusammenleben. Eben dieser Gedanke muss auch für unwirksame eingetragene Lebenspartnerschaften herangezogen werden, bei denen es sich gerade nicht um eine rechtliche Gemeinschaft, sondern nur um einen tatsächliche Zusam-

gegen auf solche Tatbestände, die nicht auf die Angehörigeneigenschaft, sondern lediglich auf eine dem Täter nahestehende Person[490] oder auf das Bestehen einer häuslichen Gemeinschaft[491] abstellen. Ob die Angehörigeneigenschaft gefordert wird, ist eine Einzelfallentscheidung, wobei das Nahestehen einer anderen Person und das Bestehen einer häuslichen Gemeinschaft keine Schwierigkeiten hinsichtlich einer Rückabwicklung begründen, denn dabei handelt es sich allein um tatsächliche Umstände, die unabhängig von einer wirksamen Statusbeziehung anwendbar sind. Rückabwicklungsschwierigkeiten könnten hingegen eintreten, wenn ein Strafverfahren in der Annahme durchgeführt wird, bei dem Angeklagten liege das Angehörigenprivileg des § 11 Abs. 1 Nr. 1 a StGB vor. Dann könnte eine andere Strafe ausgeurteilt worden sein, als dies in Kenntnis der Unwirksamkeit der Lebenspartnerschaft geschehen wäre. Mithin ist fraglich, ob das Strafverfahren erneut – diesmal ohne Zugrundelegung einer wirksamen Statusbeziehung – durchgeführt werden muss.

Weiterhin ist denkbar, dass ein vermeintlicher Lebenspartner sich in einem Strafverfahren gegen seinen Partner auf ein ihm tatsächlich nicht zustehendes Zeugnisverweigerungsrecht aus persönlichen Gründen nach § 52 Abs. 1 Nr. 2 a StPO beruft und dadurch zu einem unzutreffenden materiellrechtlichen Ergebnis beiträgt. Denn die verweigerte Aussage des vermeintlichen Lebenspartners konnte den angeklagten Partner nicht belasten und hat dadurch für diesen einen Vorteil begründet, der wegen der Unwirksamkeit der Lebenspartnerschaft nicht hätte bestehen dürfen. Es ist mithin fraglich, ob eine Hauptverhandlung erneut durchzuführen ist, um die Aussage des vermeintlichen Lebenspartners doch noch zu verwerten.

### *b) Angehörigenprivileg*

Zunächst ist die Rechtslage zu untersuchen, bei der im Strafverfahren solche Tatbestände als einschlägig erachtet wurden, die die Eigenschaft als Angehöriger entlastend oder privilegierend voraussetzen, basierend auf der Annahme, eine wirksame Lebenspartnerschaft bestehe. Hier stellt sich die Frage, ob das bereits abgeschlossene Verfahren und die gegebenenfalls rechtskräftige Entscheidung durch die Unwirksamkeit der Lebenspartnerschaft betroffen sind. Es geht um das Problem, ob eine strafgerichtliche Entscheidung erneut zu überprüfen ist, um hier die tatsächlichen Umstände bei Tatbegehung erneut zu würdigen und dadurch

---

menschluss handelt, hierzu Eser, in: Schönke/Schröder, § 11, Rn. 11; Radtke, in: MünchKommStGB, § 11, Rn. 13; Gribbohm, in: LK-Komm, § 11, Rn. 15, m.w.N.

490 So etwa bei dem entschuldigenden Notstand, § 35 StGB.

491 So bei dem Haus- und Familiendiebstahl, § 247 StGB, wodurch die Tat nur durch einen Antrag verfolgbar ist.

eventuell zu einem abweichenden Urteil zu gelangen. Rückabwicklungsprobleme könnten daher in einer erneut durchzuführenden Hauptverhandlung mit den damit zusammenhängenden Problemen bestehen. Zu diesen zählen etwa die Ladung sämtlicher Zeugen, die sich aufgrund des längeren zeitlichen Abstands zur Tat freilich immer schlechter an das tatsächliche Geschehen werden erinnern können. Ferner sind die Verjährungsvorschriften der §§ 78 ff. StGB für die einzelnen Straftatbestände zu beachten, die nach lange gelebter Partnerschaft gegebenenfalls eingreifen könnten. Darüber hinaus wurde das Verhalten, wenngleich nicht vollends materiellrechtlich zutreffend, bereits abgeurteilt, so dass der Angeklagte als vermeintlicher Lebenspartner eine Strafe erhalten und diese eventuell auch bereits verbüßt hat. Es stellt sich daher die Frage, ob die Angehörigeneigenschaft des § 11 Abs. 1 Nr. 1 a StGB analog auf unwirksame Lebenspartnerschaften angewandt werden kann, um etwaige Rückabwicklungsschwierigkeiten zu umgehen.

Bei nichtehelichen Lebensgemeinschaften wird eine entsprechende Anwendung dieser Norm überwiegend abgelehnt. Als Begründung wird ausgeführt, dass eine planwidrige Regelungslücke fehle, da der Gesetzgeber mehrfach diejenigen Erweiterungen in den § 11 Abs. 1 Nr. 1 StGB aufgenommen habe, die er für angebracht gehalten habe. Der Ausdruck des Angehörigenbegriffs sei als Ausdruck eines gesetzgeberischen Konzepts zu verstehen, dass den unterschiedlichen Regelungszusammenhängen gerecht werden wolle und deshalb eine restriktive und formalisierte Tendenz habe[492]. Ferner hätten die Beteiligten bewusst auf eine Formalisierung ihrer Beziehung verzichtet. Das eheähnliche Zusammenleben könne im Falle einer gewünschten analogen Anwendung prozessual schwerer nachgewiesen werden und führe zu einer Missbrauchsgefahr[493]. Hiergegen wird jedoch eingewandt, dass eine entsprechende Anwendung auf Personen, die ehegleich zusammenlebten, möglich sein müsse, um im Einzelfall unangemessene Ergebnis zu vermeiden[494]. Die auch bei ehe- oder familienähnlichem Zusammenhalt gegebenen Motivationslagen des Täters würden eine analoge Anwendung der privilegierenden oder entlastenden Umstände grundsätzlich möglich machen[495].

Die gegen eine entsprechende Anwendung bei nichtehelichen Lebensgemeinschaften vorgetragenen Argumente können für die unwirksame Lebenspartnerschaft nicht überzeugen. Zunächst liegt eine planwidrige Regelungslücke vor, da dem Gesetzgeber das Phänomen einer nichtehelichen Lebensgemeinschaft zwar

492 SK-STGB/Rudolphi, § 11, Rn. 3; OLG Braunschweig NStZ 1994, 345; OLG Celle, NJW 1997, 1084.
493 Radtke, in: MünchKomm/StGB, § 11, Rn. 13; OLG Braunschweig NStZ 1994, 345.
494 LK-Gribbohm, § 11, Rn. 16.
495 Schönke-Schröder/Eser, § 11, Rn. 11, m.w.N.

seit längerer Zeit bekannt und eine Nichtaufnahme dieser Form des Zusammenlebens in § 11 StGB als gewollt anzusehen ist. Hiergegen handelt es sich bei der unwirksamen Lebenspartnerschaft um ein neues Phänomen, welches der Gesetzgeber im Rahmen des § 11 StGB übersehen haben dürfte. Von einer bewussten Schlechterstellung der unwirksamen Lebenspartnerschaft kann daher nicht ausgegangen werden.

Auch das Argument, eine nicht formalisierte Beziehung sei schwerer nachweisbar und der Missbrauch der prozessualen Vorschriften werde damit weitgehend ermöglicht, kann bei unwirksamer Lebenspartnerschaft nicht durchgreifen. Die Beteiligten einer solchen Beziehung wollten ihre Partnerschaft ausdrücklich formalisieren und ihr einen rechtlichen Rahmen geben. Sie haben das Begründungsverfahren des § 1 LPartG durchlaufen und auf das Bestehen einer wirksamen Lebenspartnerschaft vertraut. Es ist dann auch leicht nachweisbar, ob das formalisierte Verfahren des § 1 LPartG eingehalten wurde – freilich bis auf eventuell vorhandene Mängel, die zur Unwirksamkeit führten – und die Partner eine Statusbeziehung vor der Behörde begründen wollten. In diesem Fall besteht keine Missbrauchsgefahr, denn die Beteiligten behaupten nicht nur, eine Statusbeziehung gelebt zu haben, sondern sie können dies anhand der ihnen von der Behröde ausgehändigten Eingehungsunterlagen nachweisen.

Für eine analoge Anwendung auf unwirksame Lebenspartnerschaften spricht auch die vergleichbare Interessenlage. Sowohl bei wirksamer als auch bei unwirksamer Lebenspartnerschaft besteht zwischen den Beteiligten eine enge persönliche Bindung, die es gebietet, in einem Strafverfahren den Täter zu entlasten oder zu privilegieren. Dieser handelt typischerweise in derselben Motivationslage der emotionalen Zuneigung, unabhängig von der Rechtswirksamkeit seiner Beziehung. Die psychischen Belastungen, die das Angehörigenprivileg rechtfertigen, sind bei vermeintlichen Lebenspartnern vergleichbar mit rechtswirksamen Lebenspartnerschaften. Eine entsprechende Anwendung der genannten StGB-Normen kann dann dem lebenspartnergleichen Zusammenhalt gerecht werden und unangemessene Ergebnisse verhindern.

Es erscheint somit angebracht, das Angehörigenprivileg auch auf die Beteiligten einer unwirksamen Lebenspartnerschaft analog anzuwenden, sofern die Partner auf das Bestehen einer wirksamen Statusbeziehung vertraut haben[496]. In einem solchen Fall ist im strafgerichtlichen Verfahren der vermeintliche Lebenspartner einem Lebenspartner im Sinne des § 11 Abs. 1 Nr. 1 a StGB gleichge-

496 Freilich ist der Fall anders zu beurteilen, wenn der Täter Kenntnis der Unwirksamkeit hat. Dann besteht zwar immer noch eine enge emotionale Bindung gegenüber seinem Partner, allerdings hat er Kenntnis der Umstände, die einer materiellrechtlichen Privilegierung entgegenstehen. In einem solchen Fall ist er weniger schutzwürdig und eine Analogie dürfte nur noch im Einzelfall in Betracht kommen.

stellt. Rückabwicklungsprobleme hinsichtlich der materiellrechtlichen Rechtslage bestehen mithin nicht.

*c) Vermeintlicher Lebenspartner als Zeuge*

Ferner stellt sich die Frage, wie das Zeugnisverweigerungsrecht des vermeintlichen Lebenspartners nach § 52 Abs. 1 Nr. 2 a StPO bei Unwirksamkeit der Lebenspartnerschaft zu beurteilen ist. Diese Frage wird relevant, wenn sich ein vermeintlicher Lebenspartner in einem Strafprozess auf sein Zeugnisverweigerungsrecht beruft und so eine Verurteilung seines Partners verhindert oder jedenfalls durch eine Aussageverweigerung zu einem niedrigeren Strafmaß für den Angeklagten beiträgt. Stellt sich dann die rückwirkende Unwirksamkeit der Lebenspartnerschaft heraus, so würde das Urteil nicht auf eine Aussage gestützt werden können, die unter den tatsächlichen Umständen in die Urteilsfindung hätte einbezogen werden müssen, da eine Berufung auf das Aussage- und Zeugnisverweigerungsrecht mangels wirksamer Lebenspartnerschaft dann gerade nicht möglich gewesen wäre. Insoweit ist fraglich, ob das Strafverfahren erneut durchzuführen wäre.

Gegen eine erneute Entscheidung in derselben Sache könnten die materielle Rechtskraft und die bereits ergangene strafgerichtliche Entscheidung sprechen. Entscheidend kommt es hier auf die Tat im prozessualen Sinne an, die bereits durch ein gerichtliches Verfahren abgeurteilt wurde. Dabei besteht ein Spannungsverhältnis zwischen dem Interesse an Rechtssicherheit des vermeintlichen Lebenspartners einerseits, dessen Handlung bereits abgeurteilt wurde, sowie andererseits materieller Gerechtigkeit, die durch Beurteilung der wahren Umstände entsteht. Die Tat als Prozessgegenstand ist nach der Rechtsprechung „nicht nur der in der Anklage umschriebene und dem Angeklagten zur Last gelegte Geschehensablauf, sondern das gesamte Verhalten des Angeklagten, soweit es mit dem durch die Anklage bezeichneten geschichtlichen Vorkommnis nach der Auffassung des Lebens einen Vorgang bildet“[497]. Der Richter ist dabei zur umfassenden Aufklärung der Tat in rechtlicher und tatsächlicher Hinsicht und zur erschöpfenden Aburteilung verpflichtet[498]. Die Tat im Sinne des § 264 StPO als geschichtlicher Lebensvorgang, über den der Richter entscheiden muss, umfasst somit den Geschehensbereich, für den eine anderweitige Rechtshängigkeit ausgeschlossen ist und das rechtskräftige Urteil die Strafklage verbraucht[499]. Die materielle

---

497 BGHSt 35, 80, 81.
498 KK/Engelhardt, § 264, Rn. 2; Gollwitzer, in: Löwe/Rosenberg, § 264, Rn. 3.
499 RGSt 72, 99, 105; BGHSt 6, 92, 95.

Rechtskraft stellt somit ein umfassendes Verfahrenshindernis dar[500]. Dieses Prinzip des Verbots der Doppelbestrafung ist in Art. 103 Abs. 3 GG grundgesetzlich verankert und leitet sich ab aus der Menschenwürde[501]. Die Schuld des Täters ist dann durch die Strafe bereits getilgt, deshalb soll für dieselbe Tat nur eine Strafe verhängt werden[502]. Ein neues Verfahren wegen derselben Tat ist unzulässig und ein neues Sachurteil demnach ausgeschlossen[503]. Es soll dadurch dem schon bestraften oder rechtskräftig freigesprochenen Täter Schutz gegen erneute Verfolgung und Bestrafung wegen derselben Tat bieten[504], wobei Sperrwirkung nicht nur das rechtskräftig verurteilende, sondern auch das freisprechende Urteil entfaltet[505]. Der vermeintliche Lebenspartner muss also zu einem späteren Zeitpunkt nicht mit einer erneuten Strafverfolgung rechnen. Das verwirklichte Unrecht ist trotz Unwirksamkeit der Lebenspartnerschaft durch die Tat im prozessualen Sinne abgeurteilt worden. Sollte sich also nach rechtskräftiger Entscheidung herausstellen, dass sich der vermeintliche Lebenspartner nicht auf ein Zeugnisverweigerungsrecht berufen durfte, so kann dieselbe Tat nicht erneut Gegenstand eines Verfahrens sein. Hier ist dem Prinzip des Vertrauensschutzes und der Rechtssicherheit Vorrang einzuräumen vor der materiellen Gerechtigkeit[506]. Daher kann die Staatsanwaltschaft eine erneute Klage nicht darauf stützen, dass ein Zeuge in einem früheren Prozess sich nicht auf ein Zeugnisverweigerungsrecht hätte berufen dürfen. Hier sind die Rechtssicherheit und der Vertrauensschutz des vormals Beschuldigten aufgrund des Strafklageverbrauchs nach obiger Begründung als vorrangig vor dem Ziel der materiellen Gerechtigkeit zu werten. Das Zeugnisverweigerungsrecht nach § 52 Abs. 1 Nr. 2 a StPO ist durch die rückwirkende Unwirksamkeit der Lebenspartnerschaft nicht in seiner Wirkung beeinträchtigt.

*d) Ergebnis*

Die Unwirksamkeit der Lebenspartnerschaft hat auf das Angehörigenprivileg und das Zeugnisverweigerungsrecht keinen Einfluss, Rückabwicklungsprobleme bestehen nicht.

---

500 BGHSt 35, 60, 61; 38, 54, 57; 44, 1, 3.
501 Schmidt-Aßmann, in: Maunz/Dürig, § 103, Rn. 258.
502 RGSt 35, 367, 369.
503 Roxin, § 50, B I 1.
504 Grundlegend hierzu BVerfGE 3, 248, 251.
505 BVerfGE 12, 62, 66; 65, 377, 381.
506 Diese ist vorliegend freilich beeinträchtigt, da durch das Fehlen von privilegierenden oder entlastenden Tatbestandsmerkmalen sich eine andere Bewertung des verwirklichten Unrechts ergeben hätte.

### *11. Ausländerrecht*

#### *a) Allgemeines*

Die Eingehung einer Lebenspartnerschaft kann für die Beteiligten ausländerrechtliche Folgen begründen, sofern mindestens ein Partner Ausländer ist[507]. So kann einem Lebenspartner ein Aufenthaltstitel erteilt werden, der ihm den Aufenthalt im Bundesgebiet ermöglicht[508]. Die Erteilung des Aufenthaltstitels beruht stets auf der Annahme, dass eine rechtswirksame Lebenspartnerschaft besteht. Diese bildet die Grundlage für die Erteilung eines Aufenthaltstitels nach dem AufenthaltsG[509].

Allerdings lag im vorliegend zu untersuchenden Fall eine wirksame Lebenspartnerschaft nicht vor, so dass auch die ausländerrechtlichen Regelungen hinsichtlich eines Aufenthaltstitels nicht eingreifen konnten[510]. Dem ausländischen Partner wurde dann der Aufenthalt im Bundesgebiet ermöglicht, der ihm nach dem AufenthaltsG rechtlich nicht zustand. Insoweit müsste der aufenthaltsrechtliche Status des vermeintlichen Lebenspartners nach Kenntnis der Unwirksamkeit der Lebenspartnerschaft rückabgewickelt werden, denn durch die Unwirksamkeit der Rechtsbeziehung fehlte die Grundlage für die Aufrechterhaltung oder Verlängerung des Aufenthaltstitels. Die Behörde hat in einem solchen Fall ein Interesse, die materielle Rechtslage mit der tatsächlichen Sachlage in Einklang zu bringen.

---

507 Ein Überblick über die ausländerrechtlichen Regelungen findet sich bei Wegner, ZAR 2001, 159 ff.

508 Ein Aufenthaltstitel ist freilich nur erforderlich bei Nicht-EU-Ausländern. Die allgemeine Freizügigkeit von Unionsbürgern ist geregelt im FreizügG/EU, welches das AufenthaltsG/EWG ablöst. Die nachfolgen Ausführungen im Text gelten daher ausschließlich für Nicht-EU-Ausländer, die bei Einreise ins und Aufenthalt im Bundesgebiet einen Aufenthaltstitel benötigen.

509 Die Rechtsgrundlage für den Familiennachzug findet sich nunmehr in den §§ 27 ff. AufenthaltsG, wobei der Ehegattennachzug nach § 28 AufenthaltsG zu einem Deutschen sowie zu einem Ausländer nach § 30 AufenthaltsG, der gemäß § 27 Abs. 2 AufenthaltsG entsprechend auf lebenspartnerschaftliche Gemeinschaften angewandt werden kann, regelmäßig einschlägig sein dürfte.

510 Auch nach dem AufenthaltsG ist für die Einreise und den Aufenthalt im Bundesgebiet eines Ausländers ein Aufenthaltstitel erforderlich nach § 4 AufenthaltsG. Freilich sind hiervon Personen ausgenommen, sofern durch das Recht der EU oder durch Rechtsverordnung etwas anderes bestimmt ist.

*b) Vergleich mit der Scheinehe*

Zur Lösung dieser Problematik könnte ein Blick auf die ausländerrechtliche Behandlung von Scheinehen weiterhelfen. Auch bei diesen wurde ein Aufenthaltstitel für den ausländischen Ehepartner gewährt, obwohl die Voraussetzung einer ehelichen Lebensgemeinschaft nicht vorlag und insoweit auch keine gelebte Statusbeziehung vorhanden war, wie sie der Gesetzgeber forderte. Das soziale Phänomen der Scheinehe, die aus einem Missbrauch der Institution Ehe entsteht und deren Rechtsvorteile ausnutzt, ist verfassungsrechtlich nur schwer zu fassen[511]. Hierbei ist zu berücksichtigen, dass nicht alle Heiratsmotive mit den Idealvorstellungen einer Ehe übereinstimmen müssen. Das Bestreben, sich mit der Eheschließung einen sonst nicht erreichbaren Aufenthaltstitel zu verschaffen, ist für die zivilrechtliche Gültigkeit der Ehe ebenso unschädlich wie etwa Steuervorteile oder gesellschaftliches Ansehen, was ebenso ausschlaggebende Absicht einer Eheschließung sein kann[512]. Bei der Scheinehe wird damit differenziert zwischen der zivilrechtlichen Ebene, auf der die Scheinehe gültig ist und der ausländerrechtlichen Ebene, bei der es um die Frage der aufenthaltsrechtlichen Beurteilung geht[513].

Im Falle der Scheinehe wollen die Ehegatten die Ehe mit ihren gesetzlichen und sittlichen Pflichten und eine wie auch immer geartete, auf gegenseitiger Verbundenheit und Achtung beruhende Partnerschaft oder personale Beziehung nicht[514]. Dagegen soll eine Scheinehe nicht vorliegen, wenn die Eheleute in einer Wohnung zusammenleben und jedenfalls gewisse personale Beziehungen zwischen ihnen bestehen[515]. Dabei ist nicht das Motiv der Heirat entscheidend, sondern allein, ob die Ehegatten die dem Bild der Ehe entsprechende persönliche Beziehung tatsächlich unterhalten. Für die Annahme einer Scheinehe reicht es damit nicht aus, wenn nur einer der beiden Ehegatten eine Scheinehe führen will oder wenn der Zweck der Ehe zwar auch, aber nicht ausschließlich die Verschaffung eines Aufenthaltstitels war[516]. Soweit jedoch mindestens einer der Ehegatten durch die Eheschließung tatsächlich eine eheliche Lebensgemeinschaft begrün-

511 Renner, Rn. 175, m.w.N. zur Rechtslage nach dem AuslG, das durch das AufenthaltsG ersetzt wurde. Die Fragestellungen im Zusammenhang mit einer Scheinehe haben sich jedoch nicht verändert.

512 OLG Hamburg NVwZ 1983, 130; OLG Karlsruhe FamRZ 1982, 1210; LG Bremen StAZ 1990, 139.

513 Ist eine Ehe geschlossen und nicht nichtig, nimmt sie am Schutz des Art. 6 Abs. 1 GG teil, unabhängig von den Motiven, die zur Eheschließung führten.

514 OVG Hamburg FamRZ 1991, 1433; InfAuslR, 1997, 463.

515 OVG Hamburg FamRZ 1991, 1433.

516 OVG Schleswig-Holstein InfAuslR 2001, 82.

den will, kann die Eheschließung nicht als rechtsmissbräuchlich angesehen werden[517]. Sollte dennoch eine Scheinehe vorliegen, ist diese aus aufenthaltsrechtlicher Sicht nicht schutzwürdig und im Rahmen des Familiennachzugs unbeachtlich[518].

Bei dem Vergleich der Scheinehe mit einer unwirksamen Lebenspartnerschaft zeigt sich bereits ein erster Unterschied hinsichtlich der zivilrechtlichen Gültigkeit. Während die Ehe unabhängig von den Motiven der Beteiligten grundsätzlich rechtswirksam ist, kann eine unwirksame Lebenspartnerschaft keinerlei Rechtswirkungen auslösen. Insoweit besteht bei einer Scheinehe ein Anknüpfungspunkt für die aufenthaltsrechtlichen Regelungen, bei unwirksamer Lebenspartnerschaft fehlt dieser gänzlich, eine Differenzierung zwischen zivilrechtlicher Gültigkeit und ausländerrechtlicher Beurteilung kann bei unwirksamer Lebenspartnerschaft nicht durchgeführt werden.

Darüber hinaus sind die Motivationslagen der Beteiligten nicht zu vergleichen. Abgesehen von Fällen, in denen die Beteiligten einer Lebenspartnerschaft lediglich einen Aufenthaltstitel erwerben wollen und es sich um eine Scheinlebenspartnerschaft handelt, streben die Beteiligten typischerweise eine lebenspartnerschaftliche Gemeinschaft an. Sie wollen gerade in einer Verantwortungs- und Pflichtengemeinschaft leben und sich den Regelungen des LPartG unterwerfen. Regelmäßig dürfte die Unwirksamkeit ihrer Statusbeziehung überraschend und unvorhergesehen für die Beteiligten eintreten. Im Gegensatz dazu wollen die Beteiligten einer Scheinehe die Wirkungen einer ehelichen Lebensgemeinschaft gerade nicht eintreten lassen und regelmäßig keine persönlichen Beziehungen unterhalten, das Verhalten der Ehegatten ist damit als rechtsmissbräuchlich anzusehen. Hiervon kann bei vermeintlichen Lebenspartnern, die ihre Beziehung gerade rechtlich absichern wollten, keine Rede sein. Die Situation einer Scheinehe ist damit nicht als vergleichbare Sachlage zur Beurteilung der aufenthaltsrechtlichen Situation vermeintlicher Lebenspartner geeignet.

#### *c) Widerruf/Rücknahme des Aufenthaltstitels*

Die im AufenthaltsG normierte Möglichkeit zur Beseitigung des dem Partner erteilten Aufenthaltstitels ist der Widerruf nach § 52 AufenthaltsG. Allerdings sind die dort normierten Gründe allgemeiner Natur und nicht speziell auf die Unwirk-

517 LG Frankfurt/M. InfAuslR 2000, 31.
518 Hailbronner, A 1, § 27, Rn. 45.

samkeit einer den Aufenthalt vermeintlich ermöglichenden Statusbeziehung zugeschnitten[519].

Ferner hat die Behörde die Möglichkeit, die Aufenthaltserlaubnis gemäß § 48 VwVfG zurückzunehmen. Die Anwendung des § 48 VwVfG bzw. Landes-VwVfG ist neben dem AufenthaltsG nicht ausgeschlossen[520]. Hierbei ist festzustellen, dass die erteilte Aufenthaltsgenehmigung auch rückwirkend gemäß § 48 VwVfG zurückgenommen werden kann[521]. Voraussetzung ist, dass das öffentliche Interesse an der Rücknahme das private Interesse an der Aufrechterhaltung überwiegt[522]. Bei einer für die Vergangenheit wirkenden Rücknahme hat sich der ausländische Partner seit vermeintlicher Eingehung der Lebenspartnerschaft und darauf beruhender Erteilung der Aufenthaltsgenehmigung unrechtmäßig im Bundesgebiet aufgehalten. Sinn und Zweck des AufenthaltsG sind darauf gerichtet, den Zuzug von Ausländern zu steuern und zu begrenzen, § 1 Abs. 1 Satz 1 AufenthaltsG. Dieses Ziel wird durch die Versagung des Aufenthaltstitels erreicht, der ausschließlich solchen Ausländern zu erteilen ist, die die Voraussetzungen eines Genehmigungstatbestands erfüllen. Das Ziel kann jedoch nicht erreicht werden, wenn der Ausländer sich auf das Bestehen einer tatsächlich nicht rechtswirksamen Lebenspartnerschaft beruft.

Bei dem erteilten Aufenthaltstitel, der bei vermeintlichen Lebenspartnern regelmäßig zunächst die Aufenthaltserlaubnis und anschließend die Niederlassungserlaubnis sein wird, handelt es sich um einen Verwaltungsakt im Sinne des § 35 Satz 1 VwVfG. Dieser müsste jedoch auch rechtswidrig sein, um die Voraussetzung für die Rücknahme zu erfüllen. Ein Verwaltungsakt ist fehlerhaft und damit rechtswidrig, wenn er mit gültigem Recht nicht übereinstimmt. Dazu zählt fehlerhafte Anwendung des Rechts und auch mangelhafte Sachverhaltsermittlung, die zu fehlerhaften Ergebnissen führt[523]. So liegt der Fall hier, wenn der Aufenthaltstitel in der Annahme erteilt wurde, es bestehe eine rechtswirksame Lebenspartnerschaft. Dann muss die Verwaltung die Möglichkeit haben, diese unzutref-

---

519 Der § 52 AufenthaltsG ist hinsichtlich des Widerrufs abschließend, so dass ein Rückgriff auf § 49 VwVfG bzw. Landes-VwVfG nicht möglich ist, vgl. Renner/Kanein, § 52, Rn. 2.

520 Vgl. Renner/Kanein, § 52, Rn. 3.

521 Renner/Kanein, § 52, Rn. 3; Renner, S. 588.

522 Freilich überwiegt das öffentliche Interesse an der Rücknahme, wenn der Ausländer den Titel aufgrund von arglistiger Täuschung, Drohung, Bestechung oder durch unrichtige oder unvollständige Angaben erwirkt hat oder wenn er Kenntnis der Rechtswidrigkeit der Genehmigung hatte oder diese aufgrund grober Fahrlässigkeit nicht hatte, vgl. Renner, S. 588.

523 Maurer, § 10, Rn. 2.

fende Annahme zu korrigieren[524]. An der Rücknahme rechtswidriger Aufenthaltsgenehmigungen kann ein erhebliches öffentliches Interesse bestehen, wobei die allgemeinen Regeln über die Rücknahme ausreichend Raum zur Berücksichtigung von Vertrauensschutz und den sonstigen übrigen Belangen des Ausländers lassen[525].

*d) Ermessen der Behörde*

Die Rücknahme steht im Ermessen der Behörde, so dass diese das private Interesse des Ausländers gegen die öffentlichen Interessen der Bundesrepublik Deutschland abwägen muss. Hier ist eine Entscheidung im Einzelfall zu treffen, weshalb eine abschließende Aufzählung aller Gründe, die eine Rücknahme ermöglichen oder gegen eine solche sprechen würden, nicht stattfinden kann. Es ist bei dieser Abwägung einzustellen, ob der Ausländer in der Vergangenheit oder für die Zukunft eine Aufenthaltsgenehmigung aus einem anderen Grunde beanspruchen kann[526]. Vorliegend kommt dafür in Betracht, dass der Ausländer eine Aufenthaltserlaubnis erhält, um im Bundesgebiet mit seinem Partner zusammen zu leben. Die Rücknahme kann mit Rückwirkung auf den Zeitpunkt der Erteilung angeordnet werden, beispielsweise wegen Verschuldens des Ausländers am Zustandekommen des rechtswidrigen Verwaltungsakts und beim Fehlen schutzwürdigen Vertrauens. Regelmäßig wird eine Rücknahme jedoch mit Wirkung lediglich für die Zukunft erfolgen[527]. Das Vertrauen ist dann nicht schutzwürdig, wenn der Ausländer den Aufenthaltstitel durch arglistige Täuschung, Drohung, Bestechung oder durch in wesentlicher Beziehung unrichtige oder unvollständige Angaben erwirkt hat oder wenn der Ausländer die Rechtswidrigkeit kannte oder infolge grober Fahrlässigkeit nicht kannte[528]. Zu Gunsten des Ausländers sind jedoch ebenfalls Umstände im Rahmen der Ermessensprüfung zu berücksichtigen, die gegen die Rücknahme des Aufenthaltstitels sprechen könnten. Es ist zu bedenken, dass die Partnerschaft von beiden Beteiligten als rechtswirksame Verbindung gelebt wurde und sich daher ein enges persönliches Band zwischen den Partnern geknüpft hat. Daher ist es möglich, dass die im Inland bereits gelebte Lebensgemeinschaft bei der Entscheidung über die Rücknahme vom Schutzbereich des Art. 2 Abs. 1 i.V.m. 1 Abs. 1 GG sowie des Art. 8 Abs. 1 EMRK um-

---

524 Die Verwaltung muss die Möglichkeit haben, nachträglich eingetretene oder bekannt gewordene Umstände zu berücksichtigen, vgl. Renner, S. 588.
525 Renner, S. 588.
526 Renner, S. 588.
527 Renner/Kanein, § 52, Rn. 3.
528 Renner, S. 588.

fasst ist[529]. Dies ist im Rahmen einer Abwägung zu berücksichtigen und dem Ausländer, für den Fall der Rücknahme seines Aufenthaltstitels, erneut ein Anspruch auf Ermessensentscheidung hinsichtlich der Erteilung einer Genehmigung zuzugestehen. In einem solchen Falle wäre es verfahrensrechtlich unökonomisch, die dem Ausländer erteilte Genehmigung zurück zu nehmen, um dann in einem zweiten Schritt erneut zu einer Erteilung verpflichtet zu sein[530]. So können gewichtige Gründe dafür sprechen, den Aufenthaltstitel dem vermeintlichen Lebenspartner nicht durch Rücknahme zu entziehen[531]. Die grund- und menschenrechtlichen Vorgaben, die vor dem Inkrafttreten des LPartG bei der Frage der Erteilung einer Aufenthaltsgenehmigung zu berücksichtigen waren und die Erteilung einer Genehmigung rechtfertigen konnten, sind nunmehr auch bei der Frage der Ermessensausübung hinsichtlich der Rücknahme der bereits erteilten Genehmigung zu beachten[532]. Nach Kenntnis der Unwirksamkeit der Lebenspartnerschaft ist die ursprüngliche rechtliche Voraussetzung für die Erteilung eines Aufenthaltstitels entfallen. Der Verwaltung obliegt es dann, die Genehmigung zurückzunehmen.

*e) Rechtliche Unmöglichkeit der Rückabwicklung eines tatsächlichen Geschehens*

Entscheidender Unterschied zwischen den zuvor genannten Rückabwicklungsschwierigkeiten einer unwirksamen Lebenspartnerschaft und der aufenthaltsrecht-

---

529 Arendt-Rojahn, FPR 2001, 464, 465.

530 Eine Verpflichtung zur Erteilung besteht freilich nur, wenn der Ausländer einen Anspruch auf die Genehmigung hat. Dies ist im Fall der unwirksamen Lebenspartnerschaft gerade nicht gegeben. Vielmehr hat der Ausländer dann lediglich einen Anspruch auf ermessensfehlerfreie Entscheidung, bei der jedoch im Einzelfall das Ermessen auf Null reduziert sein kann, der Titel also zu erteilen ist.

531 Nach früherer Rechtslage hatte der gleichgeschlechtliche ausländische Partner keinen Anspruch auf Erteilung eines Aufenthaltstitels. Als Argumente, die für die Erteilung einer Genehmigung dienten, wurden Art. 2 Abs. 1 i.V.m. 1 Abs. 1 GG und Art. 8 Abs. 1 EMRK genannt. Diese Normen wurden im Rahmen von §§ 15 i.V.m. 7 Abs. 1 AuslG herangezogen, um einen Anspruch auf fehlerfreie Ausübung des Ermessens zu begründen, BVerwGE 100, 287, 298. Das Grundgesetz und die EMRK sahen die gleichgeschlechtliche Partnerschaft vom Schutzbereich der genannten Artikel umfasst. Bereits zu dieser Zeit wurde also das Bedürfnis nach gleichgeschlechtlicher Partnerschaft mit Grund- und Menschenrechten gerechtfertigt. Dies muss also auch dann gelten, wenn die Partnerschaft bereits vollzogen wurde und sich die Partnerschaft dadurch verfestigt hat. Siehe zur Gewichtung der Grund- und Menschenrechte Hochreuter, NJW 1998, 3677, 3679; Hailbronner, NVwZ 1997, 460, 460; Siegfried, NVwZ 1998, 151, 152.

532 Hk-LPartG/Siegfried, S. 473.

lichen Problematik ist die Verbindung der tatsächlichen Sachlage mit geeigneten rechtlichen Instrumenten. Während beispielsweise Vermögensverschiebungen grundsätzlich mittels der genannten Instrumente wie etwa analoge Anwendung von eherechtlichen Normen oder etwa gesellschafts- oder bereicherungsrechtlichen Grundsätzen rückabgewickelt werden können, bestehen keine Rechtsinstrumente, um einen tatsächlichen Aufenthalt rückabzuwickeln. Der Aufenthalt des Ausländers im Bundesgebiet kann nicht ungeschehen gemacht werden. Insoweit kann ein Rückabwicklungsproblem hinsichtlich des Aufenthalts nicht entstehen, die Sachlage ist vergleichbar mit dem Problemkreis des Lebenspartnerschaftsnamens. So handelt es sich auch bei dem Aufenthalt des Ausländers im Bundesgebiet um ein Faktum, das nicht rückabgewickelt werden kann. Lediglich für die Zukunft kann die Unwirksamkeit von Bedeutung sein, etwa bei der Frage, ob die Behörde dem Ausländer nunmehr einen gültigen Aufenthaltstitel erteilen muss, beispielsweise nachdem die Beteiligten die Eingehung nach § 1 LPartG nochmals vollziehen oder ob der bisherige Aufenthaltstitel weiter bestehen kann, etwa weil die Beteiligten zwischenzeitlich eine wirksame Lebenspartnerschaft eingegangen sind.

Im Beispielsfall 3. handelte es sich um eine Scheinlebenspartnerschaft nach § 1 Abs. 2 Nr. 4 LPartG. Diese ist unwirksam und entfaltete keinerlei Rechtswirkungen. Einer Heirat stehen deshalb keine Hinderungsgründe entgegen.

#### *f) Ergebnis*

Die unwirksame Lebenspartnerschaft begründet für die Beteiligten keine Rückabwicklungsschwierigkeiten im Hinblick auf das AufenthaltsG.

### *12. Sozialversicherungsrecht*

#### *a) Allgemeines*

Die Eingehung einer Lebenspartnerschaft begründet für die Beteiligten sozialversicherungsrechtliche Folgen. Allerdings lag bei unwirksamer Lebenspartnerschaft in der Vergangenheit kein wirksamer Rechtsgrund für Leistungen der Sozialversicherungsträger vor. Das Sozialversicherungsrecht ist eine „staatlich organisierte, nach den Grundsätzen der Selbstverwaltung aufgebaute öffentlich-rechtliche, vorwiegend auf Zwang beruhende Versicherung großer Teile der arbeitenden Bevölkerung für den Fall der Beeinträchtigung der Erwerbstätigkeit und des Todes sowie des Eintritts der Arbeitslosigkeit“[533]. Von dieser Absicherung profitiert grundsätzlich auch der Lebenspartner[534]. Die Sozialversicherungsträger sehen die Partner als durch eine Statusbeziehung wirksam verbunden an und haben ihnen demgemäß die durch das Sozialversicherungsrecht bestimmten Vorteile gewährt. Zu diesen zählen beispielsweise die fälligen Ansprüche auf laufende sozialrechtliche Geldleistungen wie beantragtes Wohngeld, beantragte Renten oder Arbeitslosengeld ab Antragstellung bis zum Todestag des verstorbenen Partners[535], die beitragsfreie Mitversicherung des selbst nicht versicherten Partners im Rahmen der Krankenversicherung, § 10 Abs. 1 SGB V, oder der Pflegeversicherung sowie die Hinterbliebenenversorgung im Rahmen der gesetzlichen Rentenversicherung, der gesetzlichen Unfallversicherung, der Alterssicherung der Landwirte, §§ 46 f. SGB VI. Bei diesen Leistungen handelt es sich um Geldzahlungen oder um beitragsfreie Mitversicherung, die von einem Sozialversicherungsträger an den vermeintlichen Lebenspartner erbracht werden. Aufgrund der Unwirksamkeit der Lebenspartnerschaft bestand allerdings kein Rechtsgrund für die erbrachten Leistungen des Sozialversicherungsträgers, diese müssten sodann rückabgewickelt werden. Rückabwicklungsschwierigkeiten könnten daraus entstehen, wenn der vermeintliche Lebenspartner zur Erstattung der Leistungen verpflichtet wäre, sofern er entweder zuvor beitragsfrei mitversichert wurde oder eine sozialversicherungsrechtliche Zuvielleistung erhalten hat.

*b) Rückabwicklung der Sozialleistungen*

Im sozialrechtlichen Verfahren ist die bevorzugte Handlungsmöglichkeit der Sozialversicherungsträger der Verwaltungsakt gemäß § 31 SGB X, dieser stellt typischerweise den Rechtsgrund für die Gewährung von Leistungen dar[536]. Die Definition des § 31 SGB X stimmt insoweit mit der des § 35 VwVfG überein. Ein Verwaltungsakt liegt vor, wenn die Behörde eine verbindliche Entscheidung getroffen hat[537]. Im Fall einer unwirksamen Lebenspartnerschaft hat der mitversicherte vermeintliche Lebenspartner Leistungen wie beispielsweise Zahlungen zur Hinterbliebenenversorgung erhalten, deren Rechtsgrund ein Verwaltungsakt war. Für dessen Rücknahme kommt § 45 SGB X in Betracht.

533 So die Definition des früheren Präsidenten des Bundessozialgerichts, Georg Wannagat, S. 25.
534 Eine Auflistung der Vorteile, welche Lebenspartner im Sozialrecht erhalten, findet sich bei Moritz, ZFSH/SGB 2001, 451 ff.
535 Moritz, ZFSH/SGB 2001, 451.
536 Waltermann, Rn. 566.
537 BSG, NVwZ 1987, 928.

Gegenüber dem allgemeinen Verwaltungsverfahren bestehen Unterschiede hinsichtlich der Vorschriften über die Rücknahme und den Widerruf von Verwaltungsakten, geregelt in §§ 44 bis 51 SGB X. Die Abweichungen in diesem Bereich rechtfertigen sich aus den Besonderheiten des Sozialrechts[538]. Die Vorschriften über Rücknahme und Widerruf sind deshalb von besonderer Bedeutung, da die Leistungen, wie bereits erwähnt, überwiegend durch Verwaltungsakt erbracht werden[539]. Ferner sind diese Normen anzuwenden, wenn die Leistung schlicht hoheitlich erbracht wird[540]. Dies ergibt sich aus der Regelung des § 50 Abs. 2 SGB X[541].

Nach § 45 Abs. 1 SGB X darf ein Verwaltungsakt, der ein Recht oder einen rechtlichen Vorteil begründet oder bestätigt hat, soweit er rechtswidrig ist, auch nachdem er unanfechtbar geworden ist, nur unter den Einschränkungen der Absätze 2 bis 4 ganz oder teilweise mit Wirkung für die Zukunft oder für die Vergangenheit zurückgenommen werden[542]. Es ist dabei zwingende Voraussetzung für die Rücknahme nach § 45 SGB X, dass der dem Leistungsempfänger erteilte Verwaltungsakt rechtswidrig war. Ein Verwaltungsakt ist dann rechtswidrig, wenn er mit gültigem Recht nicht übereinstimmt. Dazu zählt sowohl fehlerhafte Anwendung des Rechts als auch mangelhafte Sachverhaltsermittlung, die zu fehlerhaften Ergebnissen führt[543]. Im vorliegenden Fall der unwirksamen Lebenspartnerschaft ging der leistende Sozialversicherungsträger von einer rechtswirksamen Beziehung aus, die die Voraussetzung für die Leistung an den vermeintlichen Lebenspartner war[544]. Hierin lag eine fehlerhafte Anwendung des Rechts, wodurch die begünstigenden Verwaltungsakte rechtswidrig waren, so dass eine Rücknahme grundsätzlich in Betracht kommt. Da durch den Verwaltungsakt Vorteile für den Empfänger geschaffen wurden[545], handelte es sich auch um begüns-

---

538 BT-Drucks. 8/2054, S. 30.

539 Gitter/Schmitt, S. 327.

540 Dies ist insbesondere im Krankenversicherungsrecht der Fall, vgl. BSGE 32, 150, 157.

541 Dieser normiert ein Erstattungsrecht, soweit eine Leistung ohne Verwaltungsrecht zu Unrecht erbracht wurde.

542 Es findet sich in § 45 SGB X keine Unterscheidung zwischen Verwaltungsakten, die auf eine einmalige oder laufende Geldleistung gerichtet sind und anderen Verwaltungsakten. So ist § 45 SGB X gänzlich auf die Sach- und Dienstleistungen des Sozialrechts zugeschnitten, vgl. Rüfner, in: Wannagat, § 45 SGB X, Rn. 11.

543 Maurer, § 10, Rn. 2.

544 So bestand etwa zu keiner Zeit die Tatbestandsvoraussetzung für eine beitragsfreie Mitversicherung des vermeintlichen Lebenspartners im Rahmen der Familienversicherung, ferner wurden Übergangsgelder, z.B. gem. § 24 SGB VI, oder Verletztengelder, so gem. § 55 Abs. 2 Satz 1 SGB VII, in überhöhter Höhe gezahlt.

545 Als Vorteile kommen etwa in Betracht die Leistungen der Sozialversicherungsträger im Rahmen der beitragsfreien Familienversicherung. Hier erhält der mitversicherte

tigende Verwaltungsakte im Sinne des § 45 SGB X. Die Rücknahme ist dann ausweislich § 45 Abs. 2 SGB X nur möglich, wenn das öffentliche Interesse an der Rechtmäßigkeit der Verwaltung den Vertrauensschutz des Empfängers überwiegt[546]. Es kommt dabei eine Rücknahme des Verwaltungsakts unter Abwägung aller Interessen im Einzelfall für die Zukunft in Betracht, wobei der Vertrauensschutz gegen die Rücknahme im Sozialrecht verstärkt ist[547]. Bei der Abwägung sind die Interessen der Sozialgemeinschaft den Interessen des Betroffenen gegenüber zu stellen. Dabei gehört zu den öffentlichen Interessen auch das Interesse der Allgemeinheit an einer gleichmäßigen Anwendung des Gesetzes[548]. Eine Regelung über die Wirkung der Rücknahme für die Vergangenheit ist in § 45 Abs. 4 SGB X normiert. Dort wird angeordnet, dass eine Rücknahme ex tunc nur für die Fälle des § 45 Abs. 2 und § 45 Abs. 3 Satz 2 SGB X in Betracht kommt. Die Anforderungen des sozialrechtlichen Verwaltungsverfahrens an die Rücknahme sind streng formuliert und tragen dem Vertrauen des Empfängers in weiterem Umfang Rechnung[549]. Insbesondere sind Vermögensdispositionen angesichts der langfristigen Rechtsverhältnisse im Sozialversicherungsrecht von entscheidender Bedeutung. Der Empfänger darf und muss im Vertrauen auf Sozialleistungen disponieren können. So kann der Verwaltungsakt von Bedeutung sein bei der Entscheidung für eine private Krankenversicherung, der Zusatzversicherung oder auch der privaten zusätzlichen Altersversorgung. Es kommt also darauf an, ob der Empfänger sich durch die Leistungen der Sozialversicherungsträger als ausreichend abgesichert ansieht oder noch einen besonderen Bedarf decken möchte. Sofern er die durch Verwaltungsakt gewährte Leistung als ausreichend empfindet und deshalb eine eigene Absicherung unterbleibt, ist der spätere Entzug der Sozialleistung eine besondere Belastung, die unzumutbar ist. Eine spätere Korrektur der Disposition ist dann nicht oder nur unter unzumutbaren Nachteilen möglich, so dass das Vertrauen des Empfängers in einen entsprechenden Verwaltungsakt regelmäßig schutzwürdig sein wird[550].

### c) *Fehlender Vertrauensschutz des Empfängers*

Eine Rücknahme mit Rückwirkung kommt in Betracht, wenn der Lebenspartner sich nicht auf Vertrauen berufen kann. Diese Fälle sind in § 45 Abs. 2 Satz 3

---

vermeintliche Lebenspartner Leistungen, ohne hierfür zusätzlich Beitrag zahlen zu müssen, vgl. § 10 Abs. 1 SGB V, §§ 1 Abs. 6 Satz 3, 56 Abs. 1 SGB XI.

546 Waltermann, Rn. 573; Gitter/Schmitt, S. 327.

547 Rüfner, in: Wannagat, § 45 SGB X, Rn. 10.

548 Rüfner, in: Wannagat, § 45 SGB X, Rn. 10.

549 Gitter/Schmitt, S. 327.

550 Rüfner, in: Wannagat, § 45 SGB X, Rn. 38.

SGB X abschließend normiert und betreffen Konstellationen, in denen der Empfänger den Verwaltungsakt durch arglistige Täuschung, Drohung oder Bestechung erwirkt hat[551], ferner wenn der Verwaltungsakt auf Angaben beruht, die der Begünstigte vorsätzlich oder grob fahrlässig in wesentlicher Beziehung unrichtig oder unvollständig gemacht hat[552], sowie wenn er die Rechtswidrigkeit des Verwaltungsakts kannte oder infolge grober Fahrlässigkeit nicht kannte[553]. Bei der Prüfung, ob diese Umstände vorlagen, ist eine Entscheidung im Einzelfall zu treffen. Gemäß dem Wortlaut des § 45 SGB X soll eine rückwirkende Rücknahme nur in den genannten Fällen möglich sein. Übertragen auf die vorliegende Problematik muss der vermeintliche Lebenspartner als Leistungsempfänger daher zumindest grob fahrlässig die Unwirksamkeit der Lebenspartnerschaft nicht gekannt haben. Bei Kenntnis der Unwirksamkeit oder sogar aktivem Handeln, um die begünstigende Sozialleistung zu erhalten, ist das Vertrauen ebenfalls nicht schutzwürdig.

Hatte der vermeintliche Lebenspartner jedoch keinerlei Verdacht und Anhaltspunkte für die Unwirksamkeit seiner Lebenspartnerschaft und sich gutgläubig auf deren Rechtmäßigkeit verlassen, so ist eine Rücknahme mit Rückwirkung ausgeschlossen.

*d) Frist*

Falls eine Rücknahme der begünstigenden Verwaltungsakte gegenüber dem vermeintlichen Lebenspartner zu erfolgen hat, kann dies gemäß § 45 Abs. 4 Satz 2 SGB X innerhalb eines Jahres nach Kenntnis der Behörde von den Tatsachen geschehen. Umstritten ist dabei, ob zu den Tatsachen nur der Sachverhalt oder auch die rechtliche Würdigung gehört. Außerdem ist fraglich, wem bei dem Sozialversicherungsträger welche Tatsachen bekannt sein müssen. Insoweit ist auf dieselbe Problemlage und die dazu vorgetragenen Lösungen beim VwVfG zu verweisen[554]. Der große Senat des BVerwG lässt die Jahresfrist erst dann beginnen, wenn der Behörde die für die Rücknahmeentscheidung erheblichen Tatsachen vollumfänglich bekannt sind[555]. Das BSG nimmt an, dass die Jahresfrist dann beginnt, wenn die Behörde die Rechts- und Tatsachenkenntnis hinsichtlich der Rechtswidrigkeit des Bewilligungsbescheides und die Tatsachenkenntnis hin-

551 § 45 Abs. 2 Satz 3 Nr. 1 SGB X.
552 § 45 Abs. 2 Satz 3 Nr. 2 SGB X.
553 Dieser Bestimmung liegt der Gedanke zugrunde, dass der Empfänger, der selbst schuldhaft eine wesentliche Ursache für die Fehlerhaftigkeit des Verwaltungsakts gesetzt hat, sich nicht auf Vertrauensschutz berufen kann.
554 Rüfner, in: Wannagat, § 45 SGB X, Rn. 63.
555 BVerwGE 70, 356, 362.

sichtlich der weiteren Rücknahmevoraussetzungen hat[556]. Es ist eine hinreichend sichere Kenntnis erforderlich, die keine vernünftigen Zweifel lässt[557]. Diese Kenntnis muss der Dienststelle zukommen, die über den Verwaltungsakt zu entscheiden hat oder der Stelle, die nach innerdienstlicher Weisung oder Verwaltungsübung gehalten ist, der entscheidenden Stelle die Tatsachen mitzuteilen[558]. Es ist also darauf abzustellen, wann der Sozialversicherungsträger Kenntnis von der Unwirksamkeit der Lebenspartnerschaft erlangt. Ab diesem Zeitpunkt läuft die Jahresfrist des § 45 Abs. 4 Satz 2 SGB X.

*e) Erstattung nach § 50 SGB X*

Sofern eine rückwirkende Rücknahme durchzuführen ist, hat der Rechtsgrund für die erbrachten Leistungen von Anfang an gefehlt. Es findet sich für diesen Fall eine Regelung in § 50 SGB X, der dem allgemein anerkannten öffentlich-rechtlichen Erstattungsanspruch eine Rechtsgrundlage gibt[559]. Danach sind bereits erbrachte Leistungen zu erstatten, soweit ein Verwaltungsakt aufgehoben worden ist. Sach- und Dienstleistungen sind dabei in Geld zu erstatten[560], der Anspruch ist ausschließlich auf Geld gerichtet[561]. Hier ist also eine Erstattung der erhaltenen Leistungen für den Fall normiert, dass das Vertrauen des vermeintlichen Lebenspartners nicht schutzwürdig ist, so dass die Sozialversicherungsträger einen Erstattungsanspruch gegen den Leistungsempfänger haben[562]. Soweit Leistungen nicht auf einem Verwaltungsakt beruhten, sondern auf einer schlicht hoheitlichen Maßnahme[563], sind auch diese zu erstatten[564]. Der vermeintliche

556 BSGE 66, 204, 210.

557 BSGE 74, 20, 26.

558 Rüfner, in: Wannagat, § 45 SGB X, Rn. 66, der zugleich darauf hinweist, dass umstritten ist, welche Stelle Kenntnis haben muss. Insoweit ist auch hier auf die gleich gelagerte Problematik im allgemeinen Verwaltungsrecht zu verweisen.

559 Rüfner, in: Wannagat, § 50 SGB X, Rn. 11.

560 § 50 Abs. 1 SGB X.

561 Soweit Sach- und Dienstleistungen nicht mehr in natura zurückgegeben werden können, schreibt § 50 Abs. 1 Satz 2 SGB X Erstattung in Geld vor. Hierzu ist auf den Wert der Sach- oder Dienstleistung abzustellen. Dies gilt auch für Leistungen, die ohne Verwaltungsakt zu Unrecht erbracht worden sind.

562 Der öffentlich-rechtliche Erstattungsanspruch ist die Kehrseite des öffentlich-rechtlichen Leistungsverhältnisses. Besteht also ein solches Leistungsverhältnis, ist auch der Erstattungsanspruch einschlägig, beispielsweise bei Überzahlungen oder Zahlungen trotz Aufhebung eines Verwaltungsaktes, vgl. hierzu Rüfner, in: Wannagat, § 50 SGB X, Rn. 17.

563 Hier ist insbesondere an Leistungen im Krankenversicherungsrecht zu denken, die schlicht erbracht werden und nicht einen vorangehenden Verwaltungsakt benötigen, BSGE 32, 150, 157.

Lebenspartner wäre sodann verpflichtet, eine Geldzahlung gegenüber dem Sozialversicherungsträger zu erbringen.

### *f) Verjährung*

Die Erstattung der erbrachten Leistungen kann von dem Sozialversicherungsträger jedoch nicht zeitlich unbeschränkt verlangt werden. So normiert § 50 Abs. 4 SGB X, dass der Erstattungsanspruch in vier Jahren nach Ablauf des Kalenderjahres, in dem der Verwaltungsakt nach § 50 Abs. 3 SGB X unanfechtbar geworden ist, verjährt. Die vermeintlichen Lebenspartner sind also nur innerhalb der gesetzlichen Verjährungsfrist von vier Jahren eventuellen Erstattungsansprüchen eines oder mehrerer Sozialversicherungsträger ausgesetzt. Danach haben die Partner gegenüber den Ansprüchen ein Leistungsverweigerungsrecht und insoweit besteht für die Partner Rechtssicherheit. Rückforderungsansprüche können daher nur entstehen, wenn der Sozialversicherungsträger Kenntnis von der Unwirksamkeit der Lebenspartnerschaft vor Ablauf von vier Jahren nach der Unanfechtbarkeit der Sozialleistung erlangt und dann innerhalb eines Jahres die Rücknahme des Verwaltungsaktes nebst Leistungserstattung gegenüber dem vermeintlichen Lebenspartner erklärt. Anderenfalls ist der Anspruch des Sozialleistungsträgers verjährt und ein Rückabwicklungsproblem besteht insoweit nicht. Falls jedoch eine Rücknahme der begünstigenden Verwaltungsakte durchzuführen ist, ergeben sich aus der Unwirksamkeit der Lebenspartnerschaft keine Besonderheiten für das Verwaltungsverfahren. Dieses ist insoweit vergleichbar mit einem gewöhnlichen Verfahren der Leistungserstattung im Sozialversicherungsrecht, die unwirksame Lebenspartnerschaft als eine vermeintliche Statutsbeziehung bringt hier keine besonderen Probleme mit sich.

### *g) Ergebnis*

Im Sozialversicherungsrecht entstehen durch eine unwirksame Lebenspartnerschaft keine Rückabwicklungsschwierigkeiten.

---

564 § 50 Abs. 2 SGB X.

### *13. Steuerrecht*

#### *a) Allgemeines*

Die Eingehung einer Lebenspartnerschaft bringt für die Beteiligten keine besonderen steuerrechtlichen Vorteile[565]. Die einzige für eine Lebenspartnerschaft relevante Regelung findet sich in § 33 a EStG, wonach ein Steuerpflichtiger für Aufwendungen, die er einer gesetzlich unterhaltsberechtigten Person macht, bis zu € 7.188 vom Gesamtbetrag seiner Einkünfte abziehen kann. Wenn das unter Ehegatten anwendbare Splittingverfahren auf Lebenspartnerschaften nach gegenwärtiger Gesetzeslage nicht anwendbar ist, muss im Gegenzug für tatsächliche Unterhaltsleistungen während der Dauer der Lebenspartnerschaft eine Abzugsmöglichkeit nach § 33 a EStG bestehen[566]. Bei unwirksamer Lebenspartnerschaft bestand jedoch zu keiner Zeit eine gesetzliche Unterhaltspflicht. Rückabwicklungsschwierigkeiten können sodann entstehen, wenn die Lebenspartner und die Finanzbehörde in der Vergangenheit von der Existenz einer wirksamen Lebenspartnerschaft ausgegangen sind und die Steuerschuld gemäß § 33 a Abs. 1 Satz 1 EStG berechnet haben. Durch die Abzugsmöglichkeit der außergewöhnlichen Belastungen nach § 33 a Abs. 1 Satz 1 EStG im Rahmen der Ermittlung des zu versteuernden Einkommens nach § 2 Abs. 4, 5 EStG ist die Steuerschuld geringer geworden. Es wurden durch den zulässigen Höchstbetrag von € 7.188,-- Aufwendungen vorgetragen, die aufgrund der Unwirksamkeit nicht in Abzug gebracht werden durften[567]. Der steuerpflichtige Lebenspartner hat demzufolge weniger Steuern gezahlt, als dies steuerrechtlich zulässig war. Die nachträgliche Korrektur der Steuerschuld könnte ein Rückabwicklungsproblem darstellen, der vermeintliche Lebenspartner als Steuerschuldner müsste seine Steuerschuld nachträglich erneut berechnen lassen.

#### *b) Rückwirkende Korrektur der Steuerbescheide*

Bei Unwirksamkeit der Lebenspartnerschaft ist fraglich, inwieweit eine Korrektur der bereits ergangenen Steuerbescheide überhaupt möglich ist. Die Korrektur der besonderen Steuerverwaltungsakte, zu denen auch die Steuerbescheide nach

---

565 Wellenhofer-Klein, NJW 2005, 705, 709, sieht hier noch erheblichen Reformbedarf, bis eine Gleichstellung mit der Ehe erreicht ist.

566 BVerfGE 105, 313.

567 Muscheler, Rn. 640, verweist darauf, dass § 33 a Abs. 1 EStG nur bei wirksamer Lebenspartnerschaft anwendbar ist.

§§ 155 ff. AO zählen, ist möglich gemäß den §§ 164-165, 172-177 AO[568]. Es hängt dabei von der Art des zu korrigierenden Verwaltungsakts ab, wie die Korrektur zu erfolgen hat.

*aa) Korrektur wegen offensichtlicher Unrichtigkeit*

Bei einer offenbaren Unrichtigkeit ist die Berichtigung jederzeit möglich, § 129 AO gilt auch in diesem Falle[569]. Abstrakt formuliert ist eine offensichtliche Unrichtigkeit gegeben, „wenn der Fehler ins Auge springt“, wenn der Widerspruch zwischen dem, was die Behörde gewollt hat, und dem, was sie im Verwaltungsakt zum Ausdruck gebracht hat, ohne weiteres erkennbar ist[570]. Sofern alle Beteiligten jedoch übereinstimmend von einer wirksamen Lebenspartnerschaft ausgehen und die Behörde sich bei der Berechnung auf die Angaben der vermeintlichen Lebenspartner verlässt, liegt kein offensichtlicher Fehler vor. Die ergangenen Steuerbescheide können also nicht unter den Voraussetzungen korrigiert werden, unter denen offenbar unrichtige Steuerbescheide korrigiert werden können.

*bb) Steuerbescheide mit vorläufiger Steuerfestsetzung/Vorbehalt der Nachprüfung*

Als nächstes könnte ein Steuerbescheid erlassen worden sein, der keine endgültige Festsetzung der Steuerschuld enthält. Dies sind solche, die entweder vorläufige Steuerfestsetzungen nach § 165 AO oder Steuerfestsetzungen unter dem Vorbehalt der Nachprüfung nach § 164 AO enthalten. Sie können ebenfalls jederzeit korrigiert werden, vgl. §§ 164 Abs. 2 Satz 1, 165 Abs. 2 Satz 1 AO. Sobald Klarheit über die tatsächlich angefallene Steuer besteht, sind die Steuerfestsetzung unter dem Vorbehalt der Nachprüfung und die vorläufige Steuerfestsetzung durch endgültige Steuerbescheide zu ersetzen[571]. Sollte sich die Unwirksamkeit einer Lebenspartnerschaft während der abschließenden Prüfung der Steuerfest-

---

568 Die §§ 130, 131 AO finden hier keine Anwendung. Diese gelten für allgemeine Steuerverwaltungsakte, jedoch nicht für die besonderen Steuerverwaltungsakte, zu denen die Steuerbescheide zählen. Für diese gelten auch besondere Korrekturvorschriften, vgl. §§ 172-177 AO.

569 Birk, Rn. 378.

570 BVerwGE 40, 212, 216.

571 § 164 Abs. 2 Satz 3 AO lässt den Vorbehalt bis zur abschließenden Prüfung des Steuerfalles gelten. Dies bedeutet zugleich, dass es nach abschließender Prüfung keinen Vorbehalt mehr geben kann. So verhält es sich auch mit einer vorläufigen Steuerfestsetzung. Diese ist durch eine endgültige Steuerfestsetzung zu ersetzen bei Gewissheit über die Steuerschuld, vgl. § 165 Abs. 2 Satz 2 AO.

setzung zeigen, ist es der Behörde möglich, den Steuerbescheid gemäß den §§ 164, 165 AO zu ändern.

*cc) Endgültige Steuerfestsetzung*

Die dritte Möglichkeit der Steuerfestsetzung ist die endgültige Steuerfestsetzung nach § 155 Abs. 1 AO. Dabei handelt es sich um den gesetzlichen Normalfall[572]. Dieser Steuerbescheid darf lediglich unter den Voraussetzungen der §§ 172 ff. AO aufgehoben oder geändert werden. Fraglich ist insoweit, welche Regelung im Fall der Unwirksamkeit einer Lebenspartnerschaft einschlägig ist. Die Behörde hat ein Interesse daran, die Steuer nachträglich höher festzusetzen, da durch die Geltendmachung von außergewöhnlichen Belastungen ein Abzug für den vermeintlichen Lebenspartner durchgeführt wurde, der diesem nach dem Tatbestand des § 33 a Abs. 1 Satz 1 EStG jedoch nicht zustand. § 172 Abs. 1 Nr. 2 lit. a. AO kommt nicht in Betracht, denn der Steuerschuldner wird einer Änderung zu seinen Lasten regelmäßig nicht zustimmen. Ferner kommt eine Aufhebung oder Änderung nach § 172 Abs. 1 Nr. 2 lit. c. AO in Betracht, wenn der Steuerbescheid durch unlautere Mittel wie arglistige Täuschung, Drohung oder Bestechung erwirkt worden ist. Diese Möglichkeit wäre hier anzunehmen, wenn der steuerpflichtige vermeintliche Lebenspartner Kenntnis von dem Mangel der Lebenspartnerschaft und der daraus folgenden Unwirksamkeit hätte. Dann hätte er den Steuerbescheid jedenfalls durch arglistige Täuschung erzielt, sofern er hier Unterhaltszahlungen als außergewöhnliche Belastungen gemäß § 33 a Abs. 1 Satz 1 EStG geltend gemacht hätte. In diesem Fall wäre er nicht schutzwürdig, da er stets davon ausgehen musste, die Behörde werde den tatsächlichen Sachverhalt ermitteln und dann eine Änderung des Steuerbescheides vornehmen.

*dd) Neue Tatsachen und Beweismittel*

Eine weitere Regelung hinsichtlich der Aufhebung oder Änderung eines Steuerbescheides findet sich in § 173 Abs. 1 Nr. 1 AO und betrifft das nachträgliche Bekanntwerden von Tatsachen oder Beweismitteln, die zu einer höheren Steuer führen[573]. Es ist hier fraglich, ob die auf den Zeitpunkt der Eingehung der Le-

---

572 Birk, Rn. 455.

573 Das Gesetz regelt nicht, auf wessen Unkenntnis es ankommt. Abzustellen ist dabei auf das zuständige Finanzamt und die dort tätige Dienststelle, vgl. BFH BStBl II 1984, 140, 143; BStBl II 1998, 552, 553. Vorliegend ist jedoch davon auszugehen, dass selbst den vermeintlichen Lebenspartnern die Rechtsunwirksamkeit ihrer Beziehung nicht bekannt war. Sollte dies dennoch der Fall sein und der steuerpflichtige Lebenspartner hätte die außergewöhnlichen Belastungen geltend gemacht, so hätte

benspartnerschaft rückwirkende Unwirksamkeit und der damit zusammenhängende Wegfall eines gesetzlichen Unterhaltsrechts als nachträglich bekannt werdende Tatsache im Sinne dieser Vorschrift zu verstehen ist. Eine Tatsache ist jeder Lebensvorgang, der insgesamt oder teilweise den gesetzlichen Steuertatbestand oder ein einzelnes Merkmal dieses Tatbestands erfüllt; also Zustände und Vorgänge der Seinswelt, die Eigenschaften der Gegenstände der Seinswelt und die gegenseitigen Beziehungen zwischen diesen Gegenständen[574]. Dabei kann es sich um einzelne Tatsachen, aber auch um eine Summe von Tatsachen handeln, die ihrerseits den Sachverhalt ausmachen, der unter das Gesetz subsumiert wird[575]. Tatsachen sind alle dem Beweis zugänglichen Umstände, zu denen auch Rechtsverhältnisse zählen können[576]. Von dem Begriff der Tatsachen umfasst sind ebenso vorgreifliche Rechtsverhältnisse aus einem anderen Rechtsgebiet, die Tatbestandsmerkmale einer steuerlichen Vorschrift sind[577]. Vorliegend gingen die Beteiligten von dem Bestehen einer wirksamen Lebenspartnerschaft aus, die für die Beteiligten gesetzliche Unterhaltspflichten und daher auch die Abzugsmöglichkeit nach § 33 a Abs. 1 Satz 1 EStG statuiert hätte. Tatbestandsmerkmal der gesetzlichen Unterhaltspflicht des § 33 a Abs. 1 Satz 1 EStG ist also mit der Unwirksamkeit eine Tatsache, die bei der Rückabwicklung erst später bekannt wird. Bei einem Verstoß gegen § 1 LPartG lag zu keinem Zeitpunkt eine wirksame Rechtsbeziehung vor, so dass auch zu keiner Zeit gesetzliche Unterhaltspflichten bestanden, die eine steuerliche Berücksichtigung hätten finden können. Zu bedenken ist hierbei, dass diese Tatsache bereits bei Begründung der vermeintlichen Lebenspartnerschaft vorhanden war, jedoch erst später bekannt wird[578]. Eine Änderung kann daher auf § 173 Abs. 2 Nr. 1 AO gestützt werden.

Fraglich ist jedoch, ob dies auch im Falle der bis zum 01.01.2005 möglichen rückwirkenden Anfechtung gilt. Hierbei bestand zunächst eine rechtswirksame Verbindung, die erst später vernichtet wird. Für den Zeitraum zwischen Eingehung der Lebenspartnerschaft und deren Anfechtung lag daher die Voraussetzung für die Geltendmachung von außergewöhnlichen Belastungen vor. Die auf Anfechtung beruhende Unwirksamkeit der Lebenspartnerschaft von Beginn an kann hier also nicht als nachträglich bekannt werdende Tatsache gewertet werden, wenn die Lebenspartnerschaft eben nur durch eine rechtsgeschäftliche Erklärung

---

dieser bereits arglistig gehandelt und die Finanzbehörde hätte die Möglichkeit, den Steuerbescheid über § 172 Abs. 1 Satz 1 Nr. 2 lit. c AO zu ändern.

574 BFH BStBl II, 99, 91, 92; 01, 379, 379.

575 BFH BStBl II, 99, 91, 92; 00, 306, 307.

576 Birk, Rn. 386.

577 BFH BStBl II, 69, 445, 446; 84, 181, 181.

578 Birk, Rn. 388.

vernichtet wurde[579]. Es steht dann nicht die Unwirksamkeit des Rechtsverhältnisses im Vordergrund, sondern die Ausübung der Selbstbestimmung und die Privatautonomie der Partner. Insoweit kann im Fall der Anfechtung § 173 Abs. 1 Nr. 1 AO keine Anwendung finden.

### *c) Rechtserheblichkeit*

Die nachträglich bekannt gewordenen Tatsachen führen nur dann zu einer Änderung der Steuerfestsetzung, wenn die Kenntnis für die ursprüngliche, nunmehr zu ändernde Veranlagung rechtserheblich gewesen wäre[580]. Das ist anzunehmen, wenn ein Steuerbescheid anderen Inhalts erlassen worden wäre. Vorliegend wurden außergewöhnliche Belastungen geltend gemacht, die gemäß § 33 a Abs. 1 Satz 1 EStG zu einer Verringerung des zu versteuernden Einkommens nach § 2 Abs. 4, 5 EStG führen. Die Steuerschuld wäre also bei Kenntnis der Unwirksamkeit der Lebenspartnerschaft höher berechnet worden, so dass Rechtserheblichkeit der später bekannt werdenden Tatsachen angenommen werden kann. Gemäß § 173 Abs. 1 Nr. 1 AO kann die Finanzbehörde den gegenüber dem steuerpflichtigen vermeintlichen Lebenspartner erlassenen Steuerbescheid aufheben oder ändern, sofern bei der Eingehung der Lebenspartnerschaft ein Verstoß gegen § 1 LPartG vorlag.

### *d) Rückwirkende Ereignisse*

Fraglich ist jedoch weiterhin, welche Möglichkeiten der Aufhebung oder Änderung eines Steuerbescheides für die Finanzbehörde besteht, wenn eine zunächst wirksame Lebenspartnerschaft rückwirkend angefochten wird. Hier kommt § 175 Abs. 1 Nr. 2 AO in Betracht, wonach ein Steuerbescheid zu erlassen, aufzuheben oder zu ändern ist, soweit ein Ereignis eintritt, das steuerliche Wirkung für die Vergangenheit hat. Die Vorschrift betrifft den Fall, dass der richtig ermittelte und beurteilte Sachverhalt durch eine später eingetretene Entwicklung verändert worden ist, die rechtserheblich für den bereits erlassenen Steuerbescheid ist[581]. Rückwirkende Ereignisse sind dabei solche, die den Sachverhalt verändern und steuerrechtlich derart in die Vergangenheit zurückwirken, dass ein Bedürfnis besteht, eine schon endgültig getroffene Regelung an die Sachverhaltsänderung an-

---

579 So auch Kruse/Loose, in: Tipke/Kruse, § 175, Rn. 38, der einem von Anfang an nichtigen und damit unwirksamen Rechtsgeschäft keine steuerliche Rückwirkung zukommen lässt.
580 Rüsken, in: Klein, § 173, Rn. 71.
581 Rüsken, in: Klein, § 175, Rn. 50.

zupassen[582]. Zu einer steuerlichen Rückwirkung kann es kommen im Falle der bis zum 01.01.2005 zulässigen Anfechtung eines Rechtsgeschäfts[583]. Im vorliegenden Fall wurde zunächst eine wirksame Lebenspartnerschaft eingegangen. Erst während des Vollzugs wird diese von einem Beteiligten angefochten, was hiernach rückwirkende Wirkung auf den Zeitpunkt der Eingehung hat. § 33 a Abs. 1 EStG stellt nicht auf das Vorliegen einer wirksamen Lebenspartnerschaft, sondern auf das Bestehen einer gesetzlichen Unterhaltspflicht ab. Von der Unwirksamkeit der Lebenspartnerschaft ist die steuerrechtliche Beurteilung gemäß § 41 Abs. 1 Satz 1 AO nur betroffen, wenn die Beteiligten das wirtschaftliche Ergebnis des Rechtsgeschäfts rückwirkend abwickeln. Sofern die wirtschaftlichen Folgen der Lebenspartnerschaft nach erfolgter Anfechtung rückabgewickelt werden, kommt auch nach § 41 Abs. 1 Satz 1 AO eine steuerliche Vergangenheitswirkung in Betracht, die eine rückwirkende Änderung der ergangenen Steuerbescheide nach § 175 Abs. 1 Satz 1 Nr. 2 AO ermöglicht.

*e) Festsetzungsfrist*

Eine Beschränkung zur Rückwirkung von Steuerbescheiden in zeitlicher Hinsicht wird der Behörde auferlegt durch §§ 169 ff. AO, wonach die Behörde innerhalb der Festsetzungsfrist eine endgültige Entscheidung über den zu erlassenden Steuerbescheid treffen muss. Anderenfalls bestünde die Gefahr, dass die Behörde auch Jahre nachdem die Steuer angefallen und die Lebenspartnerschaft vollzogen wurde, noch die Steuerbescheide in der Vergangenheit ändern kann und Steuernachforderungen für den Steuerschuldner entstehen[584]. Nach Ablauf der Festsetzungsfrist ist eine Aufhebung oder Änderung der Steuerfestsetzung nicht mehr möglich[585].

*f) Fristdauer*

Die Dauer der Festsetzungsfrist ist abhängig von der Art der Steuer und ob der Steuerschuldner seiner Pflicht zur vollständigen Steueranmeldung nachgekommen ist. Gemäß § 169 Abs. 2 Nr. 2 AO beträgt die Frist für Steuern und Steuervergütungen vier Jahre. Bei dem Normalfall der Steuerfestsetzung, bei der keine Steuerhinterziehung oder –verkürzung vorliegt, kann die Finanzbehörde vier Jahre ab Beginn der Frist die Steuerfestsetzung verändern, sobald der Behörde neue

582 BFH BStBl II, 91, 55, 56.
583 Kruse/Loose, in: Tipke/Kruse, § 175, Rn. 35; Birk, Rn. 401.
584 Birk, Rn. 252.
585 Birk, Rn. 377; Rüsken, in: Klein, § 169, Rn. 1.

Tatsachen, also ein Verstoß gegen § 1 LPartG während der Eingehung der Lebenspartnerschaft, oder ein rückwirkendes Ereignis, hier die rückwirkende Anfechtung einer zunächst rechtswirksamen Lebenspartnerschaft, bekannt wird.

#### *g) Fristbeginn*

Nach § 170 Abs. 1 AO beginnt die Frist mit Ablauf des Kalenderjahres, in dem die Steuer entstanden ist. Allerdings finden sich hiervon Abweichungen in § 170 Abs. 2 bis 6 AO. Vorliegend dürfte § 170 Abs. 2 Satz 1 Nr. 1 AO von besonderer Bedeutung sein, wonach die Festsetzungsfrist bei einer einzureichenden Steuererklärung erst mit Ablauf des Kalenderjahres, in dem die Steuererklärung eingereicht wird, spätestens jedoch mit Ablauf des dritten Kalenderjahres, das auf das Kalenderjahr folgt, in dem die Steuer entstanden ist, beginnt. Im vorliegend relevanten Fall der vermeintlichen außergewöhnlichen Belastungen nach § 33 a Abs. 1 Satz 1 EStG hat der Steuerpflichtige nach § 25 Abs. 3 Satz 1 EStG eine Einkommenssteuererklärung einzureichen, so dass die Frist erst mit Ablauf des Kalenderjahres, in dem die Erklärung abzugeben ist, beginnt. Die Behörde hat ausweislich § 169 Abs. 1 Satz 1 AO keine Möglichkeit, nach Ablauf der Festsetzungsfrist die Steuerfestsetzung erneut zu ändern. Sofern also diese Frist verstrichen ist, kann keine Nachforderung an den steuerpflichtigen vermeintlichen Lebenspartner mehr gestellt werden. In diesem Falle hat die Unwirksamkeit der Lebenspartnerschaft keine Auswirkung auf die steuerliche Behandlung der Partnerschaft mehr.

#### *h) Ergebnis*

Insgesamt ist festzustellen, dass es bei der unwirksamen Lebenspartnerschaft keine Besonderheit bei der nachträglichen Korrektur eines Steuerbescheides gibt. Diese richtet sich nach den Vorschriften der AO, wie sie auch für sonstige Steuerschuldner gelten. Die Rückabwicklung gestaltet sich insoweit nicht anders, nur weil der Steuerschuldner aus einer vermeintlichen Statusbeziehung kommt. Rückabwicklungsschwierigkeiten aufgrund einer vermeintlichen Statusbeziehung bestehen nicht.

## II. Ergebnis

Die bisherigen Untersuchungen haben gezeigt, dass eine unwirksame Lebenspartnerschaft keine Sachverhalte aufwirft, die nicht mittels bereits bekannter Rechtsinstrumente abgewickelt werden könnten. Allein bei Konstellationen wie dem Namens- und dem Ausländerrecht kann die Partnerschaft nicht auf den Zeitpunkt der Eingehung rückabgewickelt werden, da insoweit ein tatsächliches Verhalten nicht ungeschehen gemacht werden kann.

# 5. Kapitel: Zusammenfassung

Am 01.08.2001 trat das LPartG in Kraft, mit dem der Gesetzgeber die Diskriminierung gleichgeschlechtlicher Partnerschaften abbauen und den Partnern solcher Beziehungen zugleich einen gesicherten Rechtsrahmen für die Ausgestaltung des gemeinsamen Lebens geben wollte. Das LPartG enthielt eine Vielzahl von Normen, die an Regelungen des Eherechts angelehnt waren, dennoch wollte der Gesetzgeber einen deutlichen Abstand zum Institut der Ehe wahren.

Mit Urteil vom 17.07.2002 entschied das BVerfG, dass durch das LPartG kein Verstoß gegen Art. 3 GG und Art. 6 GG vorliege, da das Abstandsgebot zur Ehe nicht verletzt sei. Denn dieser werde nichts dadurch genommen, dass es andere Lebensgemeinschaften gebe, die vergleichbare Vorteile erhielten. Eine Schlechterstellung der Ehe sei deshalb nicht zu befürchten.

Daraufhin überarbeitete der Gesetzgeber das LPartG und erreichte dadurch eine weitgehende Angleichung der Rechte gleichgeschlechtlicher Partnerschaften an das Institut der Ehe. Die Novelle der LPartG trat am 01.01.2005 in Kraft.

Bei der Formulierung des LPartG sowie der Novelle arbeitete der Gesetzgeber teilweise unpräzise und ließ dadurch einige Lücken und Ungereimtheiten im Gesetz entstehen. So sind in § 1 LPartG die Tatbestandsvoraussetzungen für eine wirksame Begründung der Rechtsbeziehung eingetragene Lebenspartnerschaft genannt, aber es finden sich keine Regelungen für den Fall, dass gegen jene Begründungsnorm verstoßen wird. Der Gesetzgeber belässt es hier bei einem Verweis auf die Geltung der „allgemeinen Regeln“, ohne diese näher zu konkretisieren.

Ferner war in der ursprünglichen Fassung des LPartG nicht normiert, was für die Konstellation gelten soll, in der die Begründungserklärung eines Beteiligten mit einem Willensmangel behaftet ist. Erst mit der Novelle des LPartG zum 01.01.2005 hat der Gesetzgeber eine Regelung für Willensmängel dahingehend getroffen, dass diese nach § 15 Abs. 2 LPartG unter den Voraussetzungen des § 1314 Abs. 2 Nr. 1 bis 4 BGB zur Aufhebung der Lebenspartnerschaft für die Zukunft berechtigen. Unklar war jedoch weiterhin, wie sich Willensmängel bei Altfällen – also Lebenspartnerschaften aus der Zeit vor dem 01.01.2005 – auswirkten.

Die vorliegende Arbeit ging zunächst der Frage nach, welche Folgen ein Verstoß gegen die Begründungsnorm des § 1 LPartG bei vollzogener Partnerschaft hat. Außerdem wurde untersucht, wie sich die vor dem 01.01.2005 bei Begründung einer Lebenspartnerschaft vorliegenden Willensmängel auf die Statusbeziehung auswirkten. Die Untersuchung erfolgte unter der Voraussetzung, dass die Partnerschaft über einen längeren Zeitraum von den Partnern tatsächlich gelebt, also vollzogen wurde.

Die Arbeit kam dabei zu dem Ergebnis, dass Beteiligte einer gleichgeschlechtlichen Beziehung, die ihrem Zusammenleben einen rechtlichen Rahmen geben wollen, während der Begründung einer eingetragenen Lebenspartnerschaft die Eingehungsnorm des § 1 LPartG zwingend einhalten müssen. Bei einem Verstoß hiergegen – gleich welcher Art – kann keine wirksame Rechtsbeziehung entstehen. Die vermeintliche Lebenspartnerschaft kann dann keinerlei Rechtsfolgen auslösen, die Beteiligten stehen sich fortan gegenüber, als hätten sie zu keinem Zeitpunkt eine Statusbeziehung begründet. Die anfängliche Unwirksamkeit kann auch nicht durch Vollzug der Partnerschaft geheilt werden. Insofern ist den Partnern, die das Institut der eingetragenen Lebenspartnerschaft begründen wollen, zu empfehlen, die Tatbestandsvoraussetzungen des § 1 LPartG strikt einzuhalten, um auch die gewünschten Rechtsfolgen für sich beanspruchen zu können.

Etwas anders stellt sich die Situation dar, sofern die Begründungserklärung eines Beteiligten mit einem Willensmangel behaftet war. Hier bestand zunächst eine wirksame Lebenspartnerschaft, denn die Rechtsbeziehung wurde in Übereinstimmung mit § 1 LPartG begründet. Bis zum 01.01.2005 fand sich im LPartG keine Regelung für Willensmängel, also war bis dahin eine auf den Zeitpunkt der Begründung rückwirkende Anfechtung der Statusbeziehung nach §§ 119 ff. BGB möglich, wobei die Anfechtungsgründe auf die Sachverhalte zu beschränken waren, in denen nach § 1314 BGB eine Ehe aufgehoben werden konnte.

Aus dem Vorgenannten ergibt sich, dass bei einem Verstoß gegen § 1 LPartG während der Eingehung der Lebenspartnerschaft oder einer bis zum 01.01.2005 erfolgenden rückwirkenden Anfechtung besondere Probleme daraus entstehen könnten, dass die Partnerschaft möglicherweise über einen längeren Zeitraum vollzogen wurde, die Beteiligten auf den Bestand ihrer Partnerschaft vertraut und sich demzufolge gegenseitig eine Vielzahl von Leistungen erbracht haben. Weiterhin könnten die Beteiligten in den Genuss von gesetzlichen Privilegierungen oder öffentlich-rechtlichen Leistungen gekommen sein. Diese Leistungen, die gerade aus dem Vollzug der Partnerschaft über einen längeren Zeitraum entstanden sind, müssten im Falle der Unwirksamkeit gegebenenfalls rückwirkend abgewickelt werden, denn eine wirksame Rechtsbeziehung, die die Leistungen hätte rechtfertigen können, bestand gerade nicht.

Es ist deutlich geworden, dass es weder erforderlich noch möglich ist, die mit einem Mangel behaftete Partnerschaft als wirksam zu betrachten und lediglich für die Zukunft abzuwickeln.

Weiterhin wurde festgestellt, dass es kein einheitliches Rückabwicklungsinstrument gibt. Die Aufhebungsvorschriften der §§ 15 ff. LPartG können weder direkt noch analog auf unwirksame Lebenspartnerschaften angewandt werden, denn dies ist mit der Systematik des LPartG unvereinbar. Darüber hinaus konnten auch die für die Abwicklung von Dauerschuldverhältnissen entwickelte Lehre von der fehlerhaften Gesellschaft sowie die Lehre vom faktischen Arbeitsverhältnis nicht auf unwirksame Lebenspartnerschaften angewandt werden, denn deren dogmatische Begründungen sind unvereinbar mit dem Wesen einer Lebenspartnerschaft.

Insoweit ist bei unwirksamer Lebenspartnerschaft jeder Problemkreis isoliert zu betrachten und zu prüfen, welche Rechtsanwendung im Einzelfall zu vertretbaren Ergebnissen führt. Im Laufe der Untersuchung konnte gezeigt werden, dass bei unwirksamer Lebenspartnerschaft sämtliche auftretende Rückabwicklungsschwierigkeiten mittels Analogien, Rechtsscheins- oder gesellschaftsrechtlichen Grundsätzen sowie über das Bereicherungsrecht aufgelöst werden können. Es konnten keine Problemkreise entdeckt werden, die einer Abwicklung der vermeintlichen Rechtsbeziehung entgegenstünden. Es sind mithin keine Rückabwicklungsschwierigkeiten – abgesehen von rein faktischen Geschehnissen wie Namenswahl oder Aufenthalt eines Ausländers im Bundesgebiet – vorhanden, die einer Abwicklung der Beziehung auf den Zeitpunkt der Eingehung der vermeintlichen Lebenspartnerschaft entgegenstehen könnten.

Die aufgezeigte Vorgehensweise konnte dem Anliegen des Gesetzgebers gerecht werden, der in der ursprünglichen und trotz Überarbeitung des LPartG unverändert gebliebenen Begründung bei einem Verstoß gegen § 1 LPartG die Abwicklung nach den „allgemeinen Regeln" fordert. Dieser Begriff dürfte solche Normen und Institute umfassen, die typischerweise für die Abwicklung von Rechtsgeschäften heranzuziehen sind. So deutet die Bezeichnung „allgemeine Regeln" darauf hin, dass sie im Rechtsverkehr anerkannt sind und üblicherweise zur Anwendung kommen. Der Gesetzgeber zeigt hierdurch an, dass er die unwirksame Lebenspartnerschaft wie ein gewöhnliches Rechtsgeschäft abwickeln möchte, was ebenfalls nach „allgemeinen Regeln" geschehen würde.

Als Ergebnis ist festzustellen, dass eine Abwicklung sämtlicher Problemkreise mittels der aufgezeigten Analogien, des Rückgriffs auf gesellschaftsrechtliche oder bereicherungsrechtliche Grundsätze, der Anwendung der Geschäftsgrundlagenlehre sowie über die Anwendung des allgemeinen Teils des BGB möglich ist.

Allerdings wäre im Sinne der Betroffenen sowie des Rechtsverkehrs eine ausdrückliche und konkrete gesetzliche Regelung wünschenswert. Diese würde für alle Beteiligten größere Rechtssicherheit schaffen und damit einen Beitrag zur gesellschaftlichen Akzeptanz des familienrechtlichen Instituts Lebenspartnerschaft leisten.

# Literaturverzeichnis

**Arendt-Rojahn, Veronika**: Aufenthaltsstatus im Ausländerrecht nach dem Lebenspartnerschaftsgesetz, FPR 2001, 464 ff.

**Battes, Robert**: Probleme bei der Anwendung des Gesetzes über Eingetragene Lebenspartnerschaften, FuR 2002, 49 ff.

–: Probleme bei der Anwendung des Gesetzes über Eingetragene Lebenspartnerschaften, FuR 2002, 113 ff.

**Baumbach, Adolf/Lauterbach, Wolfgang/Albers, Jan/Hartmann, Peter**: Zivilprozessordnung, 65. Auflage, München 2007, (zit.: Bearbeiter, in: Baumbach/Lauterbach/Albers/Hartmann).

**Beitzke, Günther**: Nichtigkeit, Auflösung und Umgestaltung von Dauerrechtsverhältnissen, Bleckede a. d. Elbe 1948.

**Birk, Dieter**: Steuerrecht, 6. Auflage, Heidelberg 2003.

**Bork, Reinhard**: Allgemeiner Teil des Bürgerlichen Gesetzbuchs, 2. Auflage, Tübingen 2006.

**Brox, Hans**: Zur Frage der Verfassungswidrigkeit der §§ 1362, BGB, 739 ZPO, FamRZ 1981, 1125 ff.

–: Erbrecht, 21. Auflage, Köln/Berlin/Bonn/München 2004, (zit.: Brox, ErbR).

**Brox, Hans/Rüthers, Bernd/Henssler, Martin**: Arbeitsrecht, 16. Auflage, Stuttgart/Berlin/Köln 2004, (zit.: Brox/Rüthers/Henssler).

**Brox, Hans/Walker, Wolf-Dietrich**: Allgemeiner Teil des BGB, 30. Auflage, Köln/Berlin/Bonn/München 2006, (zit.: Brox/Walker, AT).

–: Besonderes Schuldrecht, 29. Auflage, München 2004, (zit.: Brox/Walker, SBT).

**Bruns, Manfred/Kemper, Rainer**(Hrsg.): Handkommentar zum LPartG, 2. Auflage, Baden-Baden 2006, (zit.: Hk-LPartG/Bearbeiter).

**Burhoff, Detlef**: Das Lebenspartnerschaftsgesetz, ZAP 2001, 943 ff.

**Büttner, Helmut**: Unterhaltsrecht der eingetragenen Lebenspartnerschaft, FamRZ 2001, 1105 ff.

**Canaris, Claus-Wilhelm**: Die Feststellung von Lücken im Gesetz, 2. Auflage, München 1983.

**Dannecker, Martin**: Sexualwissenschaftliche Gutachten zur Homosexualität, in: Die Rechtsstellung gleichgeschlechtlicher Lebensgemeinschaften, Beiträge zum ausländischen und internationalen Privatrecht, Jürgen Basedow/Klaus J. Hopt/ Hein Kötz/Peter Dopffel (Hrsg.), Tübingen 2000, S. 335 ff.

**Dethloff, Nina**: Die Eingetragene Lebenspartnerschaft – Ein neues familienrechtliches Institut, NJW 2001, 2598 ff.

**Dickhuth-Harrach, Hans-Jürgen v.**: Erbrecht und Erbrechtsgestaltung eingetragener Lebenspartner, FamRZ 2001, 1660 ff.

**Diederichsen, Uwe**: Rechtsprobleme der nichtehelichen Lebensgemeinschaft, FamRZ 1988, 889 ff.

**Eisenhardt, Ulrich**: Gesellschaftsrecht, 11. Auflage, München 2003.

**Erman**: Bürgerliches Gesetzbuch, 11. Auflage, Köln 2004, (zit.: Erman/Bearbeiter).

**Esser, Josef/Weyers, Hans-Leo**: Schuldrecht, Band II, Besonderer Teil, 8. Auflage, Heidelberg 2000.

**Eue, Jens**: Erbrechtliche Zweifelsfragen des Gesetzes zur Beendigung der Diskriminierung gleichgeschlechtlicher Gemeinschaften, FamRZ 2001, 1196 ff.

**Finger, Peter**: Die registrierte Lebenspartnerschaft – Überblick über die Neuregelung und kritische Bestandsaufnahme, MDR 2001, 199 ff.

–: Zum 01.01.2005: Neues Recht der registrierten Lebenspartnerschaft, FuR 2005, 5 ff.

–: „Registrierte Lebenspartnerschaften" – Die aktuellen Änderungen des Lebenspartnerschaftsgesetzes, MDR 2005, 121 ff.

**Fthenakis, Wassilios E.**: Gleichgeschlechtliche Lebensgemeinschaften und kindliche Entwicklung, in: Die Rechtsstellung gleichgeschlechtlicher Lebensgemeinschaften, Beiträge zum ausländischen und internationalen Privatrecht, Jürgen Basedow/Klaus J. Hopt/ Hein Kötz/Peter Dopffel (Hrsg.), Tübingen 2000, S. 351 ff.

**Gernhuber, Joachim/Coester-Waltjen, Dagmar**: Lehrbuch des Familienrechts, 5. Auflage, München 2006.

**Gitter, Wolfgang/Schmitt, Jochem**: Sozialrecht, 5. Auflage, München 2001.

**Grunewald, Barbara**: Gesellschaftsrecht, 6. Auflage, Tübingen 2005.

**Grziwotz, Herbert**: Die Lebenspartnerschaft zweier Personen gleichen Geschlechts, DNotZ 2001, 280 ff.

–: Erbrechtliche Gestaltungen bei gleichgeschlechtlichen Partnern, ZEV 2002, 55 ff.

–: Beratungshandbuch für gleichgeschlechtliche Lebensgemeinschaften und Lebenspartnerschaften, München 2003.

–: Gleichstellung der Lebenspartnerschaft nach dem Gesetz zur Überarbeitung des Lebenspartnerschaftsrechts – Beratungs- und Gestaltungsprobleme, DNotZ 2005, 13 ff.

**Hailbronner, Kay**: Visum für Partner einer gleichgeschlechtlichen Lebensgemeinschaft?, NVwZ 1997, 460 ff.

–: Ausländerrecht Kommentar, Stand: 41. Aktualisierung, Heidelberg 2005.

**Hanau, Peter/Adomeit, Klaus**: Arbeitsrecht, 13. Auflage, Neuwied 2005.
**Hausmann, Rainer/Hohloch, Gerhard**: Das Recht der nichtehelichen Lebensgemeinschaft, 2. Auflage, Berlin 2004, (zit.: Hausmann/Hohloch).
**Hochreuter, Anna**: Die richtige Liebe für das richtige Visum, NJW 1998, 3677 ff.
**Hübner, Heinz**: Allgemeiner Teil des Bürgerlichen Gesetzbuches, 2. Auflage, Berlin/New York 1996.
**Hueck, Götz/Windbichler, Christine**: Gesellschaftsrecht, 20. Auflage, München 2003.
**Hueck, Alfred/Nipperdey, Hans Carl**: Lehrbuch des Arbeitsrechts, 7. Auflage, Berlin/Frankfurt a. M. 1963.
**Jauernig, Othmar**: Bürgerliches Gesetzbuch, 11. Auflage, München 2004.
**Johannsen, Kurt H./Henrich, Dieter**: Eherecht, 4. Auflage, München 2003.
**Kaiser, Dagmar**: Das Lebenspartnerschaftsgesetz, JZ 2001, 617 ff.
–: „Entpartnerung" – Aufhebung der eingetragenen Lebenspartnerschaft gleichgeschlechtlicher Partner, FamRZ 2002, 866 ff.
**Karlsruher Kommentar zur Strafprozessordnung**: 5. Auflage, München 2003, Hrsg. Pfeiffer, (zit.: KK/Bearbeiter).
**Kemper, Rainer**: Ehe und Eingetragene Lebenspartnerschaft, FPR 2001, 449 ff.
–: Rechtsanwendungsprobleme bei der Eingetragenen Lebenspartnerschaft, FF 2001, 156 ff.
–: Die Lebenspartnerschaft in der Entwicklung, FPR 2003, 1 ff.
–: Der zweite Schritt – Die Lebenspartnerschaft auf dem Weg vom eheähnlichen zur ehegleichen Rechtsinstitut, FF 2005, 88 ff.
**Kipp, Theodor/Wolff, Martin**: Lehrbuch des bürgerlichen Rechts, Vierter Band, 7. Auflage, Warburg 1931.
**Klein, Franz**: Abgabenordnung, 8. Auflage, München 2003, (zit.: Bearbeiter, in: Klein).
**Koppenfels-Spies, Katharina v.**: Voraussetzungen und Folgen der Aufhebung der Lebenspartnerschaft, FPR 2003, 5 ff.
**Kornmacher, Stefan**: Eine neue Ära im Lebenspartnerschaftsrecht, FamRB 2005, 22 ff.
**Kübler, Friedrich**: Gesellschaftsrecht, 5. Auflage, Heidelberg 1998.
**Künzl, Reinhard**: Heilung schwebend unwirksamer Gesamtvermögensgeschäfte eines Ehegatten?, FamRZ 1988, 452 ff.
**Larenz, Karl/Canaris, Claus-Wilhelm**: Lehrbuch des Schuldrechts, Zweiter Band, Besonderer Teil, 2. Halbband, 13. Auflage, München 1994, (zit.: Larenz/Canaris, SBT).

**Larenz, Karl/Canaris, Claus-Wilhelm**: Methodenlehre der Rechtswissenschaft, 3. Auflage, Berlin/Heidelberg/New York 1995, (zit.: Larenz/Canaris, Methodenlehre).

**Larenz, Karl/Wolf, Manfred**: Allgemeiner Teil des Bürgerlichen Rechts, 9. Auflage, München 2004.

**Leipold, Dieter**: Die neue Lebenspartnerschaft aus erbrechtlicher Sicht, insbesondere bei zusätzlicher Eheschließung, ZEV 2001, 218 ff.

**Leipziger Kommentar zum Strafgesetzbuch**: 11. Auflage, Berlin 2003, Hrsg. Jähnke, Laufhütte, Odersky, (zit.: Bearbeiter, in: LK-Komm).

**Lessmann, Herbert**: Irrtumsanfechtung nach § 119 BGB, JuS 1969, 478 ff.

**Löhnig, Martin**: Das neue Lebenspartnerschaftsgesetz – eine Einführung, JA 2001, 650 ff.

**Loos, Wolfgang**: Namensänderungsgesetz, Kommentar, 2. Auflage, Neuwied/Kriftel/Berlin 1996.

**Löwe/Rosenberg**: Die Strafprozessordnung und das Gerichtsverfassungsgesetz, 25. Auflage, Hrsg. Rieß, Berlin/New York 2001, (zit.: Bearbeiter, in: Löwe/Rosenberg).

**Lüderitz, Alexander/Dethloff, Nina**: Familienrecht, 28. Auflage, München 2007.

**Mankowski, Peter**: Beseitigungsrechte, Tübingen 2003.

**Mayer, Norbert**: Das Gesetz zur Beendigung der Diskriminierung gleichgeschlechtlicher Gemeinschaften: Lebenspartnerschaften, ZEV 2001, 169 ff.

**Maunz, Theodor/Dürig, Günter**: Grundgesetz Kommentar, Loseblatt, 42. Lieferung, München 2003, (zit.: Bearbeiter, in: Maunz/Dürig).

**Maurer, Hartmut**: Allgemeines Verwaltungsrecht, 16. Auflage, München 2006.

**Medicus, Dieter**: Schuldrecht II, Besonderer Teil, 13. Auflage, München 2006.

**Meireis, Rolf**: Verwaltungsaufgaben nach dem Lebenspartnerschaftsgesetz, StAZ 2001, 161 ff.

**Meyer, Thomas/Mittelstädt, Andrea**: Das Lebenspartnerschaftsgesetz, Kommentierende Darstellung anhand der Materialien, Köln 2001.

**Moritz, Heinz Peter**: Lebenspartnerschaft und Sozialrecht, ZFSH/SGB 2001, 451 ff.

**Münchener Handbuch zum Arbeitsrecht**: München 1992, Hrsg. Richardi/Wlotzke, (zit.: MünchArb/Bearbeiter).

**Münchener Kommentar zum Bürgerlichen Gesetzbuch**: 4. Auflage, München 2004, Hrsg. Rebmann/Säcker/Rixecker, (zit.: Bearbeiter, in: MünchKommBGB).

**Münchener Kommentar zum Strafgesetzbuch**: München 2003, Hrsg. Joecks/Miebach, (zit.: Bearbeiter, in: MünchKommStGB).

**Muscheler, Karlheinz**: Das Recht der Eingetragenen Lebenspartnerschaft, 2. Auflage, Berlin 2004.

**Musielak, Hans-Joachim**: Kommentar zur Zivilprozessordnung, 5. Auflage, München 2007.

**Nomos Kommentar zum Strafgesetzbuch**: Loseblatt, 14. Lieferung, Baden-Baden 2003, Hrsg. Neumann/Puppe/Schild, (zit.: NK-StGB/Bearbeiter).

**Palandt**: Bürgerliches Gesetzbuch, 66. Auflage, München 2007, (zit.: Palandt/Bearbeiter).

**Peine, Franz-Joseph**: Allgemeines Verwaltungsrecht, 8. Auflage, Heidelberg 2006.

**Rauscher, Thomas**: Familienrecht, Heidelberg 2001.

**Rellermeyer, Klaus**: Die Eingetragene Lebenspartnerschaft, Rpfleger 2001, 381 ff.

**Renner, Günter**: Ausländerrecht in Deutschland, München 1998.

**Renner, Günter/Kanein, Werner**: Ausländerrecht, 8. Auflage, München 2005.

**Rieger, Gregor**: Das Vermögensrecht der eingetragenen Lebenspartnerschaft, FamRZ 2001, 1497 ff.

**Risse, Jörg**: Der verfassungsrechtliche Schutz der Homosexualität, Baden-Baden 1998.

**RGRK**: Das Bürgerliche Gesetzbuch, 12. Auflage, Berlin/New York 1989, Hrsg. Dunz/Heimann-Trosien/Nüßgens/Steffen, (zit.: RGRK/Bearbeiter).

**Roxin, Claus**: Strafverfahrensrecht, 25. Auflage, München 1998.

**Rudolphi, Hans-Joachim/Samson, Erich/Horn, Eckhard/Günther, Hans-Ludwig** (Hrsg.): Systematischer Kommentar zum Strafgesetzbuch, 40. Auflage, Loseblatt, Bonn/Kiel/Berlin/Bochum/Mannheim/Münster 2005, (zit.: SK-StGB/Bearbeiter).

**Sachs, Michael**: Rechtsförmliche Lebenspartnerschaften für Menschen gleichen Geschlechts – Verfassungsgebot oder Verfassungsverstoß?, JR 2001, 45 ff.

**Schäfer, Carsten**: Die Lehre vom fehlerhaften Verband, Tübingen 2002.

**Schlüter, Wilfried/Belling, Detlev W.**: Die nichteheliche Lebensgemeinschaft und ihre vermögensrechtliche Abwicklung, FamRZ 1986, 405 ff.

**Schmidt, Karsten**: Fehlerhafte Gesellschaft und allgemeines Verbandsrecht, AcP 186, 421 ff.

–: Gesellschaftsrecht, 4. Auflage, Köln/Berlin/Bonn/München 2002.

**Schönke, Adolf/Schröder, Horst**: Strafgesetzbuch, 27. Auflage, München 2006, (zit.: Bearbeiter, in: Schönke/Schröder).

**Schwab, Dieter**: Eingetragene Lebenspartnerschaft – Ein Überblick –, FamRZ 2001, 385 ff.

–: Die Negierung von gesetzlichen Strukturelementen der Ehe im Eheschließungswillen nach kanonischem und bürgerlichem Recht, FamRZ 1965, 474 ff.

**Siegfried, Dirk**: Visum für Partner einer gleichgeschlechtlichen Lebensgemeinschaft, NVwZ 1998, 151 ff.

**Soergel**: Bürgerliches Gesetzbuch, 13. Auflage, Stuttgart/Berlin/Köln/Mainz 1999, (zit.: Soergel/Bearbeiter).

**Staudinger, J. von**: Kommentar zum Bürgerlichen Gesetzbuch mit Einführungsgesetz und Nebengesetzen, 12. Auflage, Berlin 1980, 13. Auflage 1993 ff. (zit.: Staudinger/Bearbeiter).

**Stein, Friedrich/Jonas, Martin**: Zivilprozessordnung, 22. Auflage, Tübingen 2002, (zit.: Bearbeiter, in: Stein/Jonas).

**Stuber, Gerhard**: Die Eingetragene Lebenspartnerschaft – Ein Leitfaden für Behörden, Stuttgart/München 2002.

**Stüber, Stefan**: Gesetz zur Überarbeitung des Lebenspartnerschaftsrechts, FamRZ 2005, 574 ff.

**Thran, Martin**: Die analoge Anwendung der §§ 1362 BGB, 739 ZPO auf nichteheliche Lebensgemeinschaften, NJW 1995, 1458 ff.

**Tipke, Klaus/Kruse, Heinrich Wilhelm** (Hrsg.): Abgabenordnung, Loseblatt, 103. Lieferung, Köln 2004, (zit.: Bearbeiter, in: Tipke/Kruse).

**Trimbach, Herbert**: Das Lebenspartnerschaftsgesetz, NJ 2001, 399 ff.

**Waltermann, Raimund**: Sozialrecht, 6. Auflage, Heidelberg 2006.

**Wannagat, Georg**: Lehrbuch des Sozialversicherungsrechts, Tübingen 1965.

**Wannagat, Georg/Eichenhofer, Eberhard** (Hrsg.): Sozialgesetzbuch, Kommentar zum Recht des Sozialgesetzbuchs, Loseblatt, 3. Lieferung, Köln/Berlin/Bonn/München 2002, (zit.: Bearbeiter, in: Wannagat).

**Weinreich, Gerd**: Das Lebenspartnerschaftsgesetz, FuR 2001, 481 ff.

**Wegner, Jörg**: Neues Aufenthalts-, Arbeitsgenehmigungs- und Einbürgerungsrecht für binationale gleichgeschlechtliche Paare, ZAR 2001, 159 ff.

**Wellenhofer-Klein, Marina**: Die eingetragene Lebenspartnerschaft, München 2003.

–: Das neue Recht für eingetragene Lebenspartnerschaften, NJW 2005, 785 ff.

**Wiedemann, Herbert**: Das Arbeitsverhältnis als Austausch- und Gemeinschaftsverhältnis, Karlsruhe 1966.

**Zöllner, Wolfgang/Loritz, Karl-Georg**: Arbeitsrecht, 5. Auflage, München 1998.

Sebastian Wolfgang Idel

# Der Familienbegriff grund- und einfachrechtlicher Normen

Frankfurt am Main, Berlin, Bern, Bruxelles, New York, Oxford, Wien, 2005.
XXII, 344 S.
Familienrechtliche Untersuchungen. Herausgegeben von Andreas Roth. Bd. 4
ISBN 978-3-631-54055-8 · br. € 56.50*

Zahlreiche Vorschriften verwenden den Begriff *Familie*. Welche Personen gehören jeweils zur Familie im Sinne der Norm? Auf diese Frage gibt es keine einheitliche Antwort. Insbesondere wird diskutiert, ob nichteheliche Familienformen und durch Lebenspartnerschaft verbundene Personen zur Familie gehören. Dies wird angesichts gewandelter sozialer Verhältnisse und Anschauungen vielfach bejaht. Andererseits hat der Gesetzgeber vor kurzem, z. B. in mietrechtliche Normen, zusätzlich zum Familienbegriff Begriffe wie *Angehörige des Haushalts* eingeführt, um andere Formen des Zusammenlebens als die der Gemeinschaft von Ehegatten und ihren Kindern zu erfassen. Die Arbeit untersucht vor diesem Hintergrund vor allem die Familienbegriffe des Art. 6 I GG sowie miet- und anderer einfachrechtlicher Normen mit dem Ziel, die jeweiligen Untersuchungsergebnisse zu vereinheitlichen.

*Aus dem Inhalt*: Die nichteheliche Familie · Erweiterte Familienformen · Begriff der Familie in den Verfassungen der ostdeutschen Bundesländer · Art. 8 und 12 EMRK · § 563 II BGB: Eintrittsrecht bei Tod des Mieters · § 573 II Nr. 2: Eigenbedarfskündigung des Vermieters · § 1969 I 1: Dreißigster · Vorschriften über den Familienunterhalt · § 178 I Nr. 1 ZPO: Ersatzzustellung · § 67 II VVG: Familienprivileg